The Invisible Orientation
An Introduction to Asexuality

見えない性的指向
アセクシュアルのすべて

誰にも性的魅力を感じない私たちについて

ジュリー・ソンドラ・デッカー 著
上田勢子 訳

明石書店

THE INVISIBLE ORIENTATION: An Introduction to Asexuality
Copyright © 2014, 2015 by Julie Sondra Decker
All rights reserved.

Japanese translation rights arranged with Biagi Literary Management, Inc.
through Japan UNI Agency, Inc.
Published by arrangement with Skyhorse Publishing.

謝　辞

下記の方々に心より感謝いたします。

深く掘り下げたコメントや優れた分析を提供してくださった皆さん。本書を書く準備を手伝ってくださった読者の皆さん。

Laura Sharp, Joseph Dante, Shawne Keevan, Helene Thompson, Hannah Hussey, Jessie Mannisto, Cristina C., Rebecca, and Laura.

個人的な感想や反応、ネット上での言及、支援やアドバイスをくださった読者の方々。

Lydia White, Rachel Ward, Chandy Dancey, Marisa Kierra, Matthew Renetzky, Marisa Bishop, Aydan Selby, Lindsey Hampton, Brianne Nurse, Simon Parsons, Kristina Sanchez, Zanna Cooke, Jiselle Crawford, Sarah Sinnaeve, Kennedy St. John, Andrew Hinderliter, Emma Leslie, Kyle Evans, Patricia Wada, Charlie Glickman, David Jay, SL Huang, Whitney Fletcher, Emma MM, Eva, Nina, Christo, Amanda, Amy, Zoe, Ngina, Andreanne, Gabriel, Sarah, K.W., and Blow Pop.

執筆中の私の不快な態度にも耐え、無条件の愛を注ぎ支え続けてくれた両親と姉妹たち。

Marcia, Marlon, Patricia, and Lindsay.

私のつらい話を、深い友情で辛抱強く聞いてくれた友人たち。

Meghan, Jeaux, Victor, Jessie, Cara, Fred, Mike, Stacy, Sarah, Ronni, R.

本書をより正確で真正なものにするために、ユニークな視点を私と分かち合ってくれた皆さん。

Elica Vaz Teixeira Santos, Sara Beth Brooks, Rafaela F. Ferraz, Anuar A. Lequerica, Adrienne Whisman, Zelda MacFarland, Amber Francis, Dallas Bryson, Ashley Pratt, Cassie Walker, Elaine Capshaw, Colleen Dolan, Elliece Ramsey, Mara Seaborne, Glen Ireland, Jenna Bruck, Jennifer Wodtke, Julia Brankley, Kato Murray, Kayla Rubano, Matthew Pena, Ozy Frantz, Paul Kriese, Pete Rude, Rafaela Stancic, Samantha Finley, Shelby Riffle, Sonia Berg, Tatiana Taylor, Terra Albert, Artemis Gyccken, Tracy Foote, J. Ruddock, Cynthia Marie, Haley Marcayla, Luka R.C., Essie C., Gia S., Elliot T., Lou, Annie, Brittany, Amelia, Ellen, Lillia, Tas, Kai, Shayla, Blythe, Tom, H.X., Alicorn, Sciatrix, knittedace, Liara-shadowsong, The Scrabbler, nervous_neuron, ridiculousprocrastinator, singinglupines, iamdeltas, Infinite Tree, Asexual-poetry, The One in Purple, Citation, Queen of Gibberish

私のコミュニティの協力なしでは、この本を書くことができませんでした。皆さん、ありがとう！

見えない性的指向●目次

謝 辞 3

序 文　9

パート1　アセクシュアリティの基礎知識　17

基本的な説明 18
アセクシュアリティは性的指向です 20
アセクシュアリティは一時的なものや成長過程のものでは
　ありません 23
アセクシュアリティは性的指向の状態です 25
アセクシュアリティは健全な状態です 26
アセクシュアリティは診断ではなく、正当な可能性です 30

パート2　アセクシュアリティの体験について　35

恋愛の形について（ロマンティック指向） 36
グレイエリア 62
グレイセクシュアリティ 63
アセクシュアルな恋愛関係 71
社会、差別、LGBTコミュニティ 77
アセクシュアルのコミュニティ 108

パート3　アセクシュアリティについての多くのうそ　143

どんなうそがあるの？ 144

その「アセクシュアリティ」の使い方違ってませんか？ 145
ほかのジェンダーを嫌ったり怖がったりしているの？ 147
デートに失敗したからアセクシュアルになったの？ 150
容姿が悪いからアセクシュアルになるの？ 152
体やホルモンに異常があるの？ 154
忙しすぎてアセクシュアルになったの？ 157
過去のひどいセックス体験のトラウマでセックスが
　嫌になったの？ 159
性的虐待のトラウマで苦しんでいるの？ 163
本当はゲイなのを隠しているんじゃないの？ 168
ぴったりな人にまだ出会っていないだけじゃないの？ 172
宗教上の選択なの？ 175
一時的なものなの？　注目を浴びたいだけなの？ 178
一生孤独じゃないの？ 185
欲求不満、退屈、それとも情熱がないの？ 187
すごく利己的で、じらしているだけなんじゃない？ 189
でも生殖活動をしなくてもいいの？ 193
セックスやセックスをする人を憎んでいるの？ 196
セラピーで治してもらったら？ 200
セックスレスの生活はシンプルでいいわね。 204
セックスの上手な人に変えてもらえば？ 207

パート4　もしあなたがアセクシュアルなら
　　　　　（または、そうかもしれないと思ったら）　215

私はアセクシュアルなの？ 216
でも、それで全てが変わってしまうかも！ 223
カミングアウトするべき？ 225
非難されたら？ 228
10代の場合はどうしたらいい？　皆から「奥手」と
　言われます。 239

恋愛をしたいと思ったり、すでに恋愛関係にある場合、
　相手にどう伝えればいいの？ 241
これからどうすればいいの？ 247

パート5　知っている人がアセクシュアルか、
　　　　　　そうかもしれないと思ったら　251

アセクシュアルでない人に伝えたいこと 252
アセクシュアルっていったいどういうこと？ 252
アセクシュアルの人はどうしてほしいの？　どうすれば
　受け入れられたと思ってもらえるの？ 255
それでは、どう認めればいいの？ 255
どんなことを言ったりしたりしてはいけないの？ 258
誰かに自分はアセクシュアルだと言われたらどうすれば
　いい？ 265
すでに後悔するようなことを言ってしまっていたら？ 266
子どもがアセクシュアルだと言ったら？　まだ若いのに、
　どうしてわかるの？ 269
パートナーにアセクシュアルだと告げられたら？ 271
質問してもいいの？ 280
相手を傷つけずに聞けるのはどんなこと？ 281
勝手に判断してはいけないことは？ 282

パート6　他の情報　289

基本情報、入門、関連団体、質問に回答してくれるサイト ... 290
ディスカッション・グループ、ネットワーキング、
　フォーラムなど 292
学術的情報とリサーチのまとめ 294
小冊子と啓蒙資料 295
アセクシュアリティについての論文と出版物の章 296

アセクシュアリティについての刊行された記事と
　インタビュー 300
アセクシュアリティに関するプロによるビデオとメディア ... 300
アセクシュアリティ関連のオーディオ・インタビュー、
　プレゼンテーション、ポッドキャスト 301
アセクシュアリティについての、ネット上のビデオや
　チャンネル 303
アセクシュアリティに関するブログ 305
「アセクシュアルの意見」への寄稿者リスト 306
参考書目 307

訳者あとがき 311

序　文

私の物語──「きみが悪いんじゃない、私のせいなの」

　14歳のとき初めてボーイフレンドができました。彼に惹かれていたわけではありませんが、何度かキスをしました。そうすることが期待されていたからです。でもそれは、映画や恋愛小説に描かれていたようなドキドキする体験ではありませんでした。実際、あり得ないほど最悪な体験だと思いました。でも周囲の人に打ち明けても、「あなたはまだ14歳じゃないの。大きくなったら楽しめるようになるよ」と言われるだけでした。

　16歳のとき、二人目のボーイフレンドを混乱させ、イラつかせて、別れました。彼のことは人間として好きでしたが、彼が私に求めていたような興味を彼に対して持つことができなかったのです。性的にはあり得ませんでしたし、恋愛感情も持てなかったのです。私が彼とセックスをしたくないと思ったのは、よくある理由からではありません。お嬢様らしく処女を保とうと言うのでも、セックスが怖いとか、性病や妊娠を恐れていたわけでもありません。ただ単に、セックスとそれにまつわるものに対する興味がなかったのです。セックスが気持ち悪いとか、不道徳だとかと言うのではありません。ただ単に、人に性的な魅力を感じたことがないだけなのです。ボーイフレンドにも、学校で一番セクシーと言われる子にも、胸をときめかせるような映画スターにも、感じないのです。ただただ、興味がないだけ、それだけなのです。

　ボーイフレンドには「ミス・ホルモンゼロ」とからかわれ、私は当時の自分を「ノンセクシュアル（無性）」と呼んでいました。でも、

いつか性的魅力を誰かに感じるときがきたら、きっとそれに気づくだろうとも考えていました。そして、「試してみなくちゃわからない」という呪文に惹かれて、少し体験してみようとしました。でも体験の全ては思った通りだったのです。よく言えば「なんとか耐えられる程度」、悪く言えば、「最悪」でした。決して楽しくも、エキサイティングでもなく、もっとしたいと思わせるものではありませんでした。私はボーイフレンドと別れました。セックスは彼にとって恋愛に不可欠な要素だったから。そしてそのときから、私は自分の気持ちと、自分のしたいと思うことを信じていこうと決意しました。もし「性的魅力」を感じる日が訪れたら、それに従おう、もし感じることがなければ無理にしようとしなくてもいいんだと。

　1996年、18歳の私は、年齢を重ねれば、きっと「ノーマルな」性欲が起きるだろうとすっかり期待していました。

　でもなにも変わりませんでした。ときには気持ちが混乱することもありましたし、友だちのほとんどがデートをしたり（その詳細を嬉しそうに語り合ったり）、デート相手がいなくて落ち込んだりしているのを見聞きすると、隔たりを感じたりもしました。

　10代の終わりから20代の初めにかけて、周囲はこんなふうに私のことを心配するようになりました。

「普通じゃないよ。病院で調べてもらったら？」
「幸せになれっこないよ」
「ぼくなら治せるよ。きみを助けられるよ」
「そんなの負け犬よ。落伍者よ」
「病気だよ」
「たくさんのネコに囲まれて、孤独死する運命だよ」
「ぐちゃぐちゃ言い訳ばかりしてないで、ゲイだと認めなさいよ」
「セックスするのが、そんなに大変？」

「利己的だよ。冷やかしてんじゃないの?」
「女性はセックスが好きじゃなくても当たり前よ」
「注目されたいだけじゃないの? 目立ちたがってるの?」
「セックスしてもらえないほど醜いのかしらね」
「自分が美人すぎて、もったいないと思ってるの?」

　よかれと思って言う人もいましたが、私がセックスをなんとも思わないことを不愉快に思う人もいました。彼らの生活の中心ですらあるセックスに私が興味を示さないことは、ひいてはセックスそのものやセックスを愛する人たちへの軽蔑に当たると思うのでしょう。それで、どこかがおかしいのだから治療すべきだとか、セックスに興味がないことをちゃんと恥ずべきだ、とか私にわかってほしいと周囲のみんなは考えていました。

　でも幸運なことに、私には支えてくれる家族がいました。自分には自信がありましたし、とりたてて困難な問題もありませんでした。それにわりと鈍感にできていました。そして、同じようなコメントを繰り返し聞いているうちに、私はネットで憂さを晴らすようになりました。セクシュアルな世界に生きるノンセクシュアルな人間としての体験を発信しました。私に向けられたネガティブな意見や、なぜそうしたコメントが間違いだと思うかをネット上に綴っていったのです。すると同じように感じている人、私よりもずっとひどい目にあっている人などから、多くのメールが寄せられるようになりました。

　セックスに興味も魅力も感じないたった一人の孤立した人間でいるのは寂しいものです。私もそうでしたから。でも自尊感情を高く保てたおかげで、自分の気持ちや選択について納得したり、正当性を主張することができるようになりました。自分の中心に自信というものがなかったら、ああした批判は耐え難かったことと思います。自尊感情が保たれないと、ひっきりなしに至るところで襲ってくる

軽蔑的な批判によって、混乱したり、傷ついたりすることになります。また、恋愛の相手に自分の選択を尊重してもらえなかったり、同じ経験をしている人たちとネットワークを築くことができなくなったりします。するとこうした誤った有害な意見に人生をコントロールされてしまい、いかなる幸せな関係をも築けなくなってしまうのです。みんなに壊れ物のように扱われていれば、いつか本当に壊れてしまうのです。

2000年代の初め、私が大学を卒業したころに、デビッド・ジェイという人がAVEN（Asexuality Visibility and Education Network、アセクシュアリティを可視化し啓蒙するためのネットワーク）を設立しました。彼も私と同じような経験を重ねており、コミュニティへ働きかける手段が必要だと感じていたのです。私がネットなどを通じて話したことのある多くの人々がAVENに参加し、自分のアイデンティティに誇りを持ち、アセクシュアルという性的指向について社会を啓蒙する先駆けとなりました。メディアがアセクシュアリティという概念を認識し始めたころ、私も、アセクシュアリティの可視化に賛同して、それまでの「ノンセクシュアル」ではなく、「アセクシュアル」という言葉に自分を結びつけるようになりました。いくつものインタビューに答え、アセクシュアリティの存在や体験について、機会があるごとに人に話すようになったのです。

こうしてアセクシュアリティという性的指向が認識され、当事者同士のネットワークが確立されたことは大きな第一歩でした。しかし、それでも話題に上ったり、メディアに取り上げられることがまだ少ないため、次世代のアセクシュアルの10代も、また私と同じようにネガティブな批判にさらされて人生を歩み、人格形成の大事な時期によい対人関係を育てるために必要な自信を失うことも多いでしょう。アセクシュアルの人の友人や家族の中には、このようなネガティブな意見を言ってしまう人も多くいますが、それはアセクシュアリティが一つの性的指向であることがわかっていないからな

のです。私は初期のころに受け取ったメールの絶望的な内容を、今でも思い出して辛い気持ちになります。

　今私は、ほかのアセクシュアルの人たちが、自己懐疑に惑わされずに、自分の性的指向を喜んで受け入れてほしいと願うのです。それには、アセクシュアルの人もそうでない人も、アセクシュアリティについての情報を得ることしか方法がありません。アセクシュアリティとはなになのか、なにではないのか、誰がそうなのか、なぜ「治療」の必要はないのか、ということについての情報が必要なのです。

この本に書かれていること

　本書はアセクシュアリティについて知りたい人にとって出発点となるでしょう。アセクシュアリティとはなにか、なにではないのか、アセクシュアルの人が対峙する共通した問題はなにか、自分がアセクシュアルであることに気づいたばかりの人と、彼らを愛する人たちへの助言、そして、もっと詳しく知りたい人のための情報へのアクセス方法が書かれています。

　本書は主義主張する本でも、科学的、医学的、心理学的な教科書でもありません。大変多くのことを網羅していますが、これが全ての情報だと言うのでもありません。本書は、普通の言葉で書かれた、一般の人向けのものです。アセクシュアリティの全てを語ったものでもなければ、私だけの物語でも、全ての人に向けたものと言うわけでもありません。ただ、本書がきっかけになってくれればと願っています。

この本は誰に向けて書かれたのでしょうか？

　アセクシュアル・スペクトラムの人たち、自分がアセクシュアルではないかと考える人たち、友だちや家族やパートナーがアセクシュアルだとカミングアウトした人たち、興味を持ってくれる人た

ち、さらには、学校のエッセイや性についての研究課題、そしてもう一つの性的指向について調べようとしている人たちに本書を読んでもらいたいと願っています。

そして、アセクシュアリティなんてものが存在しないと思っている人たちにも！

なぜこの本を書いたのでしょうか？

書店や図書館で気軽に手にすることのできる、普通の言葉で書かれた比較的簡単に読める本が必要だと考えました。アセクシュアリティは人口の1％ [1] と、思ったよりよくある性的指向なのです〔出典：パート6にまとめられています〕（たかが1％じゃないかと思うなら、考えてみてください。アメリカ人口に当てはめると、300万人以上がアセクシュアルだということになるのです）。本書の執筆時には、アセクシュアリティについての記事もオンラインのフォーラムもほとんど見あたりません。ときおり、テレビなどでセンセーショナルに取り上げられたり、ほんのときたまドキュメンタリーや創作物に出てくるぐらいです。主だった出版物にもほとんど取り上げられることはありません。明らかに無視されていることが、アセクシュアリティなんて存在しないという通念につながっているのです。実在しているものなら、それについての書物があるはずですから。

アセクシュアルの人の多くは、成長期のあまりにも長い間、（性的に惹かれたり興味を持ったりすることがないことに対し）ネガティブな批判をつきつけられたり、暗にほのめかされたりすることが多いのです。まだ影響を受けやすい、成長期にある若い精神を、捻じ曲げるのは、あまりにもたやすいのです。

アセクシュアルの人は、そうでない人が初めて性的に人に惹かれるようになるころに、自分のアセクシュアリティに気づきます。仲間外れになるのは怖いことですし、性的興味がないことがなにかひどい欠陥であると言われることは、もっと恐ろしいことです [2]。

したがって、アセクシュアルの人は、みんなと同じであろうとして本当の気持ちを隠し、苦労して自分の性的指向を隠し続けますが、本当の自分を偽っていることについて人知れず深く恐れているのです。メディアや、友人たちの意見や、パートナーからのプレッシャーによって、性的魅力を感じなかったり、誰かを性的に欲したりしなかったりすることは、異常だと思わされているのです。でも、これにはアセクシュアリティという名前があるということがわかり、それを普通のこととして受け入れられるようになって、初めて自分は壊れてなんかいないのだと考えられるようになるのです。

性の専門家の中には、奥手の人はアセクシュアリティという傾向に安易に乗っかって、性的に開花するのを自ら拒否してしまうのではないか、と懸念する人もいます[3]。しかし、アセクシュアリティというものが存在し得ることを、一般社会が知ることが重要なのです。まだ自分の感情が理解できない人が、間違って自分をアセクシュアルだと思い込むかもしれないという懸念は、アセクシュアリティについての知識が危険だということにはつながりません。認識しないことこそが、アセクシュアルの人たちにとって、危険なのですから。

ネットを通じて自分の性的指向がアセクシュアルだと気づいた人は、大きな安堵感を覚え、顔の見えない読者に向かって、自分の体験談を大いに語り始めます。自分一人ではなかったことに大変感謝しているのです。自分の属するコミュニティを発見することは素晴らしいことです。しかし、そこにたどりつくまでの年月は絶望と長年にわたる不安と恐れの連続です。徹底的に過小評価されたり、万人に必要で自然なこととされる（性的な）方法で人とつながることができないと非難され続ければ、自分自身を拒絶し憎むようにもなります。

アセクシュアルでない人も、アセクシュアリティについて知るべきです。そして、自分に関わるアセクシュアルの人を支えて、よい

関係を作ってほしいのです。そうすれば、アセクシュアルの人たちも、除外されたり存在を否定されたりすることなく、自分のアイデンティティを探求していくことができるでしょう。

　全ての人に知ってほしいことは、アセクシュアリティが存在すること、それは病気ではないこと、アセクシュアルの人が「誰にも」性的魅力を感じることができないとしても、そんな自分の気持ちを声に出してもいいということです。アセクシュアリティについて知ることは、全ての人にとって役立つと信じてこの本を書きました。

注
・・・

1) イギリスで1万8000人の成人を対象に行われたアンケートで、1%が「私は誰にもまったく性的魅力を感じたことがない」という答えを選んだ。(Bogaert, 2004)
2) 「アセクシュアルと自認することは、その個人が、広く文化に受け入れられているセクシュアリティという観念形態が生物学に基づいた遍在するものであることを拒絶することである。(略)　全ての人間は性欲を持つというしばしば見過ごされる社会の臆説に注意を引くものである」(Scherrer K., 2008)
3) 「10代の終わりや20代の初めだからといって、真っ盛りとは限らない。人それぞれのユニークな発達のサイクルの中のどこに、現在自分が感じていることが位置しているかはわからないかもしれない。あまりにも早く自分のラベルを決めてしまうと、ラベルのつけ間違いという深刻なリスクを招き、義務観からそのラベルに従って行動しようと思うようになるだろう」(Dr. Joy Davidson, ABC 20/20, 2006)

パート1

アセクシュアリティの基礎知識

基本的な説明

■アセクシュアリティとは

性的指向の一つで、現在人口の1％に当てはまるといわれています。通常は、他者に性的に惹かれないことを指しますが、「性行為や性的魅力をそれほど重要視しないこと」と定義する場合もあります。

■私たちについての誤解

アセクシュアリティはコンプレックスでも病気でもありません。トラウマによるものでもありません。行動を指すものでもありませんし、決心して行うものでもありません。純潔の誓いでも、「結婚までとっておく」ことでもありません。宗教的なものでもありません。純潔や道徳的に崇高であることを表明しているのでもありません。

私たちはアメーバでも植物でもないし、性別が混乱しているわけでもありません。ゲイ、ストレート、ほかの性的指向、女性、男性、ほかのジェンダー、セックス、などに反発しているのでもないのです。一時的なものでも、流行を追いかけたり反抗したりしようとしているのでもありません。とりすましているわけでもないし、ぴったりのパートナーが見つからないので自分をアセクシュアルだと呼んでいるわけでもないのです。親密になることを恐れているのではありません。そして、誰にも「治して」ほしいとは思っていません。

■私たちはこんなことはしません

セックスやセックスをする人を軽蔑したりしません。ロマンティックや感情的に親密な関係になるのを避けているわけではありません。社交不適格者ではありません。生物学的な欠陥があるのでもないし、生殖機能が働かないのでもありません。精神疾患、自閉

症、障害ではありません。ほかの人にアセクシュアルになるように誘うことはしません。

性的魅力を感じなくて人生にぽっかり穴があいているのでもありませんし、性行為を試して自分を変えようとすることもありません。孤独や空虚ではありません。未熟でも無能でもなく、ほかの人たちより醜かったり美しかったりするわけでもありません。自分の性的指向を押し付けて、他者にセックスをしないように言ったり、セックスを超越しているという意味でアセクシュアルだと言うことはありません。

■私たちはときどき、こんなことをします

私たちアセクシュアルの人の中には、恋愛をしたい人も、そうでない人もいます。セックスをしてもよいと思う人も、そうでない人もいます。処女童貞の人もそうでない人もいます。自慰をしたり、性欲があったり、子どもを欲しいと思う人もいます。孤独、恐怖、混乱、孤立、無視されていると感じる人もいます。私たちはそんな気持ちにはなりたくありません。

■周囲の人にお願いしたいこと

あなたがアセクシュアルでないのなら、私たちの気持ちを信じて聞いてください。通常のセックスが幸福に不可欠ではないこと、セラピーや治療が必要ではないこと、私たちが壊れているわけではないことを理解してほしいのです。アセクシュアルの人は数が少ないので、支え合う仲間になかなか出会えません。自分たちだけでなく、ほかの人たちにも理解してほしいのです。自分が存在していないような気持ちにさせられるネガティブな批判と、私たちは闘っていきたいのです。あなたにアセクシュアリティについてお話しするのは、理解してほしいからなのです。多少ともわかってほしいのです。

アセクシュアリティは性的指向です

■ アセクシュアルだというのは、どういう意味でしょうか？

誰かが「私はアセクシュアルです」と言った場合、それは通常、他者に性的に惹かれないと言っているのです[1]。

> アセクシュアル：性的指向の一つで、誰にも性的に惹かれないことが特徴。100人に1人がアセクシュアルである。

また、セックス自体が本質的に追求する価値のないものだと思っていたり、セックスに興味がなかったり、セックスを楽しむことはないし楽しみたいとも思わない、セックスを人との関係の一部にしたくない、というようなことを意味している場合もあります。その人がどのような定義を選ぶとしても、アセクシュアリティは**性的指向**として尊重されるべきものです。アセクシュアルの人の中には、「アセクシュアリティとは性的指向がないこと」と定義することを好む人もいて、それはそれで有効な解釈ではありますが、多くの人は、ただ単に、誰にも惹かれないというのが自分の性的指向だという言い方を好むようです。

多くの人は、性的指向という言葉を「自分がセクシーだと思うのはどんな人か」を一言で表す言葉として使っています。アセクシュアルの人が「誰もセクシーだとは思わない」と答えると、なかなか理解しようとしてくれない人がいます。私たちの社会はなんでも分類したがります。ヘテロセクシュアリティとは、異性間、または異なるジェンダー間で惹かれ合うことであり、それ以外の人は、全て、ゲイかバイセクシュアルかパンセクシュアル〔訳注：全性愛〕だというように。そして「誰をセクシーだと思うか？」という問いに白紙で答えると、「そんなことあり得ない！」と社会全体が叫ぶのです[2]。

こうしたことが、白か黒かという二元的な解釈を不用意に作り上げています。性的指向というものは決して単純ではありません。**全ての人にとって、性的指向とは範囲のようなものであって、単純に分類されたカテゴリーではないのです**（特にジェンダーは、「男性か女性か」のような単純なものではないので、どのジェンダーに惹かれるかという問題をより複雑にしています。中間のジェンダーの人も、外側のジェンダーの人も、混合やバイナリーのジェンダーの人もいるのですから）3)。

　誰に惹かれるかということを説明するのはとても複雑ですが、アセクシュアルの人にとっては、性的魅力や性的な好みを感じる方向には「誰もいない」のです。性的指向がまだ決まらない、というのではありません。アセクシュアリティはまだ中身のない空っぽな箱に見えるかもしれません。アセクシュアルの人は決して変わることがないのに、外の人からは「まだ（性的指向が）わからないだけ」に見えるのです。ないものを証明するのは、不可能なのです。

　でも、アセクシュアリティが大きな空箱のように見えるのなら、それは性的指向がないということになりませんか？　これをマルチプルチョイス問題に例える人がいます。「どれでもない」という答えを選ぶことと、どの答えも選ばないというのとは、とても違うのです。採点だって違うでしょう。アセクシュアリティはマルチプルチョイスの答えの一つなのです。その答えが「どれでもない」だとしても。答えがわからないと放棄しているではありません。「誰でもない」がれっきとした答えなのです。

「セックスに関して、自分が人と違うということはずっと以前からわかっていた。でもそれは、ぼくが、ストレートな男として不十分だからだといつも思ってたんだ」（トム、Asexuality Archive より）

〔訳注：これらのコメントはネットのブログからの引用のようです〕

パート1 ●アセクシュアリティの基礎知識

アセクシュアルの人が、「今まで性的魅力を感じたことがない」と言った場合、理屈としては、「これからも絶対に感じない」ということにはならないかもしれません。それでも、誰に対して性的魅力を感じるか——たとえそれが誰でもないとしても——ということについては誰よりも明確にわかっています。一つの性や一つのジェンダーにしか性的魅力を感じない人のことを「まだバイセクシュアルではない」と言う人はいませんよね。こうしたことからもアセクシュアルの人には、別のスタンダードが課されていることがわかります。

　通常は、過去や現在によって将来が予測できるものです。多くの人は、自分が過去や現在、誰に惹かれたかによって、自分の性的指向に気づきます。それはアセクシュアルの人でも同じことです。アセクシュアルであることに気づき、そしてそれは尊重されるべきなのです。

　誰に対しても性的魅力を感じなかったり、セックスをしようとしない人を、未熟なヘテロセクシュアル〔訳注：異性愛者〕だと決めつける人がいます。まるで、異性愛こそが標準であるかのように。**しかし、性的指向というものは、セックスをしたかどうかや、誰とするかによって決められるものではないのです。アセクシュアルの場合でもそうでない場合でも、性的指向というものは、行為によって決まるものではありません。**反対のジェンダーのパートナーに性的に惹かれる人は、その人とまだ性関係を結んでいなくても、ヘテロセクシュアルなのです。反対のジェンダーの人とセックスをして初めて、その人が異性愛者になるのではありません。まだ性経験のない異性愛の若者のことを、アセクシュアルだと呼ぶことはありませんから。また、性行為を慎むことも、アセクシュアルと同じではありません。人の性的指向を決めるのは、性的魅力をどう感じるかという体験であって、行為そのものではないのです。

　性的魅力を感じずセックスへの興味や欲求を持たない人が、100

人に1人もいるのに、アセクシュアリティは一般にまだ認められていません。この100人に1人という数字は、イギリスの1万8000人を対象に行われた大規模なリサーチによるものです。100人に1人の人が、「誰にも性的に惹かれたことがないか」という問いにYesと答えているのです。

　質問の仕方によってアセクシュアルでない人でも、この問いに、はいと答えてしまうかもしれないので、この数字は過大推計だという人もいます。一方、99％の人の中には、性的魅力の定義がよくわからなくて、感じたことがなくても、性的魅力を感じたと答えた人もいるかもしれないから、この数字は過少推計だという意見もあるのです。美的に相手に惹かれたり、ロマンティックな気持ちで惹かれたり、性的刺激を感じたりしたことを、性的に惹かれたと勘違いした人もいて、あとになって自分はアセクシュアルだったのだと気づく場合もあるでしょう。この初期のリサーチ以後、アセクシュアリティの研究を続けてきたアンソニー・ボガードは、これまでのほかの調査結果から見ても、この数字はほぼ正確だろうと言っています[4]。

　こうして認識が高まるにつれて、アセクシュアルのコミュニティも広がっています。毎日のように、自分のアセクシュアリティに気づく人が増えています。数字がどうであれ、これは尊重すべき性的指向なのです。

アセクシュアリティは一時的なものや成長過程のものではありません

　「アセクシュアルという性的指向」と「性的指向がない」の区別がつかない人がいるように、「興味がない」と「まだ興味がない」の違いもわからない人が多いのです。アセクシュアリティは成熟した状態であって、成長過程や「本当に」成熟する前の空白な状態な

のではありません。性的に成熟する前の子どもをアセクシュアルとはいいません。アセクシュアリティは成熟した人の状態なのです。

> 「本当におかしなものです。私はもう39歳です。『奥手』なんじゃないか、と言われることは、もうとっくになくなりました。30代でもアセクシュアルの人はいるのです。こうしてちゃんと存在しているのです。アセクシュアリティは現実のものなのです」（ローラ、Notes of an Asexual Muslim——アセクシュアルのイスラム教徒の手記——より）

　アセクシュアルの人はよく、いつか「ぴったりな人」と出会えば性的魅力を感じられるようになるし、それによって一般社会の価値観も備わってくるというようなことを言われるものです。私たちの仲間は、何度も繰り返して同じことを言われ、未熟者という烙印を押されてしまいます。アセクシュアルの人が精神的や肉体的に発育不全であるということはありません。性的魅力や性を好むことは、大人になるために越えるべき一線でもないのです。性的体験を求めたり喜んで受け入れたりできるかどうかで、人の成熟度を測ってはならないのです。

　成熟度を測る物差しはありません。特に多数派によく見られるのは、自分が普遍的だと思う自らのスタンダードと照らし合わせて、他者の成熟度や機能性や幸福度や正常さを定義しようとすることです。したがって、セックスや性的魅力は大人に欠かせないと考える人が、「性に興味がないのは、まだ大人じゃないね」というような発言をよくするのです。

　アセクシュアリティは、こうしたことにチャレンジしていかなくてはなりません。**セックスを求めセックスを行う人にも未熟な人はたくさんいます。ですから、セックスを求めない人を未熟だというのは理屈に合っていません。**成熟度とは主観的なもので、いつどの

ように成熟するかには、非常に個人差があります。アセクシュアルの人も、成熟した大人になり成熟した関係をなんの問題もなく持つことができます。大人にとっての成功や幸福には、大きな多様性があることを認識するべきだと思います。たとえその中に、特定の恋愛関係や特定の親密な体験を望まない人がいたとしても。

アセクシュアリティは性的指向の状態です

　性的指向は決めることではありません。その人がどのように惹かれるか、その体験を説明するのが性的指向です。

　セクシュアリティ表現についての決心でも、セックスについて誓ったり意志表明をすることでもありません。ヘテロセクシュアルがいつ相手に惹かれるかを「決める」ことがないように、アセクシュアルの人も、誰にも性的魅力を感じないことや、性行為をしたいと思わないことを、「決める」ことはありません。それは単に、起きることなのです。

　アセクシュアルの人は、よく「なぜ、どのようにして、いつアセクシュアルになることを決めたのか」と聞かれることがよくあります。性的指向は選べるものだと思っている人が、悪気もなく尋ねることが多いのです。こうした質問をする人は、アセクシュアルの人がなにか素晴らしいもの――自分にとっては充実した体験――を、あえて締め出してしまおうとしているのではないかと、感じているのです。そして、こんなに素晴らしい体験をあきらめる「選択」をするなんて、理解できないのです。

　アセクシュアリティは選択ではないし、アセクシュアルの人にとってのセックスは、彼らと違って、充実した体験ではないということがなかなか理解してもらえないのです。アセクシュアルの人もセックスをする選択をすることはできます。しばしばあることです。実際、どんな性的指向の人でも、自分が惹かれていない相手とセッ

クスをすることは、可能なわけですから。**アセクシュアリティはどう惹かれるか（惹かれないか）を説明するものであって、性的行為を厭わないかどうか、ということではないのです。**

　もしこれまで誰にも性的に惹かれたことのない人が、性的魅力を感じ始めたら、自分のことをまた違ったラベルで表そうとするかもしれません。ラベルは人を説明するために選ぶもので、問題を話し合ったり、同じような人を見つけたり、体験を理解したりするのに役立つものです。環境が変わればラベルも変わります。自分をアセクシュアルだと説明したからといって、それは誓いを立てて決心をしたことではないのですから、変わってはいけないということではありません。

　髪の色や体重や婚姻関係が変わったりすると、自分をどう説明するかも変わります。**説明が変わっても、以前自分に合っていたラベルが間違いだったわけではありません。**性的指向が流動的な人もいます[5]。ですから、自分をアセクシュアルだといって、あとで間違いだったと後悔したらどうしようと恐れる必要はありません。もしあとでそうでないと思ったら、アセクシュアルというラベルを捨てればいいのです。禁欲の誓いではないのですから。次第に自分がアセクシュアルでないことに気づいていった人も、アセクシュアルであり続けた人も、どちらも同じように、アセクシュアリティのコミュニティは、いつもあたたかく支えてきました。

アセクシュアリティは健全な状態です

　「でもセックスは自然なことだよ！」

　セックスは、一般的に全人類の生活にとって正常かつ必要なものだと、あがめられてきました。それが異性間の生殖目的の行為であればなおさらです。ヘテロセクシュアルと生殖の関係は、ときおりほかのタイプの性行為を否定するのに使われることがあります。し

かし、生殖を目的としない様々な性行為の形が、多数派の人々によって「自然なこと」だと思われているのも事実です。しかしそこに、性的魅力や性への興味が欠如しているアセクシュアルの人がやってくると、突然「不自然」という言葉が出てくるのです。

アセクシュアルの人は生殖活動を避けているという勝手な推測をして、それが（アセクシュアリティが）不自然であることのなによりの証拠だと言う人たちが、生殖を目的としない性行為をするヘテロセクシュアルのライフスタイルを、同じ理屈で否定しようとしないのは、なんとも奇妙なことです。ヘテロセクシュアルのシスジェンダー〔訳注：生まれたとき診断された性別と性自認が同じ人〕[6)]の人たちが、生殖目的ではないセックスをしたり、避妊具を使ったり、すでに妊娠能力のなくなった更年期を過ぎた人や、ほかの理由で生殖力のない相手と性行為をするのは、生殖活動にならなくても、それを「不自然だ！」と呼ぶことはありません。そのことからも、アセクシュアルの人は生殖活動をしないから不自然だというラベルを貼ることは、根拠がないと言えます。これは、アセクシュアルの人は親密な人間関係──セックスなしで必要な人間関係を作ることができないという誤解に基づいています。性的魅力やセックスを好まない人は、健全で健康な人間ではないと思われてしまうのです。

アセクシュアルの人の多くは、しようと思えば生殖のためのセックスをすることができます。生殖のためのセックスにつながる行為を好まないというだけなのです。アセクシュアルの人が子どもを持ったり、持つつもりでも、それでもアセクシュアリティという性的指向は不自然だと言われます。性行為の関係を好まないことがわかると、医療の歴史にもあるように、すぐにとても個人的な質問をされます。ホルモン欠損[7)]や、病気[8)]、薬の副作用で性への興味や性の喜びを失っている場合[9)]もあるかもしれません。しかしこのような場合、特にホルモン異常の場合は、セックスや性的興奮以外にもなにか大きな副作用があるものです。性的興味の欠落が全体の

うちの一つの症状であることはありますが、それ自体が病気ではありません。それなのに、アセクシュアルの人は「ホルモンを調べてもらったら？」と言われることがよくあるのです。

異常がないかを調べたり、健康に留意するのは大変よい習慣ですが、アセクシュアルの人のホルモンがほかの人と違うという証拠はありません。ただ、アセクシュアルの人の中には、思春期に入るのが遅かったり、思春期が比較的穏やかな人が多いという調査もあります[10]。しかし、まったく逆のケースも多く見られます。

ホルモンに関して言えば、特定のホルモン値が低かったり分泌されていなかったりするアセクシュアリティの人もいます。ホルモンは思春期や性行為と関係ありますが、だからと言って、ホルモンのせいでアセクシュアリティになったと決めつけるべきではないと思います。これは、不定形なホルモン分泌が見られる人たち、例えばインターセックスの人たち[11]について語られるときにもよく出てくる問題です（インターセックス［性分化疾患］というのは、典型的な男性か女性のものだと考えられている染色体やアナトミー／生理機能ではないものを持って生まれた人のことを言います）。インターセックスの中には、アセクシュアル[12]だと自認する人もいますが、性的指向をインターセックスの治療すべき「症状」の一つと考えるべきではありません。ホルモンをコントロールしたり、変えようとしたりしている人の中には自分をアセクシュアルだと言う人もいます。

ホルモンなどの身体的な問題が、性的興味や性的魅力の欠落の原因になっているとは、ほとんどの場合考えられません。またアセクシュアリティが心理的な問題だという根拠もありません。もしそれまでは性的興味があったのに、突如なくなったとしたら、身体的あるいは心理的な問題かもしれません[13]。なんらかのトラウマによって望む性行為ができない場合は、カウンセリングを受けるとよいでしょう。もし薬の副作用で、性欲や性衝動や性に対する興味が減少し、それを患者が憂うのであれば、ほかの治療法を話し合って

適用するとよいでしょう[14]。

> 「アセクシュアリティの原因を究明していくと、えてして生物学的な決定論へと続いていくものです。そして、ホルモンの値や、アセクシュアリティという染色体があるのでは、という疑問につながっていきます。でもそれは、一人の人間が、ほかにも無数のことがらによって形成されているということを無視していると私は思います」(M.ルクラーク、Hypomnemataより)

　精神疾患や身体的な病気であると同時にアセクシュアルである場合もありますが、そこには因果関係はありません。たとえ、その人がアセクシュアルだと感じる総体的な理由の一つが、身体的や精神的な疾患だとしても、その人の性的指向を無効にするわけではありません。病気だからと言って、アセクシュアリティが「本当」でなくなるというわけではないのです。**しかし、性的指向としてのアセクシュアリティは病気でもありませんし、症状でもありません。治療できる、あるいは治療すべき問題として扱ってはならないのです。** ホモセクシュアリティがそうでないように。

　特に、その人がアセクシュアルであることを喜んで受け入れている場合は、アセクシュアリティがなにかの有害な疾患を示唆していることはあり得ないでしょう。自分の体験に名前をつけること、そしてそれが病気でも疾患でも、乗り越えなくてはならないハードルでもないと気づくことは、自己肯定なのです。アセクシュアルでない人の中には、性的魅力は人生に欠かせないもので、アセクシュアルな人生なんてどれほど憂鬱で恐ろしいものかと思う人もいるでしょう。アセクシュアルな人に治療を勧めるのも、うなずけます。しかし、充実した人生を送るために無理やり「性的」にならなくてもいいのです。アセクシュアルの人がそう理解して、安堵し、幸福な気持ちになっているのに、無理やり性行為を体験させて助けよう

とするのは、まったくお門違いだと言えるでしょう。

アセクシュアリティは診断ではなく、正当な可能性です

　性的興味や性的魅力の欠如は、しばしば医療の問題や病気と関連付けられることがあります。そして、批判的な人から、アセクシュアリティの「正当な理由」を説明しろと迫られることもあります。過去のなんらかの出来事によってアセクシュアルになったのではないことを証明しない限り、アセクシュアルの人が本当にアセクシュアルであるという可能性すら、受け入れようとしないのです。

　アセクシュアルは最終診断ではありません。診断などではまったくないのです。研究によってアセクシュアリティと精神疾患との相関性は見られないとされていますが[15]、社会のアウトサイダーだと感じることによってうつ状態などになるアセクシュアルの人もいるという研究もあります[16]。しかしこれは、アウトサイダーだと感じる誰もが、うつや不安になりやすいことと同じだと言えるでしょう。アセクシュアルは身体的不能によって性的に興奮しないこととも違います。アセクシュアルの人の過去や、病歴や、性自認や、社会的立場や、性体験や、精神状態や、身体的な魅力や、性に対する態度や、年齢をさぐって、その人のアセクシュアリティを否定したり、アセクシュアリティというもの自体が存在しないと結論づけることにはまったく意味がありません。

「アセクシュアリティは血液検査やMRIで診断されるものではありません。(略) アセクシュアリティの定義は『性的に惹かれない』ことですが、私の好きな定義にはこんなものがあります。『アセクシュアルというラベルが自分に合っていて役立つと思うこと』。どちらの定義も科学で確証できるものではあり

> りません。どちらも、一人ひとりの当事者が自分に合うと思う定義なのです」（キャズ、Kaz's Tumblings より）

アセクシュアルのコミュニティの中で、「最高級アセクシュアル」とユーモアを込めて呼ばれるタイプの人たちがいます。それは、考え得る全ての原因と関係のない、いってみれば疑う余地のないアセクシュアルで、うってつけのスポークスマンとなる人たちです。彼らがこのコミュニティにとって本質的に優れた代表者であるというわけではありませんが、アセクシュアリティの受ける非現実的な考えや誤解を解くために、彼らの存在を使うことがあります。

最高級アセクシュアルの人たちには次のような特質があります。

- 精神的にも身体的にも健康で投薬治療も受けていない
- 強靭な体を持っている
- 虐待を受けたことがない
- 外交的で社交能力がある
- シスジェンダーである（トランスジェンダー、ノンバイナリー、ジェンダーフルイド、アジェンダー、ジェンダークィア、ニュートロイス、バイジェンダー、サードジェンダー、ジェンダークエスチョニングではないけれども）
- 他者が合意の性行為をすることを認めている（自分自身は性行為に関心がないけれども）
- 性欲がない
- 外見が魅力的
- ロマンティックな関係に興味がない（ときには異性関係に興味を持つ）
- 20歳から40歳の間である

この「スィートスポット」に当てはまるアセクシュアルの人さえ

も、軽蔑的なことを言われることもあるのですから、一つでも当てはまるものがあれば即座に、「本当はアセクシュアルではないのではないか」と攻撃を受ける対象となるのです。

アセクシュアリティは人々が思っているよりもずっと多いのです。ですから、何百万人ものアセクシュアルの人々の何パーセントかが、たまたま、虐待経験者や、精神疾患のある人や、通常の観念では魅力的でないと見なされる人や、ジェンダー・ノンコンフォーミングや、シャイな人であっても、少しもおかしくありません。こうしたことがらを、アセクシュアリティの原因だと決めつけたり、こうしたことがまったくない場合だけアセクシュアリティという性的指向を「信じてやってもいい」と言うのは、現実的ではありません。

■この章のまとめ

この章ではアセクシュアリティの真実とうそ、ということについてお話しました。アセクシュアリティは、誰に性的に惹かれるか（この場合は、誰にも惹かれない）ということを説明しているので、**性的指向**の一つだと言えます。アセクシュアリティは、性的指向が現れる前の状態、成長過程の状態を指すものではなく、すでに**成熟**した状態だと言えます。アセクシュアリティは決心や選択ではなく、体験の**説明**です。セックスを求めたり、性的魅力を感じたりしないことは、精神や身体の病気ではないので、アセクシュアリティは**健全な状態**であると言えます。性的魅力を感じることが人間の標準として定められているわけではありません。ですからアセクシュアリティは十分**理にかなった可能性**だと言えます。

自分の性的指向を探し求め続け、ついに「ギブアップ」して、やっと自分がアセクシュアルであることに気づくというのは、大変な苦難の道のりです。でも、そんな道をたどらなくても、アセクシュアリティという言葉の定義の一つに共感できれば、それはあなたにとって正しいラベルかもしれません。このあとの章では、アセ

クシュアルの生活について、アセクシュアリティに関する誤解、当事者もそうでない人も知っておくべきことなどを、より詳しく説明していきます。

注
・・・

1)「アセクシュアルとは性的魅力を感じない人のことである」(Asexual Visibility and Education Network, 2008)
2)「性欲には二つの形——反対の性への性欲と同じ性への性欲——があることを認めるということは、少なくとも 4 種類の人がいるという分析上の可能性を認めることである。それらは、(1) 反対の性に性欲を抱くが同じ性には抱かない人、(2) 同じ性に性欲を抱くが反対の性には抱かない人、(3) どちらに対しても性欲を抱く人、(4) どちらに対しても性欲を抱かない人、である。性的指向が初めの 3 つのカテゴリーの連続体上に並ぶことを認める人でも、しばしば、4 番目がこの連続体から欠落していることを無視することがある」(Yoshino, 2000)
3)「我々の内なるジェンダー感覚は、自分を男性として、女性として、その両方として、あるいはそのどちらでもないと感じることである。以前は、自分が男らしいと感じられたら、女らしいと感じることはない、またその逆も同じだと信じられていた。しかし(略)男らしさの程度と女らしさの程度に違いのある人もいる。ある人たちは、自分を特に男性とも女性とも感じないし、両方の特質を持っていると感じる人もいる」(Girshick, 2008)
4)「最近は、より効果的に行われた研究があって、質問のタイプも結果のパーセンテージもより多様になってきている。研究を調べてみた結果、少なくとも私の考えでは、理にかなったおおよその数字として 1% というのは、実用的な数字として、間違った数字ではないと思う」(Anthony Bogaert、番組 Colin McEnroe Show での発言。Bogaert A., 2013)
5) リサ M. ダイアモンドは性的流動性を、状況に沿って性的反応が流動することと定義している。(Diamond, 2008)
6)「シスジェンダー」または「シス」とは、出生時に当てがわれたり決められたりした性別とジェンダーが一致している人を指し、そうでない人と区別する言葉である。
7)「性欲を感じるためには、(十分でなくとも)最低限のレベルの男性ホルモ

ン物質(アンドロゲン)が必要なようである」(Regan, 1999)

8)「健康状態は、性的困難の直接的、間接的な原因になることがしばしばある。糖尿病に関連した血管疾患は、十分な性衝動を妨げることがあり、循環器系の疾患は呼吸困難に次いで性交を妨げるかもしれない」(Phillips, 2000)

9)「普通に使われている薬剤が男女ともに、性機能に支障をきたすことがある。性欲が低下したり、男性の勃起や射精を妨げたり、女性のオルガズムを遅らせたり妨げたりすることがある」(Medical Letter on Drugs and Therapeutics, 1992)

10)「アセクシュアルの女性は、そうでない女性に比べて初潮が遅い。アセクシュアルの人々は身長が低く、体重も少ない」(Bogaert, 2004)

11)「生殖腺が機能しない形成不全の(インターセックスの)状態は、内因性ホルモンの生成が見られない……」(Minto, Crouch, Conway & Creighton, 2005)

12)アセクシュアル・スペクトラムだと自認する 3436 人に対して 2011 年 9 月から 10 月にネットを通じて行われたリサーチで、1.2%の人が自分をインターセックスだと自認していると答えた(Asexual Awareness Week, 2011)。このパーセンテージは、人口全体に対するインターセックスのパーセンテージと同等である。

13)「性欲低下が、心理的や生理学上の障害(例:うつ、甲状腺機能不全)を示唆していることがあるが、性欲が低いあるいは存在しないことが病理と必ずしも結びついているのだろうか?(略)現在のところは、アセクシュアリティの認知と行動が必ずしも 問題を示すというエビデンスはない」(Prause & Graham, 2007)

14)「特に、性欲の障害のある患者の医学的治療はない。潜在的な医学的あるいはホルモンによる原因が見つからなければ、患者や患者夫婦にとってカウンセリングが役立つかもしれない」(Phillips, 2000)

15)「精神障害の確率はアセクシュアルの人で高くなってはいない」(Brotto, Knudson, Inskip, Rhodes & Erskine, 2010)

16)「アセクシュアルの人も、ホモセクシュアルやバイセクシュアルの人と似通った社会的な恥辱を受けることがある。差別や矮小化なども体験し、そのため、アセクシュアルの人は精神疾患率が高くなることもある」(Yule, Brotto & Gorzalka, 2013)

パート2

アセクシュアリティの
体験について

アセクシュアルの人に共通しているのは、ほかの人に性的に惹かれたり性的に好ましい気持ちを抱いたりしないということです。アセクシュアリティの体験にはいくつものタイプがありますが、アセクシュアルのコミュニティ以外の人にはなかなかわかりにくいかもしれません。私たちはよく、こうした意見を耳にします。「自慰行為をするならアセクシュアルじゃないよね」「ボーイフレンドがいるのにアセクシュアルなんて、あり得ないよ！」「セックスするくせに、アセクシュアルだって言えるの？」この章では、アセクシュアルというくくりの中でも、いろいろな違ったタイプの人たちがいるということをお話ししましょう。

恋愛の形について（ロマンティック指向）

　相手に恋愛感情を持ったり、持ちたいと思うかどうかによって、アセクシュアリティのタイプが違います。恋愛感情を持つアセクシュアルの人は、**ロマンティック・アセクシュアル**だと推測されます。

■ロマンティシズム
　セックスや性的魅力が関わる必要のない恋愛関係を「ロマンティック」と分類します。アセクシュアルの人の中には、「ただの友だち」では説明できないパートナーを求める人がいます。アセクシュアルの人にはロマンティックな恋愛はできないというのはよくある誤解なのです。その逆に、愛情がなくてもセックスをしたり、性的に魅力を感じることは、世の中にはよくあることですよね。愛情関係のない場合でも、素晴らしいセックスをすることは可能ですから！　それなのに、セックスを伴わない（あるいはセックスを欲しない）愛情なんてあり得ないし、「本当の愛」ではないと言われることが多いのは、なぜでしょうか。

> 「私のパートナーはベストフレンドでもあるの。私たちの関係がどうロマンティックなのか、うまく言えないけど、なにしろロマンティックなのよ!」(レベッカ)

愛と呼ぶポジティブな感情は、セックスや性的魅力がなくても存在することを、私たちは概念としては理解しています。家族愛、友情、マッシュポテトへの深く熱い思い! それなのにときおり、**性的要素のない恋愛関係だと聞くと、人はそれを幼い愛だとか未熟だとかと言ったり、おとぎ話の恋愛ごっこだと言ったり、どこかおかしいのではないかと言ったりするのです**。性的魅力を感じずにロマンティックに愛する人というのは、自分の気持ちをきちんと表せない人だと思われています。まるで、多数派の人間には少数派の人の感情を語る権限があると言わんばかりです。でも、セックスを求めることはロマンスを求めることと同じではありません。愛情のあるなしと、セックスをするかどうかが同じでないことと同様です。

パートナーに性的に惹かれていなくても、お互いのニーズを満たし合える満足のいく恋愛関係を保ちたいと思うアセクシュアルの人もいます。**外部の人には、アセクシュアルの人がどんな感情を持つべきかとか、「意味ある」関係にするためにはお互いがどう満足しなくてはならないかなどを決める権利はありません**。アセクシュアルでない人に伝えたいのは、他人の恋愛の正当性を云々することなどできないということです。アセクシュアルの人とそうでない人は、どちらの恋愛関係が正しいのか主張し合うことなく、お互いの生き方を尊重しながら共存できるはずです。

アセクシュアルの人は愛している相手に性的に惹かれることはありませんが、それ以外の様々な、ときに激しい感情があるのは、ほかの人と同じです。多くの人にとって愛情とセックスは絡み合った切り離せないもので、相互的に高め合い影響し合う感情なので、愛情がなければセックスが、そしてセックスがなければ愛情が機能し

ないと、一般的に考えられています。しかし、それが全ての人に当てはまるとは限りません。セックスは愛情がなくても行うことができて、それはまぎれもなく「本物」のセックスです。なのに、なぜセックスを渇望したり行ったりしないと、愛情が「本物」だと見なされないのでしょう？

アセクシュアルの人の多くは、セックスを通じて自然に愛情や親密さの感情を表すことはできません。セックスが愛情というものに不可欠だとは思えないのです。愛情とセックスは別個の体験に思えるのです。しかし、ロマンティックなアセクシュアルの人では、恋愛感情があるために自分がアセクシュアルであることになかなか気づかず、つらい思いをすることがよくあります。

> 「一部のアセクシュアルの人にとって、『あの人とセックスをしたい』という考えは、『あの人を青いペンキで塗って小枝をかぶせて一晩中その周りを踊っていたい』というのと同じくらいでたらめで意外な考えなのです」（トム、Asexuality Archive より）

相手に対する感情は性的なものではないけれど、それでも相手に対して恋愛感情があるので、自分はアセクシュアルのはずはない、と思うこともあるでしょう。誰かを好きになっても、そこから（お決まりの）性的関係へ発展しないと孤立してしまうかもしれません。アセクシュアルのティーンエイジャーは、友だちに合わせて、性的興味があるふりをすることがよくあります。

アセクシュアルの人にとって、恋愛感情は性的魅力とは別個のものなのです。それは外から見ると変に思えるかもしれません。でもその感情が本物で激しく切実であれば、ほかの人の感情と同じではありませんか？　性的関係がない愛は完全な愛ではないと考えるのは、尻尾のない犬は決してハッピーではない（なぜなら犬は嬉しいと

き尻尾を振るものだから）と言うのと同じことです。アセクシュアルの人にとって、性的魅力はあり得ないのです。尻尾のない犬のように、振ろうと思っても、そこに尻尾はないのですから。ですから、ロマンティックなアセクシュアルの人にとっての恋愛は性的魅力のないものです。そしてそれは、なにからなにまで切実で充実したものなのです。

> 「セックスと恋愛は相伴うものだとよく言うし、それが当てはまる人もいるでしょう。でも、それが『正しい』とか『正常』だと見なされるようになると、問題が起きるのです」（オーデイシャス・エース, Asexuality Unabashed より）

アセクシュアルの人にとって、ある関係がロマンティックなものになったかどうかは本人が一番よく知っています。**親密さが一線を越えて相手の生活にまで入り込んでいくようになったとき、その関係はロマンティックなものになると多くの人が言っています。そしてそれは性的な一線である必要はないのです。**互いに独占的な関係を保ったり、プライバシーを共有したり、お互いを信頼し、一緒にいることが居心地がよいという体験は、親密な性的関係がなくても可能なのです。

セックスをしているカップルが自分たちは愛し合っていると言えば、「そんなはずはない！」などと即座に反応する人たちは、めったにいませんし、それは無礼なことですらあります。しかし、双方あるいは片方がアセクシュアルの場合、こうした反応は普通で、無礼とすら思われません。アセクシュアルの人はこのような否定的なことを言われたり、自分たちの恋愛の正当性を弁護させられたりすることがよくあるのです。性器が関わらない恋愛関係なんて、頭と心がちゃんと働いていないのではないか、と言われるのです。

パートナーを選ぶ動機は、性的魅力だけではありません。アセク

シュアルの人は相手に性的に惹かれないのだから、相手はどの性、ジェンダー、ジェンダー表現、性格、外見、体形にかかわらず、誰でもいいのではないか、と思うかもしれませんが、そうではないのです。性的ではなくても、好ましいと思う外見に惹かれることは確かにあります。ヘテロセクシュアルの人だって、特定のタイプの相手を好むでしょう。異性愛の男性が「女性」が好きだと言っても、それは、女性の中のあるタイプの人が好きだという意味なのです。同じように、アセクシュアルの人にも、惹かれるタイプや、ジェンダーや、ジェンダー表現があります[1]。

よくあるロマンティック指向

ヘテロロマンティック	反対の性や反対のジェンダーの人に恋愛感情を持つ
ホモロマンティック	同性や同じジェンダーの人に恋愛感情を持つ
バイロマンティックまたはアムバイロマンティック	同性や同じジェンダー、それに加えほかの性やジェンダーの人に恋愛感情を持つ
ポリロマンティック	複数の性やジェンダーに恋愛感情を持つが、それは全ての性やジェンダーに対してではない（注：ポリアモラス［多情］と同じではありません）
パンロマンティック	全ての性とジェンダーの人に恋愛感情を持つ

例えば、**アセクシュアル・ヘテロロマンティック**の女性は、誰にも性的に惹かれませんが、男性に恋愛感情を持ちます。**アセクシュアル・ポリロマンティック**の男性は、誰にも性的に惹かれませんが、例えば、女性やアジェンダー〔訳注：ジェンダーレス〕の人や、ノンバイナリー〔訳注：どちらの性にも分類されない性別認識〕の人には恋愛感情を持ちますが、（例えば）男性には持ちません。

ジェンダーというものを身体的な要素というよりは、性格だととらえる人もいます。すると、「自分は○○のジェンダーに惹かれる」と言うより、もっと幅が広がります。女性らしさ、男性らしさ、アンドロジニー〔男性と女性の両方の特徴を持つこと〕、に惹かれると言う人もいるでしょう。また、あるジェンダーに限った特定の態度に惹かれる人もいます（例、攻撃的な男性は好まないが攻撃的な女性を好ん

だり、女性の優雅さはなんとも思わないが男性の優雅な動作に惹かれる)。誰に惹かれるかは、外見や肉体の美しさなどより、ずっと深いことなのです。

ロマンティック指向について**まだ不確かだ**とか、**クエスチョニング**〔検討中〕、**流動的**だ、と言う人もいます。これはアセクシュアルの人に限ったことではありません。性的魅力を感じる人にも、ロマンティック指向がありますし、それが性的魅力を感じる相手と一致していない場合もあるのです。

アセクシュアルの人たちは、ヘテロロマンティックというような狭義な言葉の代わりに、ゲイ、ストレート、クィアといったより広義な言葉を使うことがあります。レズビアン・アセクシュアルというような性的関係を表す慣例的な用語を用いた呼び方を聞いたことがあるかもしれません。こういう場合は、ロマンティック指向を指しているのですが、ノンロマンティック〔訳注：ロマンティックではない〕なパートナーのジェンダーに対する自分の立場を説明していることもあります（ノンロマンティック・パートナーについてはあとで述べます）。

しかし、複数のジェンダーがあるため、恋愛感情はシンプルではありません。ノンバイナリー、すなわち男性や女性の箱に収まらない人も多くいます。両方の性の混合だと言う人や、ジェンダーが自由に変わる人、ジェンダーのない人、ニュートラルのジェンダーだと言う人もいます。男性でも女性でもないと認識する人は自分を、アジェンダー、ジェンダーニュートラル、ニュートロイス、バイジェンダー、アンドロジナス、ノンバイナリー、ジェンダークィア、ジェンダーバリエント、ジェンダーフルイド、ジェンダークエスチョニング、ウィズアウトジェンダー、サードジェンダー、と呼ぶことがあります（本書ではこれらについては詳しく述べませんが、アセクシュアルの人の中にはこうしたノンバイナリーのジェンダーというアイデンティティの人もいるということを知っておいてください）。ノンバイナリー

の人にとっては、先に述べたロマンティック指向は不正確で役に立たないものなのです。

　惹かれる相手と自分のジェンダーが同じかどうかという点からロマンティック指向を説明するのではなく、自分のジェンダーにかかわりなくどんな相手に惹かれるを説明した方が役立つと考える人もいます。先に、このコミュニティでよく使われるロマンティック指向をリストにしましたが、下記の表のような言い方も耳にすることがあるかもしれません。特に、ノンバイナリーの人や、シスジェンダー〔訳注：出生時に診断された性別と性自認が同じ人〕でない人の間でよく使われる、ロマンティック指向の言葉です。

追加のロマンティック指向

アンドロロマンティック	男性らしさ、男性、男性と性自認する人に惹かれる
ガイネロマンティック	女性らしさ、女性、女性と性自認する人に惹かれる
スコリオロマンティックまたはアムバイロマンティック	アンドロジニー、ノンバイナリー、アンドロジナスと性自認する人に惹かれる
ポモロマンティック	人に惹かれるが、誰に惹かれるかを特定したり分類することを重視しない（ポモはポストモダンからとった言葉）
リソロマンティック	人に惹かれるが、見返りを求めない
サピオロマンティック	人の知性に惹かれる

　わかりやすく説明すると、アンドロロマンティックだと自認する人はシスジェンダーの男性とトランスジェンダーの男性、そして男性らしさや男性的な人に惹かれ、ガイネロマンティックと自認する人はシスジェンダーの女性とトランスジェンダーの女性、そして女性らしさや女性的な人に惹かれるかもしれないということなのです。人によっては、より的確あるいはより広い指向を表すために、これらの言葉を組み合わせることもあります。

　トランスジェンダーの人に惹かれることを、**トランスロマンティック**と言いますが、これはトランスジェンダーだと自認する人がほかのトランスジェンダーの人にしか惹かれない場合に使う言葉

で、シスジェンダーの人がトランスジェンダーの人に惹かれる場合には使いません。トランスジェンダーの間でしか惹かれないということは、ときに問題になることがあります。というのは、トランスジェンダーの相手でなければ魅力を感じない人がいる反面、トランスジェンダー以外の人にしか惹かれないトランスジェンダーの人もいるからです。バイナリーのトランスジェンダーの人は、もう一方のジェンダーではなく自認しているジェンダーに見なされるべきですし、当事者もそれを通常期待します。もし誰かがトランスジェンダーの女性に惹かれた場合、「女性に惹かれた」と言えば十分なのです。トランスロマンティックという言葉はあまり使われることはありませんが、確かに存在しているのです。

　さらに言えば、アセクシュアルの人の中には、一つあるいはそれ以上のジェンダーに惹かれますが、関係を持とうとしない人もいます。それは、多分お互いの性的ニーズが食い違うだろうから、努力をする意味がないと考えるからなのです。

では、誰にも恋愛感情を持たない人の場合はどうでしょう？

■アロマンティシズム

　誰にも恋愛感情を持たない人をアロマンティックといいます。独身で過ごしたり、恋愛感情のない相手をパートナーとして選ぶことがあります。恋愛感情のあるパートナーシップだけがパートナーシップではありません。

　アセクシュアルのコミュニティには、アロマンティックの人が結構見られます。ロマンティックでアセクシュアルな人は自分の恋愛感情を、いわば性的衝動のようなものだと言っています。ロマンティックな衝動で、ロマンティックな相手を見つけようとし、ロマンティックに惹かれることがあるのです。しかしアロマンティックの人は、そうではありません。アロマンティックな人は自分についてこのように言っています。

- 恋愛衝動がない
- 誰にも恋愛感情を持たない
- 独身生活を好む
- 親しい友人関係に満足している
- パートナーシップを楽しんだり関わったりしない
- 「気分のいい人がパートナーに欲しい」というように一般的な恋愛的な感情を持つことがあったとしても、実際に恋愛したい相手を見つけようとすることはない。

　アセクシュアルの人だけがアロマンティックではありません。どんな性的指向の人でも、誰にも恋愛感情を持たないことがあり得ます。そして恋愛感情を持たずに性的関係を持つことを恥じることがよくあるのです。したがって、アセクシュアルではないアロマンティックの人も、隠れた存在になってしまうのです。アロマンティックのような視点の人は、ロマンティック指向の中の、「グレイ」エリアだと自認するのを好む場合があります（グレイエリアについては本章のあとの方で説明します）。

　成長期に、「じゃあいったい、誰が好きなの？」と友だちに問われてすっかり混乱したというアロマンティックの人も多くいます。友だちとして好きなのと、誰かにのぼせ上がるのとの違いがわからなかったり、仲間外れにされたくないので、誰かを好きになったふりをしたり。それでもパートナーになにを望んだらいいのか見当がつかないこともあるでしょう。大人になってからも、カップルになることが友人たちの人生の中心であることに気づき、常に相手を見つけるよう期待されながら自分はどのようにして将来を築いていけばいいのか困惑することもあるでしょう。幸せをもたらすというロマンティックな関係を自分も追い求めるべきなのかと考えて、デートをしてみたものの、友だち以上の感情を持つことができず、恋愛とはいったいどんなものなのだろうといっそうわからなくなるのです。

> 「プラトニックな関係ということで言えば、私たちにとってそれは『フレンドシップ』です。そう、それだけです。もちろん多少の違いはあります。ベストフレンド、幼なじみ、という具合にね。でも全てフレンドシップというスペクトラム上なのです。フレンドは、お昼を一緒に食べながらちょっとおしゃべりしたい相手のことも、生涯を共に過ごしたい信頼できる相手のこともあるのです」(メアリー・ケイム・ギノザ、Next Step: Cake より)

家族や友人との関係だけで、社交面でも感情的にも満足できるアロマンティックの人もいます。一方、社交や気持ちの交流をほとんど必要とせず、だいたい一人でいるのが好きな人もいます。また、普通の友情以上の非常に親しい関係をパートナーと築くアロマンティックの人もいて、そこには身体的や感情的な親密さやコミットメントが関わっている場合もあります。こうしたパートナーのいる人でも、その関わり方は様々です。アロマンティックな関係には、次のようなものがあります。

- 親しい関係だが、ロマンティックな関係ほどお互いの生活に入り込まない
- 親しい関係だが、ロマンティックな関係とは違う（お互いの生活への）入り込み方をする
- 親しい関係だが、ロマンティックな関係ほどの親密さはない
- 親しい関係だが、ロマンティックな関係のような親密さではない
- 親しい関係で、お互いの生活への入り込み方も親密さもロマンティックな関係と似ているが、当人にはロマンティックには思えない

- 親しい関係で、お互いのロマンティックではないニーズを満たす関係

　これは、アロマンティックなパートナーとの関係が、ロマンティックな関係より冷めているとか重要でないということではありません。パートナー間にロマンティックだと思う要素がないというだけなのです。どんな関係がロマンティックか、このことはときに熱い議論を巻き起こします。性的魅力や性行為といった要素を考慮に入れない議論となると、さらに複雑になります。

> 「私の親しい友だちが、ほかの誰かと時間を過ごしたり、デートをしたりしても、一向に気になりません。独占欲とか一夫一婦制というのが、どうもピンとこないし、そんな関係が欲しいとも思いません。ただ最近、私はとても大切に思っていた人（今でも大切だと思っています）との友情関係を断ち切りました。彼女が私と一緒にいることの意味を感じていないように思えて、私の感情的なニーズが満たされないと思ったからです。お互いが同じぐらいのレベルの愛情を持っていてこそ、双方にとって居心地のよい関係になれると思います」（シアトリックス、Writing From Factor Xより）

　性的やロマンティックではない魅力というものは多く存在します。美的、感覚的、知的、様々な感情的な魅力です。これらは別個に存在する場合も、いくつかが一緒になっている場合もあるし、激しく深く、多面的な場合もあります。愛情を伴う関係を、性的／ロマンティックな関係、家族関係、友だち関係と、単純に定義してしまうことが一般社会ではよく見られますが、こうした分類はあまりにも単純化されたものと言えます。

　友情は性的あるいはロマンティックな関係と比べて、深刻さや関

わり方や重要性が低いと思われることがよくあります。そのため、「ただの」という言葉が「友だち」の頭につけられることがよくあるのです。性的関係の方が性的でない関係より優れていると自動的に考えるから、「友だち以上」というような言い方もよく使われるのではありませんか？　「二人の間にはなにもない」ことを示すのに友情という言葉を使っているのです。しかし実際には、友情は人間にとって最も深い関係の一つであり、それはアロマンティックの人にも、そうでない人にも当てはまります。

　アロマンティックな人の中にはデートをする人もいます。矛盾しているかと思うかもしれませんが、**ロマンスだけが、人の望む真剣でかつ強い結びつきの関係ではありません。**ロマンティックでないタイプの関係で相手を熱心に愛し、プラトニックなパートナーと共に暮らし、子どもを育てたい人もいます。一方、アロマンティックの中には、親しい友人があってもパートナーを求めることはなく、シングルでいることに満足している人も多くいます。

　クィアプラトニックという関係を表す言葉も、アロマンティックの人の間ではよく使われます。アロマンティックだけでなく、どのような性的あるいはロマンティック指向の人でも、クィアプラトニックの関係を持つことはできます。これは、お互いに献身的な長期にわたる関係で、二人の間には恋愛感情はありませんが、いわゆる友情関係とは違った強さの、とても強い感情が存在します。

　クィアプラトニックという言葉はときおり、論議の的になることがあります。というのは、親友を持つことのどこがクィアなのか、と言う人があるからです。しかし、クィアプラトニックな関係の当事者たちは、それを友情だと決めつけられることを好みません。そしてそういった関係は外から見るとロマンティックなものに見えることさえあります。プラトニックでありながら、どこかクィアでもある。友だちというのでもロマンティックなパートナーでもない。なにか別のものなのです。こうした関係は、同じ目的を持ったり、

感情面ではないなにか人生の一部がぴったり合うことを目指している場合があります。たとえ外からそう見えたとしても、当事者たちがロマンティックな関係でないというのであれば、恋愛という烙印を押してはいけないと思います。

> 「自分の感情について考えてみると、それはどこか友情と恋愛の混ざったもののようでもあるので、クィアプラトニックという言葉やそれに関連した言い方を使うようにしています。私の持つ感情が、ほかの人の友情や恋愛関係の感情と同じ程度だと、人の話を聞いていて思うこともあって、どこが違うのかと戸惑うこともあります。魅力についてよく理解できないこともあります。私にとって魅力というのは、感情のタイプではなくて、感情の強さですから」(シアトリックス、Writing From Factor X より)

クィアプラトニックな関係が反対のジェンダーの人同士の場合、それはヘテロセクシュアルの関係だと誤解されることがあります。そして同じジェンダーの人同士の場合は、ホモセクシュアリティだと誤解されるのです。しかし、クィアプラトニックな当事者たちが、生涯を共に暮らし、子どもを持ち、あるいは共にビジネスや目標達成したいと考えているとしても、それはロマンティックな関係にあるとは言えないのです。また、クィアプラトニックの関係は、西洋社会ではベストフレンド同士の間に起きることはあまりないようです。ロマンティックではない親密な関係を持たない人にはなかなか理解できないかもしれませんが、家族でも恋愛関係でもない相手との関係を、友情とかベストフレンドと呼ぶことに満足していた人でも、クィアプラトニックという(新しい)言葉を聞いて、それがこれまでになく、しっくりくる呼び方だと感じる人も多いのです。

では、その中間というのも、あり得るのでしょうか?

■グレイロマンティシズム

　恋愛体験には中間的なゾーンも存在して、自分たちに合ったラベルが必要だと思う人もいて、**グレイロマンティック**と呼ぶことがあります。これはロマンティックとアロマンティックの中間です。グレイロマンティックの人は、あまり恋愛感情を持ちませんし、持ったとしてもかなり弱い感情で、ほかの人とは違う状況下で起こることがあります。アロマンティックなアセクシュアルの人と共通部分がたくさんありますが、アロマンティックと違って、ときたま恋愛感情が起こることがあります。グレイロマンティックの人の中には、グレイ・パンロマンティックとか、グレイ・アンドロロマンティックとかと自認する人もいます。

アロマンティック　　　グレイロマンティック　　　　ロマンティック

■デミロマンティシズム

　デミロマンティックと言う人もいます。相手に慣れ親しみ、感情的に相手を好きになって初めて恋愛感情を持つことがある人をデミロマンティックと呼んでいます。誰でもそうじゃないか、と思うかもしれませんが、デミロマンティシズムの人は、ひと目ぼれをしたり、よく知らない人に恋心を抱いたりしません。目につきやすい表面的なところに惹かれて恋愛感情を持つことはないという説明を好む人もいます。めったに恋愛感情を持たない人もデミロマンティックと自認することがあります。

　グレイエリアがあるのはアセクシュアリティに限ったことではありません。グレイロマンティックの人やデミロマンティックの人の性的魅力の感じ方は、ほかの人と同じかもしれないし、そうでないかもしれません。ただ、自分のロマンティックな体験が、アロマン

ティックとロマンティックのどこか中間に位置すると思うのです。こうした呼び名が、自分たちの関係に適切かどうか、役に立つかどうかは、当事者たちが決めることなのです。

アセクシュアル・スペクトラムだと自認する 3436 人に対して 2011 年 9 月から 10 月にネットを通じて行われたリサーチで、「あなたのロマンティック指向はなんですか?」という問いに、下記のような回答が見られました[2]。

「私は男性に恋愛感情を持ちます」	43.8%
「私は女性に恋愛感情を持ちます」	32.2%
「私はノンバイナリーなジェンダーだと自認する人に恋愛感情を持ちます」	21.1%
「私のロマンティック指向は流動的に変化します」	20.7%
「今はまだよくわかりません」	20.2%
「誰にも恋愛感情を持ちません(アロマンティック)」	18.2%
「私はデミロマンティックです」	12.1%
「私はグレイロマンティックです」	10.6%
その他	6.8%
「私にとってロマンティックな感情と、非ロマンティックな感情には違いがありません」	6.2%

※複数回答

自分のロマンティック指向をどう説明したらよいかよくわからない人、自分がどんなパターンで魅力を感じるかを定義すること自体を拒否する人、ここに挙げたどの定義も自分の気持ちを表すのに役立たないと言う人、どのジェンダーを好むかわからないと言う人もいます。こうした曖昧さを表すクリエイティブな方法もたくさんあります。アセクシュアル、アロマンティック、クエスチョニングの人たちの間で使われる言葉に、**WTF ロマンティック、アンビギュアスリー・ロマンティック**〔訳注:曖昧ロマンティック〕、**シュロマンティック(同時にロマンティックでありアロマンティックでもあり得る感情。シュレーディンガーのネコ**[3]**から命名)**などがあります。

要するに、アセクシュアルの人の多くは、性的でない様々な魅力を人に対して感じているということなのです。ですからアセクシュ

アルの人のパートナーも「大切な人」と呼んで然るべきです。どんな意図や目的があろうとも、アセクシュアルの人の関係を「著しく大切」ではないと言うべきではありません。また、アロマンティックのアセクシュアルの人は、相手を見つけられないので仕方なく独身でいるのだなどと決めつけるべきではありません。多くのアロマンティックのアセクシュアルの人は一人でいることを自ら選び、それを楽しんでいるのですから。性的指向とロマンティック指向は、二つの異なる概念なのです。

■性欲と自慰について

アセクシュアルであることをオープンにしていると、知り合いでもない人から、まったく興味本位で自慰について尋ねられることがよくあります。アセクシュアルの人が自慰行為をするかどうかというのは、大変興味をそそる問題なのです。

そしてその答えは、する人もしない人もいるということです。性欲がある人もない人もいますし、玩具を使ったり特定の体験を妄想したりする人も、しない人もいます。

なんだか混乱してきたと思うかもしれませんね。ここで覚えておいていただきたいのは、性的興奮と性欲と性的に惹かれることとは、それぞれ別のことだということです[4]。性的興奮は身体の反応、性欲は性的興奮に反応しようとする欲求またはセックスを求める欲求、性的に惹かれることは誰かに性的魅力を感じるということです。

アセクシュアルの人は、通常ほかの人を性的に魅力的だと感じませんし、人とセックスをしたいと思いません。しかし、生殖器が機能しないわけではなく、生殖器への刺激を楽しめないということではないのです。ですから、セックスをすることに同意すれば、セックスを身体的に楽しむことができないわけではないのです。多くのアセクシュアルの人は、生殖器へのなんらかの刺激を「性的」だととらえますが、そのようにとらえない人もいます。またパートナー

がいなくても、その行為を性行為の一種だと考える人もいます。

　ゲイの男性が、その女性に惹かれていなくても、ほかに拒む要素がなければ彼女からの性的な行為を喜んで受け入れることがあるように、アセクシュアルの人も自慰行為や性的行為を楽しむことがあります。刺激を好む人もいます。パートナーとのセックスを想像することなく、単に生殖器への刺激を楽しむこともできるのです。性に対してどんな考えを持っているかに関係なく、どの性的指向、ジェンダー、年齢の人でもそれを楽しむことはできます。

　実際、自慰を楽しむためには、セックスがどんなものか知らなくてもいいのです。幼児の多くは、オムツが取れると自己刺激をする段階を経ることがありますが、3歳児が裸の相手を想像しながら自慰をするとは考えられません[5]。単に気持ちがよいと思うだけなのです。大人の場合は、より複雑な要素や理由が関わってくるかもしれません。それでも「ただ気持ちがいいから」というのは、セックスと関連なく自分で自慰をすることの、実にシンプルで有効な理由と言えるでしょう。

性衝動や性欲や自慰をしたい気持ちがあるのなら、アセクシュアルと言う資格がないのでは[6]？　自慰をするかどうかによって、人の性的指向が決まるわけではありません。また、こうした行為の意味を誤解する他者から、勝手に性的指向を押し付けられ中傷されるものでもありません。自分は、自慰行為や性器への刺激を楽しむから、アセクシュアルではないのかと思う人もいるかもしれませんが、自己刺激によって「失格」になることはないのです。

　アセクシュアルの人の自慰は、ストレス発散のために行ったり、毎月性的興奮の高まる時期だけにしたり、エンドルフィンが出るのを楽しんだりするためで、ほかの人とは違うと言う人も多くいます。長い間していないと自慰をする必要性が高まると言う人も、必要性には関係なく気が向いたときに行うと言う人もいます。誰でもこういった理由で自慰行為をしてもよいのです。

> 「自慰はセックスの代替行為だと思う人が多いようですが、いつでもセックスできる人の中にも、自慰行為自体を楽しむために行う人もいます。セックスと自慰の両方を楽しんでいる人です。アセクシュアルの人の中には、自慰行為の最中に（性的な）妄想する人もいますが、まったくセクシーではないことを考える人もいます。自慰を性欲を発散するため（他者に性的魅力を感じてなくてもこれは一種の性的な行為なのです）にする人もいますし、良し悪しに関係なく、ただ痒いところを搔くようにとらえている人もいます。自慰をするかどうかと、誰かに性的魅力を感じるかどうかは、無関係なのです」（ダラス・ブライソン、The Asexual Sexologist より）

　自己刺激をするアセクシュアルの人の多くは、自慰とセックスは関係がないと考えています。言葉の意味からも、それはセックスへの願望でしかないと言う人もいますが、それが全ての人に当てはまるわけではありません。アセクシュアルの人は、通常、誰かに惹かれて自慰行為をするのではないので、自慰とセックスがつながっているとは思いません。同じような理由で自慰をする人がアセクシュアルではない人の中にもいるかもしれませんが、だいたいは相手のいるセックスを望んでいるのです。自慰はセックスとは違います。両方をする人のほとんどは、片方に充足したからといって、もう片方をやめることはないでしょう。

　自慰行為をアシストするために性的な妄想をしたりビジュアルを使ったりするアセクシュアルの人もいます。実生活では好まない居心地の悪い状況を想像したり、他者に性的なことが起こることなどを妄想する人も多いのです。身体的な感覚や官能的な行為を想像することもありますが、それは、人に対して性的魅力を感じるということとは違います。

性欲が低かったりまったくないと言う多くのアセクシュアルの人

は、オルガズムや刺激などによって**発散する必要性を感じません**。中程度から高い性欲のあるアセクシュアルの人でも、誰かに惹かれて性的興奮を覚えることはないと言います。同じく、誰でも性器の反応や興奮がまったく性的でない状況で起こることもよくあるでしょう。肛門科の診療や、なにかのことでナーバスになったときに勃起し、性的な考えからではないと相手に説明しなくてはならなくて、困ると言う人もいます。アセクシュアルの場合も同じです。見たり感じたりしたもので性的興奮を覚えても、それは性的魅力を感じたことではないのです。

自慰というのは、正しくは「**セルフセクシュアル**」や「**オートセクシュアル**」〔どちらも「自己セクシュアル」の意〕なのであるから、自慰をする人はアセクシュアルとはいえないと言う人もいます。自分をどのように定義するかはその人次第です。しかし、オートセクシュアルというのは、通常、相手のいるセックスよりも自慰を好む人の行為を示す言葉ですので、どんな性的指向の人にもあり得ます。前にも述べたように、性的指向を決めるのは行為ではないのです。

■ 親密な行為と性行為

アセクシュアルの人の中には**性的なアクティビティを楽しむ人も、セックスについて無関心な人も、相反する感情を持つ人も、セックスを拒絶する人もいます**。セックスを好んだりセックスをすることを厭わない人も、アセクシュアルのコミュニティの中にはいますが、セックスをするからといって、アセクシュアルである正当性がないということはありません。

「パートナーとのセックスには、私は関心がありませんし、自分から求めることはありません。以前してみたこともありますが、なにも印象的ではありませんでした。でも、正しい状況下であれば、またしないわけではありません」（トム、Asexuality

Archive より）

　性的アクティビティを楽しむアセクシュアルの人には、セックスを進んでする人もいます。また、セックスについて無関心や相反する感情を持つ人にも、セックスをするのを厭わない人がいます。性的状況を拒絶しないアセクシュアルの人にとって、セックスはしてもしなくてもいい行為であって、親密さのために行う必要性は感じません。実際のセックスを楽しむと言うアセクシュアルの人でも、それは主に、あるいは部分的に、セックスを必要とし衝動を抑えきれないパートナーのための行為なのだと言います[7]。パートナーの欲望を満たすためだけがアセクシュアルの人のセックスの理由ではありませんが、多くの場合、パートナー（パートナーたち）の欲求に影響されて行うのです。

　セックスを厭わないのに、なぜ自分をわざわざアセクシュアルだと呼ぶのでしょうか？　パートナーとセックスをしているのに、なぜ自分たちに、アセクシュアルという、反対の意味のラベルを貼ろうとするのでしょう？

　その答えは、何度も述べてきたように、性的指向は行為ではないからです。セックスをたくさんするアセクシュアルの人も、まるでセックスをしない人も、その中間の人もいますが、性的体験によって、アセクシュアリティの程度が変わるということは、ないのです。ヘテロセクシュアルの人が同性と性行為をしたからといって、突然、自分をバイセクシュアルやホモセクシュアルだと呼び始める必要はないのと、同じことです。

　私たちの選ぶラベルには、様々な理由が隠されているものです。性的魅力を感じずにセックスをすることがあるのは、アセクシュアルの人だけに限ったことではありません。アセクシュアルの人も、パートナーが欲するものを与えることに喜びを感じたり、親密さの表現としての行為を嬉しいと思ったりすることがあるのです。セッ

クスのもたらす親密さを大事にしたり、セックス体験に興味があって、拒絶するほど嫌ではない場合もあります。官能的な肉体の行為そのものを楽しんだり、また、生殖のためにセックスをしたいと思うこともあります。アセクシュアルでない人にも、こうした理由でセックスをする人は多いと思います。

とはいっても、アセクシュアルの人では、まったくセックスを嫌がったり、セックスに消極的だったりする人の方がずっと多いのです。セックスができなかったり、しようとしなくても、よい関係を保つことはできます。アセクシュアルではない人たちの中にも、様々な理由で（例えば、障害や健康上の理由によって）セックスができなかったり、しようとしない人が多くいます。セックスをしないことがハードルになる場合もありますが、長期的に親密な関係を保ったり、満足のいく関係を続けたりするのに、セックスが不可欠だという規則はないのです。

セックスを嫌がったり拒絶したりするアセクシュアルの人のほとんどは、自分自身が性的な状況に置かれることや性的な考えが好ましくないというだけであって、自分が関わらなくてよければ他者の性行為にはなんの問題もありません。ただ中には、ポルノやラブシーンや、人目をはばからずいちゃついている人たちなどを見ると気分が悪くなると言う人もいます。セックスを拒むアセクシュアルの人のほとんどは、セックスというものが気色の悪い、邪悪で不当で破壊的なものだと考えているわけではないのです（そういう場合もありますが、そう考えることがセックスを拒絶するアセクシュアルの定義ではありません）。

アセクシュアル・スペクトラムだと自認する3436人に対して2011年9月から10月にネットを通じて行われたリサーチで、「セックスという考えやセックスをするという体験についてどう思いますか？」という問いに、下記のような回答が見られました[8]。

私は（自分が）セックスをするという考えを全面的に嫌悪します　17.0%

私は（自分が）セックスをするという考えをある程度嫌悪します	40.1%
私は（自分が）セックスをするという考えに無関心です	35.7%
私はすすんでセックスをすることはありません	26.0%
（恋愛関係にある相手と）たまにはセックスをする妥協をしてもよいと思います	35.9%
（恋愛関係にある相手と）定期的にセックスをする妥協をしてもよいと思います	17.0%
私はセックスを楽しみます	6.9%

※複数回答

　なぜセックスを嫌悪するアセクシュアルの人たちは、「偏見を持たずに」セックスを試してみようとしないのでしょうか？

　アセクシュアルではない人はたいてい、魅力を感じない相手とセックスをしようとはしませんし、周囲はそれをもっともなことだと思いますよね。それなのに、アセクシュアルの人が同じ理由でセックスを拒否すると、理にかなっていないと思われるのです。「ただ確認するために」アセクシュアルの人はセックスを試してみるべきではありません。だって、アセクシュアルであることは誰にも性的に惹かれないということなのですから。しかし、試してみなくても性的行為が楽しめないとわかっているということイコール、アセクシュアルとは言えません。セックスを楽しんだとしても、アセクシュアルでなくなるというわけではないのです。

　男性に興味のないヘテロセクシュアルの男性について考えてみましょう。彼は、男性とセックスをしてみなくても男性に惹かれないことがわかっています。男性に魅力を感じないこと、無関心なこと、男性とのセックスはしたくないといった理由から、彼が男性との性行為を楽しめるはずはありません。男性に興味がないことを証明するためや、男性とのセックスが楽しくないと確信するために、それを試してみる必要はないと彼は思うのです。試さなくても、自分の気持ちに従えばいいとわかっています。男性とのセックスを試さないからといって、彼は頑固だと批判されることもないし、ゲイセッ

クスの素晴らしさを大勢の人に説かれることもありません。

　セックスを嫌悪するアセクシュアルの人も同じように尊重されるべきです。自分の感情を無視して鈍感になれと教えることには意味がありません。**アセクシュアルは特殊な人たちではありません。自分の気持ちに反してでもセックスを試してみろと、しつこく勧めても、なに一つよいことはないのです。**アセクシュアルでない人の中には、魅力を感じない人とセックスをすることを嫌う人がいるでしょう。アセクシュアルの人は誰にも性的魅力を感じない、ただそれだけのことなのです。

> 「私は人に触れるのが好きです。ほとんどの場合プラトニックに、手をつないだり、ハグしたり、抱きしめたり、背中合わせに座ったり、隣に座って膝が触れ合ったり、ほかにもいろいろあります。人に触れたい気持ちには、いろいろな感覚が関わっていますが、私は『感覚的な魅力』と呼ぶことにしています。『肉体的な魅力』というと性欲を思わせますから。でも、確かにそれは性欲なのでしょう！　でも私の「性欲」は性的なものではありません。状況がわからないと人はそれを性的なものに結びつけますが」（匿名、Asexual Tumblr より）

　特に性的ではない行為、例えば抱き合ったり、後ろから抱きしめたり、キスしたり、感覚的にタッチしたり、という行為はどうでしょう。アセクシュアルの中には、こうしたことを好む人もそうでない人もいますが、それはアセクシュアルでない人でも同じですよね。セックスを望んだり楽しんだりしない人でも、**肉体的な親密さ**が好きな人がたくさんいるのです。触ることで感覚的な魅力を感じても、それは性的魅力を引き起こすものではありません（アセクシュアルでない人にとっては、感覚的な楽しみや感覚的な魅力を性的魅力とともに感じることができますが、これらはロマンティックな魅力のように、性的

魅力とは別個に感じることもできるのです)。

　親密さを好む人が、寄り添ったり、ハグしたり、一緒に横たわったり、マッサージやほかの性的でない方法で触り合ったりするように、アセクシュアルでもこうした行為が好きな人がいます。また、なにを「性的」と呼ぶかは、カップルによって異なります。官能的なキスが好きだけど、キスをしている相手に性的魅力は感じないと言うアセクシュアルの人も多いのです。パートナーのニーズが異なっていると（例えば、ある行為が次の行為へ続くと信じているような)、混乱したり、イライラしたりすることもありますが、全てがそうだとは限りません。アセクシュアルの人がキスを楽しんだり官能的なタッチを喜んだりしても、セックスを欲しているわけではないのです。

■ポリアモリーとノンモノガミー
　ポリアモリー〔訳注：複数と同時に性愛関係になること〕やそのほかのノンモノガミー〔訳注：排他的な一夫一妻制ではない関係〕のグループを心地よいと感じるアセクシュアルの人もいます。なぜ一夫一妻制のモノガミーのパートナーを持つより、ノンモノガミーの関係の方を好むのか、それには多くの理由があります。

- 様々な感情的や実際的なニーズがあるので、複数のパートナーがいる方が満足できるから
- コミットメントという従来のあり方を避けたいから
- パートナーがアセクシュアルではない場合、自分から得られない性的満足をほかの人から得られることがわかって安心できるから（アセクシュアルの人は罪悪感を持たずに済み、パートナーは欲求不満にならずに済む）

　こういう関係には困難な点もありますが、たいていの誤解は話し

合いで解決するものです。しかし、ポリアモリーやノンモノガミーのアセクシュアルの人がセックスや性行為や性についての会話に参加しないと、孤立したり外部者と見なされたりすることがあります。また本人もそのパートナーも、外部の人から見ると「浮気をしている」ように見えることもあるでしょう。セックスとカップルの独占関係が期待される社会で、ノンモノガミーを通すのは困難かもしれません。しかし、ときに、自分たちの関係を開いて、ほかの人を招き入れたり、パートナーが外で関係を持つことを許したりすることで、問題が解決する場合もあるのです。

■ **倒錯的性行為、フェチ、BDSM**

アセクシュアルの人は倒錯的行為や、フェチなプレイや、BDSM（緊縛、調教、SMといった性的嗜好）をすることはできますか？　もちろんです。こうした習癖や性癖はしばしばセックスと強く結びついていることが多いのですが、アセクシュアルの人が性的魅力や性行為と関係なしに行うことも可能なのです。BDSMの場でセックスに焦点が当てられていると（実際に性交が行われたり、行われそうになったりすると）アセクシュアルの人はがっかりして、その行為を途中でやめてしまうかもしれません。しかし、セックスをしたくないアセクシュアルの人にも安全で満足のいくBDSMの場はたくさんあります。

アセクシュアルでない人がBDSMの行為を行う場合でも、相手に性的に惹かれていなくても、ある種の喜びが少なからず得られます。アセクシュアルの人は性的魅力を感じていなくても、そして性的興奮や興味と関連なくても、倒錯的行為やフェチなプレイを楽しむことができます。ただ、なにを「性的」と呼ぶか、かなり曖昧な場合もあるでしょう。

例えば、調教（Dominance/submission）では、支配したりされたりするスリルは、生殖器が触れ合わなくても得ることができるし、性的な体験や性的な報酬のためではない場合もあります。BDSMやフェ

チプレイの多くは、合意の下で行うロールプレイによって心理的な刺激を得るもので、満足を得るのに性行為が必要とは限りません。パートナーに性的魅力を感じず、感じる必要もなく、特定のものや体のある部分についてのフェチプレイやロールプレイをすることもできますし、パートナーも必要としない場合もあります。

　アセクシュアルでない人も、ときに性的に惹かれているパートナー以外の人と BDSM の行為をしたいと思うことがありますし、それがまったくセックス以外のことに焦点を当てたプレイであることもあります。特にプロフェッショナルの BDSM 師の中には、クライアントとセックスをしないことを選択している人もいます。痛みを与えたり縛りのようなサービスを合意して行うことによって、エンドルフィンが放出され、セックスと同じレベルの喜びを得ることもできます。また、言葉による行為の報いが得られたり、合意の上で言葉で罰を与えたり、褒めたりポジティブに励ましたりすることもあります。

　倒錯行為などの関係では、二人以上のパートナーが参加することがとてもよくあります。みんなが楽しむようなアクティビティに多くのメンバーが参加して、一緒にプレイし楽しみます。性的に惹かれていないメンバー同士や関係性のない人とでも楽しむことができるのです。アセクシュアルの倒錯趣味の人は、このような環境で大変満足を得られるでしょう。誤解の多い BDSM や倒錯コミュニティですが、たとえ罰や痛みを与えるプレイをしたとしても、そこには必ず合意とお互いの尊重があるのです。アセクシュアルの人でも、性行為をせずに満足できる倒錯プレイを見つけることができます。

　少数ではありますが倒錯趣味やフェチプレイを好むアセクシュアルの人が存在することを認識することが重要だと思います。そしてそういう嗜好があっても、アセクシュアルでないということではありません。ネットで最も有名なフェチのコミュニティ fetlife.com にも、アセクシュアルの人のためのセクションがありますし（Asexual

& Kinky[9]、AceBDSM Support Group[10]）アセクシュアルのためだけのフェチ団体だって存在するのです[11]。

グレイエリア

性自認がシンプルな人もいます。きちんと定義された箱の中にぴったりと収まって、複雑な説明も必要ありません。社会やメディアでもよく見られる性自認なので、混乱することもありません。どんなパートナーを探せばよいのか、パートナーとの関係がもたらす性的な体験もたやすく予想することができます。

しかし、どんな性的指向にもグレイエリアがあるのです。ヘテロセクシュアルを例にとってみましょう。自分はヘテロセクシュアルだと言う人がいて、生涯を通して常に反対のジェンダーの人に惹かれてきました……ところが一度か二度、同じジェンダーの人を魅力的に感じたことがありました。その人がホモセクシュアリティについてどう思っていたか、そして、そこにパートナーとなる相手がいたかどうかによって、その人が実際の体験をしたかどうかが左右されるでしょう。でもそのときからこの人はバイセクシュアルだということになるのでしょうか？

そうではありません。この場合この人は自分をバイセクシュアルだと認識する必要はありません（もちろん、それが自分にとって重要なラベルだと思えば別ですが）。「自分はヘテロセクシュアル寄りだが、厳密にはバイセクシュアルだ」という言い方がよければ、それでもいいでしょう。「ストレート」だというのがより正確だと思えば、ただストレートだと言えばいいのです。性的指向はスペクトラムです。選んだラベルはコミュニケーションの目的でしか有効ではないのです。

グレイセクシュアリティ

　一度か二度同性に惹かれたことのあるヘテロセクシュアルの例のように、アセクシュアルに非常に近いけれど、ときおり性的魅力を感じると言う人も当然いるでしょう。そんな人のことを「えり好み」しているだけだ、とか、「性衝動が弱いだけだよ」と非難する人もいるでしょう（アセクシュアル・スペクトラムの人の中には性衝動が平均かそれ以上という人もいます）。しかし、誰に惹かれるかは、自分で決めることではありません。中間的なところにいる人は、アセクシュアルでない人とよりも、アセクシュアルの人との間に共通点が多いのです。なぜなら、恋愛関係に性的魅力を期待したり、性的魅力の観点で恋愛関係を見たりすることがなく、性的魅力を感じることもほとんどないからです。

　こうした中間の体験の人は、**グレイセクシュアル、グレイアセクシュアル、グレイA、グレイエース、グレイス**、と「セクシュアリティのグレイエリア」を省略して自分たちをこのように呼ぶことがあります。主にアセクシュアルとして生きているけれど、性的魅力を感じることもあって、それをきちんと認めて、自分のラベルにしたい、という人のためには役に立つ名称でしょう。これは、ロマンティック指向を指す「グレイロマンティック」とは違います。性的指向を指す言葉なのです。

> 「ぼくはグレイAなんだ。性的指向のスペクトラムの中間だね。でもアロセクシュアル〔訳注：アセクシュアルでないこと〕とアセクシュアルの間を行ったり来たりしているというわけではないんだ。普段はアセクシュアルだけど、満月の晩だけアロセクシュアルに変貌する、なーんてこともないよ!!　ただ日常生活で、あんまり人に性的に惹かれることがない、というだけなんだ」（トリスタン・ミラー、The Asexual Agenda より）

アセクシュアル　　　　　グレイセクシュアル　　　　　セクシュアル

　グレイロマンティックのように、グレイセクシュアルにも、ほかの指向が組み合わさることがあります。例えば、

> **グレイセクシュアルでヘテロロマンティック**：めったに人に性的に惹かれることがないが、反対のジェンダーに恋愛感情を持つことがある
> **アセクシュアルでグレイロマンティック**：誰にも性的に惹かれないが、たまに恋愛感情を持つことがある
> **グレイセクシュアルでホモロマンティック**：めったに性的に惹かれることがないが、同じジェンダーの人に恋愛感情を持つ
> **グレイ・パンセクシュアルでアロマンティック**：全てのジェンダーに性的に惹かれることがめったになく、誰にも恋愛感情を持つことがない
> **ガイネセクシュアルでグレイ・バイロマンティック**：性的に女性に惹かれ、めったに同じジェンダーや反対のジェンダーの人に恋愛感情を持つことがない

　このように組み合わせが複雑になってくると混乱するかもしれませんが、こうした名称を使う人たちは、自分がどのように人に惹かれるかを詳しく説明して、理解したり人と話し合ったりしたいと思っているのです。こうした名称は学術的に使われたり、進歩的なセクシュアリティの文脈で使われることがあります。普段の会話では、例えばパンセクシュアルでグレイ・ホモロマンティックの女性は自分をこんなふうに言い表すのではないかと思います。「私はど

のジェンダーの人もセクシーだと思うけど、私が好きになるのは女性だけなの。ほんのたまにだけどね」ほとんどの人は、自分が誰に魅力を感じるかという、いわば「ルール」について、特別な名称を使って詳しく述べる必要はないと思っています。でも、詳しく話したいという人たちは、こういった名称を使うとよいでしょう。

　グレイセクシュアリティは、包括的な言葉です。ほかの人と比べて、一貫性がなく、断固とした予想のつくものでもなく、一般的でもない体験をする人の、様々な状況を表すことのできる言葉です。グレイセクシュアルの人たちの気持ちは全て同じではありません。このように説明することがあります。

- 性的魅力を感じても、それは弱い感じだ
- 性的魅力を感じる時期とそうでない時期がある
- 人に魅力は感じるが、それが性的な魅力かどうかわからない
- パートナーの性欲に巻き込まれて、相手の身になって楽しむことができるが、本質的な喜びではない
- ほんの一部の人にしか性的魅力を感じることがない
- 誰かをセクシーだと思うことはあっても、それに肉体が反応することがない
- 誰かをセクシーだと思うが、パートナーにすることはできないし、したいとも思わない

　人に対してこのように感じることは、厳密にはアセクシュアルとはいえませんが、アセクシュアルでない人の一般的な感じ方とは、違っています。

　グレイエリアのどこかに位置する全ての人が、名称を必要としているわけではありません。ラベルがなくても、自分は「えり好み」をしているんだとか、性的魅力をほとんど感じないから関心がない

とか、魅力を感じられる人があまりいない、とかと言うだけで十分なのかもしれません。しかし、自分の感じていることがどのようにほかの人と違うのかを表すラベルを持つと落ち着くという人もいるのです。

匿名のグレイ・アセクシュアル、パンロマンティックによるグレイエリアへの考察

「コップに入った炭酸飲料が多様なセクシュアリティで、コップの水がアセクシュアリティだとしましょう。水のコップを持っている人は水をおいしいと思っていて、炭酸飲料の人から無理やり炭酸飲料を好きになれと押し付けられない限りハッピーです。炭酸飲料にはいろいろな味がありますがみんなそれぞれ満足していて、よく配合のわからないミックスフレーバーであっても、炭酸飲料は炭酸飲料だと認識しています。氷が溶け込んでいる炭酸飲料もあるかもしれませんが、氷の分量がそれほど多くなければ、炭酸飲料は依然としてまだ炭酸飲料なのです。でも私の場合は、水のコップにほんの少しの炭酸飲料が注がれたようなものなのです。飲んでみても、どこが違うのかわかりません。ただの水でないことはわかるのですが、それは決して炭酸飲料ではありません。どこか違う味がしても、それが炭酸飲料なのかどうかもわかりません。炭酸飲料ではないのかもしれません！　ときには、味を強く感じることがあります。でもその味が好きかどうかもわからないのです。ややこしいので、いっそ水だけのコップの方が簡単だと思うのですが、自分ではどうすることもできません。全体的に見ると、炭酸飲料というよりも、まだ水に近いのです。混ざっているなにかが炭酸飲料なのかどうかが判別できないと、なおさら水に近いのです。そこで、私はそれを水と呼んでいます。ただの真水ではありませんが」

■デミセクシュアリティ

　その人がどんな人かわからなくても、肉体的な情報だけで、とっさにその人に性的魅力を感じる人もいるでしょう。相手の外見、声、(相性がよさそうかどうかという)雰囲気、カリスマ性といったことを、**第一次性的魅力**といっています。セックスパートナーとしてよさそうだと思ったり、肉体的や精神的な性的反応も起こるかもしれません。でもだからといって、必ずしも大急ぎでホテルに行ってその人とセックスをしたいというわけではありません。見知らぬ人に対しても性的な反応をすることができるし、性的に見ることができるということなのです。

　第二次性的魅力は、本質的には「違う種類の」性的魅力ではありませんが、もっと段階的なもので、違う状況下で起こります。気持ちのつながりができてから(それが愛ではなくても)、相手がセクシーに見え始めるというように、第一印象だけではわからない、相手と関わりを持って初めてわかることに基づいたものなのです。第一次性的魅力と一緒に起きたり、組み合わさったり、強化し合ったりすることもあるでしょう。一方で、興味が反射的に起こるのではなく、ゆっくりとしか起こらない人もいます。第一次性的魅力を感じたり、突然、性的に惹かれたりすることがないので、知らない人や初めての人やスターなどに魅力を感じることができません。このように、相手と親しくならなくては性的魅力を感じることができない人は、自分を**デミセクシュアル**と呼んでいます。

　グレイセクシュアルとグレイロマンティックが異なるように、デミセクシュアルもデミロマンティックと同じではありません。デミセクシュアルの人は状況が整えば性的魅力を感じ、デミロマンティックの人はロマンティックな感情を持ちます。同時に両方であることもあります。このほかにも、ヘテロセクシュアルでデミロマンティック、デミセクシュアルでアロマンティック、ホモセクシュアルでデミ・バイロマンティックなどなど、多くの組み合わせがあ

ります。性的指向とロマンティック指向のどんな組み合わせも可能ですが、最も多くの組み合わせが見られるのはアセクシュアルのコミュニティでしょう。なぜなら、性的指向とロマンティック指向を分けて考えることを最も必要としているグループの一つだからです。

第一次性的魅力と第二次性的魅力についての意見は、デミセクシュアリティを認めようとしない人の間で激しい論議を起こしています。というのはデミセクシュアリティを認めることは、規範的な性欲を体験したり表現したりする人々を貶めることだからというのです。これは通常、第二次性的魅力の方が「意味があり」「純粋」で、第一性的魅力は、「動物的で」「浅い」という誤解に基づいています。しかし実際には、どちらのタイプがより価値や意味があるとか、「本物」だとかというのではないのです。多くの人は両方を感じます。まず第一次性的魅力を誰かに感じて、その人のことがわかってくると、さらに第二次性的魅力を感じるようになることが多いのです。相手に慣れ親しみ、その人に関するなにかをセクシーに感じたり、その人との思い出から性的魅力を感じたり、といった具合に。

社会において特に女性は、感情的なつながりができるまで性行為をしないことを褒められる傾向があるので、デミセクシュアリティという言葉自体に意味がないと考える人もいます。また、デミセクシュアルの人は、自分の性的関係には意味があるし感情的なつながりも必要とするけれど、ほかのほとんどの人たちの性的関係には、そういったものがないと考えているに違いないと、批評する人もいます。

デミセクシュアリティは、セックスをしたいというのではありません。性的魅力を感じる力のことなのです。多くの人に見られるように、気持ちのつながりがなくてもセックスをするデミセクシュアルの人もいます。**デミセクシュアルというラベルは、セックスをするかどうかについてでもないし、セックスに関する特定のイデオロ**

ギーでもありません。ほかのつながりができて初めて、性的魅力を感じられるということを、単に説明しているだけなのです。実際にセックスをするかどうかはそれぞれが決めることですが、性的魅力を感じるかどうかは、自分で決められることではありません。デミセクシュアリティの性的指向はセックスについてのモラルではないのです。

> アセクシュアル・スペクトラムだと自認する 3436 人に対して 2011 年 10 月にネットを通じて行われたリサーチで、「あなたは、自分をアセクシュアルのスペクトラムのどこに位置付けますか?」という問いに、下記のような回答が見られました[12]。
>
> | | |
> |---|---|
> | アセクシュアル | 65.2% |
> | デミセクシュアル | 20.6% |
> | グレイ・アセクシュアル | 26.3% |
> | その他 | 5.3% |
> | | ※複数回答 |

　デミセクシュアルの人は、親しくなった相手にしか性的魅力を感じることがないので、主にアセクシュアルだといえます。したがって、デミセクシュアルは、通常アセクシュアルのスペクトラムに含まれます。しかし、アセクシュアルでない人でも同じような傾向の人が多いので、デミセクシュアルはまったくアセクシュアルではないじゃないか、と言われることもよくあります。

> 「『彼のことは友だちとして好きなだけだよ』と友だちに何度も繰り返して言っていても、そのうちプレッシャーに負けて、『彼のこと好きかもね』と認めざるを得なくなります。そして、なぜ彼が好きなのか、自分でもわけのわからない理屈をつけなくてはならなくなるのです。『えーと、彼の鼻が好きかも……いや、そうじゃないわ、彼のスターウォーズのシャツが好きかな……あ、全然違う……うーん、彼が書いた読書感想文が好きなのかな……』のように」（レベッカ）

しかしアセクシュアル・スペクトラムの人は、そうは思いません。友だちが映画スターや、街で見かけたかっこいい人に夢中になっていても、自分はなにも感じないので無関心なのです。セクシーなスターに興奮するのは、デミセクシュアルの人にとっては、不可解で馬鹿げたことに思えます。(デミセクシュアルを認めようとしない人が)知らない人に性的魅力を感じるのは一般的だと言いながら、「だいたい、見知らぬ人に惹かれるなんてあり得ないだろう」と言うのは、矛盾しています。批判的な人がなんと言おうと、「気持ちが通い合わなければ魅力を感じない」人のための性的指向は必要なのです。

　デミセクシュアルの人たちは、ほかの人たちの性的興味を低俗だと貶めたり、自分たちは違うんだと差別化しようとしているのではないことを、まず理解してほしいのです。自分にとっての性的興味を説明しているだけですし、外見や声や匂いや動作だけで「あの人セクシーだね！」というような概念が自分にはないということを言っているだけなのですから（アセクシュアルの人の多くが、思春期のころに、友人に『あの人かっこいいと思わない？』と聞かれて、どう感じたらいいのかがわからずに、混乱した気持ちを抑えて、みんなが素敵だと言うのに同意するふりをするというような、戸惑う経験をしているものです）。

　デミセクシュアルの人は性的に興奮しないと主張しているというわけでもありません。実際に興奮することがあるのですから。親密な気持ちを持つ相手の肉体的な特性に性的魅力を感じることはありますが、たとえ知らない人が同じ肉体的特徴を持っていたとしても、性的魅力を感じることはありません。ほかの人にはなかなか違いがわからないかもしれませんが、デミセクシュアルの人にとっては、これは現実的なことです。自分たちの性的指向が崇高なものだと言っているわけではありません。自分をデミセクシュアルと呼ぶかどうかは、そうすることが自分にとって有効かどうかを考えて決めることなのです。

アセクシュアルな恋愛関係

　前にも述べたように、アセクシュアルな人の中には約束された関係を望む人もいます。

　アセクシュアルの人が関係を持ちたければ、アセクシュアル同士でセックス抜きの関係を築くのが最も理にかなっていると思うかもしれませんが、アセクシュアルのパートナーを見つけるのはそれほど簡単なことではありません。

　まずアセクシュアリティは比較的珍しく、この本を書いている時点では認知度もあまりありません。ほとんどのアセクシュアルの人は、アセクシュアルという解答があるということを知らずに人生を生きてきたため、自分以外のアセクシュアルの人を見つけるのはとても困難なのです。たとえカミングアウトして、オープンに話せたとしても、おそらく周囲にほかのアセクシュアルの人はいないでしょう。普通の社交の場で思いがけなく出会うことがあるかもしれませんが、たいていの場合、慎重にアセクシュアルの人を探さなくては見つかりません。ネットで知り合うこともできますが、たいがい遠距離になってしまうので、なかなか思うようにはいきません。ばったり出会えるほど多くないし、ナイトクラブにだって、「アセクシュアルのための夜」なんかはありませんしね！〔訳注：ゲイのための夜、というのはよく見られます〕

　そもそもアセクシュアルのパートナー要員は数が少なく散らばっています。それに加えて、誰でもそうですが、自分と合う人、趣味や考え方が同じような人を探すのはなかなか困難です。アセクシュアルの人は、自分を満たしてくれるパートナーを求めますが、寝室での適合性より、自分に合った性格や、同じ趣味を持つかどうかといったことの方が、重要な場合もあります。パートナーを探すとき、性の適合性をいつも最重視するわけではありません。性の面がぴったり合うからといって、二人のアセクシュアルが自動的に理想的な

関係になるとは限りません。ゲイ同士なら相手は誰でもいいのではないのと同じことです。それにアセクシュアルの人がパートナーを探すとき、相手もアセクシュアルであると特定するのは、なかなか現実的なことではありません。

さらに、全ての関係がいずれロマンティックなパートナー関係に進展するとは限りません。そのつもりがなくても、アセクシュアルの人とそうでない人が恋愛関係に陥ることもあるのです。自分がアセクシュアルであることを認識する前に誰かを好きになることもあります。自分がアセクシュアルだということに気づくと、別段ややこしい問題を起こそうとしているわけではなくても、対処の方法を考えなくてはならなくなります。

どんな恋愛にも言えるように、明らかに、妥協はある程度必要です。性的指向にかかわらず、セックスと関係のない妥協、例えば、遠距離交際をしていたけれど近いところに住むことにしたので引っ越すことを決めるとか、そのほかに様々な食い違いがあっても我慢するとか、をしなくてはなりません。二人の関係の方が大切だからです。でもアセクシュアルの人の場合、まず頭に浮かぶのはセックスや親密度の問題なのです。

性的なニーズが合致しないと、たいていの場合アセクシュアルの人のせいだと言われます[13]。「性的に不一致だ」と言わずに、「アセクシュアルの人が十分にセックスをしようとしないから」このカップルやグループには問題があるのだと言う人がいます。性的適合性を考えていく上で、まず認識しなくてはならないのは、**どの関係もそれぞれ違いがあること、「アセクシュアルの人を変えよう」とするのが目的であってはならないということ**です。

セックスはノーマルな恋愛関係に不可欠だから、アセクシュアルでない側にも不一致の責任を負わせるのはおかしいと抗議する人もいますが、でもそれは、初めからわかっていたはずです。セックスを必要だと思わない人とパートナー関係になりたくないのなら、

セックスをためらったり拒否したりするアセクシュアルと付き合うべきではないのです。アセクシュアルの人は常に、意にそわないセックスへの期待にさらされています。そしてときには、このデリケートな問題が踏みにじられることがあるのです。

恋愛関係にあるアセクシュアルの特に女性には、セックスを強要されたり性的暴行を受ける危険がありますが、部外者に見過ごされることがよくあります。それは強制している側にはセックスをする権利があるとか、恋愛関係にあれば常に合意が成立しているはずで、強姦することなどあり得ない、という考えなのです。アセクシュアルの人と付き合う人は、こうした社会の通念が二人の関係にも影響を与えて、その結果、セックスすることを厭う相手を傷つけたり、虐待したりしないようにすることが大切です。

お互いの関係にセックスを求めるのはなにも悪いことではありません。でも、**妥協できる境界線はどこなのか、どのくらいの親密さを望んでいるのかを決めるのは、それぞれの権利なのです。**ですから、「こうあるべき」だと決めつけないで、「二人の好み」について話し合うのがよいのです（決めつけることはアセクシュアルの人だけに妥協を強要することになりますから）。

アセクシュアルの人が、セックスを望んでいる相手と交際したい場合は、なんらかの妥協が必要です。性のニーズの異なるカップルやグループの中に、一人以上のアセクシュアルの人がいる場合、次のような方法で対処してはどうでしょう。

1. セックスを必要としているパートナーが、アセクシュアルの相手との性行為をあきらめて、自分の性衝動を無視するか、自慰によって処理する
2. アセクシュアルの人がどれほどセックスに耐えられるか、あるいは、セックスにどの程度の興味があるかに基づいて、ときたま、あるいは定期的にセックスをすることをお互い

が同意する
3. セックスを必要としているパートナーが、ほかの人と性行為をするのを認めるオープンな関係にする
4. アセクシュアルの人がポリアモリーのグループに属している場合は、セックスを必要としているパートナーは、ほかのパートナーとの間でお互いの性のニーズを満足させることができる[14]
5. ときには、セックスを必要としているパートナーに対して、アセクシュアルの人にとって限度を超えない程度の、肉体的に親密な行為をする。例えばキス、ハグ、ペッティング、倒錯的行為・BDSM・フェチプレイ、手や玩具で相手を刺激するなどを楽しめるアセクシュアルの人もいます。

お互いが歩み寄れなかったり、妥協案を試してもだめだったりした場合は、その関係はうまくいかないと認めてもいいのです。別れはもちろん、つらく苦しいことですし、相手を幸せにできなかったと自分を責め続けるかもしれません。でもどんな恋愛関係でも、お互いのニーズを率直に見て、それに応えることができないこともあるのです。お互いのために別々の道を選ぶ決断は、自己肯定的で、健全なことです。ですから、この種の（アセクシュアルの人の関わる）関係が必ず失敗するということの「証明」にはなりません。

不一致な関係を終わりにしなくてはならなかったとしても、一緒に過ごした時間は貴重でお互いが成長するよい体験だったと思えるでしょう。どんな恋愛関係にも解決しなくてはならない大きな問題がなにかしらあるものです。性の問題はそのうちの一つにしかすぎません。パートナーとの関係には、妥協がつきものですし、子どもが欲しいとか一緒に住みたいとかということで意見が合わなければ別れることもあるでしょう。

パートナーに対し、相手にとって根本的で重要なことで満足させ

ることができないと気がとがめる人もいます。パートナーや社会から特にひどいプレッシャーをかけられていなくても、罪の意識を感じることがあるのです。誰でもがっかりしたくはありません。アセクシュアルの人は自分には「欠陥」があるので相手に相応しくないと言われることに、(悲しいかな) 慣れてしまっています。そのため健全でない関係でも続けていたいと思ってしまうのです。自分の特異性に耐えられる人はもうほかには見つけられないだろうとか、自分の欲求 (のあるなし) を理解してくれたり尊重してくれるような奇特なパートナー候補はもう現れないだろうと思うからなのです。

　性的魅力を感じ、性に興味のある人が、アセクシュアルの人と付き合い始めたら (付き合いそうになったら)、まず理解してほしいのは、アセクシュアルの人は決して相手を不幸にしようとしているのではないということです。アセクシュアルの人が自分にとって大事なことを押し殺さずに、妥協して快く応じられることがあれば、それはまだ満足できる関係だといえるでしょう。話し合うことが大切です。アセクシュアルの人はしばしば、自分は望ましくないし愛される価値のない人間だと思い込まされることがあるということも、理解してほしいのです。アセクシュアリティやセックスに対する許容量の低さが、別れる原因にはならないのだと、安心させてほしいのです。アセクシュアルの人は、相手がいずれ去っていくのではないかと、密かに恐れているかもしれませんから。

　性欲の程度、性癖、欲求、嗜好、好みなどの相違は、どの関係にもよくあることです。したがってある程度の妥協の要素が必要なのです。**アセクシュアルの人との関係は、必ずしもオールオアナッシングではありません。**本書のパート4で、アセクシュアルとそうでない人との恋愛のヒントをより詳しく述べていきます。パート5では、アセクシュアルの人のよいパートナーになろうとする人のために、自分自身も幸福になれるようなアドバイスを述べています。

　アセクシュアルの人の中には、結婚したり、長期の関係を結ぶ人

もいます。それは不可能ではありませんし、馬鹿げたことでもありません。子どもが欲しい場合もそうでない場合もあります。一夫一妻的な関係を望む場合もそうでない場合もあります。感情的な関係、身体的な親密さを望むことも、そうでないこともあります。困難であっても、自分たちで道を切り開いていかなくてはなりません。

よい夫（妻）であろうとして、アセクシュアルの人が結婚生活で、セックスを耐え忍ぶこともあります。セックスを望むべきだと、それがよい夫（妻）であることの一部だと教えられてきたからです。結婚後にアセクシュアリティについての情報を得て、「自分以外にも、こんな気持ちになる人がたくさんいる」ことに気づき、相手との関係をこれまでと違うものにしていこうとする場合があります。しかし残念なことに、それが夫婦間の争いや離婚につながることもあります。相手が性行為を結婚の「義務」の一つだと考えて、（最近自認した）アセクシュアルの人に無理強いし続ける場合によく起こることです。

以前はうまくいっていた結婚生活がこのことでだめになれば、それは悲しいことですが、自分のアセクシュアリティに気づいてセックスを拒む力を得たことで、「結婚生活を破壊した」と責められるべきではありません。アセクシュアルの人が、これまで断れない義務だと考えて定期的にセックスをしてきたとしたら、それは間違った力関係です。そもそも、合意が本当に合意だったのか、適切な関係だったのかが問われます。アセクシュアルであることを隠し、性欲がないことを恥じることで「幸福な」結婚生活が保てていたのにと、アセクシュアルの人を批判する人がいるとしたら、それはアセクシュアルでない側の欲求しか考慮に入れていないということです。

アセクシュアルの人にも、ほかの面でのニーズや（セックス以外の）親密な行為をしたいという気持ちがあるかもしれませんし、それが肉体的な行為の場合もあります。どう進めていけばよいかをパートナー同士で、今度はアセクシュアルの人の限界や欲求も同じ

ように考慮して、話し合うとよいでしょう。

セラピーが役に立つ場合もありますが、注意が必要なのは、アセクシュアリティを性的指向の一つだと認識していないセラピストがまだ多いということです。セックスを望まない側だけが「問題児」で、セックスを欲する側にどう合わせていけばいいか、どう耐えればいいか、ということだけに重点を置くセラピーはバランスのとれたものとはいえません。したくないセックスを強要し、セックスを好きになるべきだと諭すことは、虐待ですらあります。アセクシュアルの人が性的行為への興味を育てたり、自ら耐えたりしたいと希望するのでなければ、こういうセラピーは不適切です。ほかのセラピストを探しましょう。

社会、差別、LGBTコミュニティ

アセクシュアルの人が、ほかの性的指向やロマンティック指向やジェンダーをサポートするコミュニティに、気兼ねなく参加したり入会したりすることがあります。LGBTQのコミュニティの多くは、ヘテロノーマティブ[15]〔訳注：異性愛だけが正常で自然だとする人たち〕以外の人やグループが居場所を求めていれば、喜んで受け入れます。**アセクシュアル・スペクトラムの人やそれをサポートする人たちの中には、アセクシュアリティは本質的にクィアだと思う人がいます。一方、クィアは自分にとっての正確な名称ではないし、自分をクィアだと認識しないと言う人もいます。**

LGBTQコミュニティの各人が、アセクシュアルをメンバーとして認めるかどうかは別として、こうしたマイノリティのグループの包括性、連帯感、組織、そしてその存在を社会に示すことなどについて、アセクシュアルの人たちが学べることはたくさんありますし、逆に、アセクシュアルの人たちの重要な視点をLGBTQコミュニティへ伝えることもできます。

アセクシュアリティが稀であるため、定期的に集会を開いている地域はあるものの、独自のアセクシュアリティ・コミュニティを大きく育てていくことは現実的ではありません。アセクシュアリティのサポートに特化している団体は、この本を書いている時点ではほとんどありませんし、バーなどで「アセクシュアルのための夜」というような催しも行われません。大学でアセクシュアリティを学ぶクラスもありません（ときたま、カリキュラムの一部として触れられることはありますが[16]）。そのため、一部のアセクシュアルの人たちは、地域のLGBTQ支部やゲイ・ストレート連合（GSA）に参加したり活動したりしています。ノーマティブではない性的指向やロマンティック指向やジェンダーの人々は、アセクシュアルの人たちと同じような問題を持ち、同じような体験をする傾向があるので、差別や孤立についてお互いを理解しやすいのです。

しかし、アセクシュアル・スペクトラムではないクィアの人が性的指向のせいで軽んじられているとしても、性的魅力を感じるという点ではヘテロセクシュアルと同じわけです。そのため彼らの中には、アセクシュアルの人たちがクィアのコミュニティに属する（あるいは属したいと考える）ことが理解できない人もいます。アセクシュアルの人の多くがLGBTQコミュニティや彼らの権利を支持するように、LGBTQコミュニティの多くの人たちもアセクシュアリティをサポートしています。しかし、メンバーの中には、アセクシュアリティは本質的にクィアではないので、LGBTQコミュニティに所属できるのは、LGBTで、かつアセクシュアルな人に限ると言う人もいます。ヘテロロマンティックやアロマンティック・シスジェンダー・アセクシュアルの人は受け入れてもらえないことがあります[17]。

この話には両方の面がありますので、各団体や各個人がそれぞれの結論を出すしかありません。

■ アセクシュアリティが本質的にクィアであってもなくても、アセクシュアルの人がクィアグループに属せるかどうかについて

アセクシュアルの人は、セックスをしないヘテロセクシュアルではありません。 同じだと思っている人もいますが、セックスをしないというのは行為であって選択ですが、アセクシュアリティは性的指向です（選択ではないのです。これはLGBTQの人たちもよく使う区別です）。アセクシュアルの人は（LGBTQと）同じ抑圧を受けているわけではありませんが（アセクシュアルかつLGBTであれば別ですが）、ヘテロロマンティックなアセクシュアルであっても、それは「ヘテロセクシュアルの体験」ではありません。LGBTQと同じように、アセクシュアルの人も社会の通念と戦って、自分の性的指向に誇りと自信を持つべきです。

アセクシュアルの人が盛んに迫害を受けていても、通常、外からは見えにくいものです。無知で、上っ面の憎しみと、軽蔑に満ちた意味のない考えを持つ外部者が、アセクシュアルの人の幸せを「懸念する」という名目で啓蒙しようと主張する場合は別ですが。

（著者注：アセクシュアルの活動家として、私は少なくとも十数回も大々的な攻撃を受けました。法的手段に訴えなくてはならないほどの深刻なストーキングとハラスメントは二度だけでした。）

LGBTQについてもよくあることですが、アセクシュアリティの記事についての読者コメント欄を読みさえすれば、そこには、アセクシュアリティに対する無知と、「壊れている」アセクシュアルの人に対する憎しみが溢れていることが明らかにわかります。

全般的に、社会から受けるメッセージは、アセクシュアルの人なんて存在しない、あるいはアセクシュアルは治療を受けるべきというものです。そして自分の性的指向を変える全ての努力をしないのであれば、今の状況に甘んじるしかないというものです。社会が声高に、性的魅力を感じることができなければ「完全な人間」や「完成した人間」ではない、と言い続ける限り、アセクシュアルである

ことで責められたり、嫌われたりするような特異な状況はなくなりません[18]。そしてそれは、クィアのグループからアセクシュアルを排除しようとする人たちには、なかなか理解してもらえることではありません。

アセクシュアルという性的指向であることが周囲に知れると、LGBTQ と同じような扱いを受けることがあります。それは、**表面に現れる抑圧ではないけれど、人生における重要なことから排除されたり、参加を許されなかったりといった体験なのです。**

アセクシュアルであることを発表するからネガティブな反応を受けるのだという人もいますが、それは本当ではありません。ヘテロノーマティブな観点を持つほとんどの人が、アセクシュアルの人は協調性のない、欠陥のある、欲求不満の、ヘテロセクシュアルだと見なしているからです。アロマンティックでアセクシュアルの人たちは恋愛相手を見つけられないと決めつける全ての性的指向の人たちと生きていかなければなりません。そして、ロマンティックなアセクシュアルの人は、セックスのない（あるいは欲さない）関係がいかに機能しないものであるかというメッセージを繰り返し聞かされます。ときには、パートナーからこうした傷つくメッセージを聞かされることもあり、そうすると外からは想像もできないほど深く傷つきます。情報やサポートがない場合はなおさらです。

不可視性に耐えるのは、「抑圧」とは違うと言う人もいます。そうかもしれません。しかし、繰り返し存在を無視され、言葉で虐待され、誤解される続けることは抑圧になります。LGBTQ の人たちは、ヘイトクライムを恐れたり体験したり、シスジェンダーでヘテロセクシュアルに許される権利が与えられなかったり、差別されたり、あからさまにからかわれたりという形で抑圧を受けています。アセクシュアルの人は、その性的指向について、このような形の抑圧を受けることはあまりありませんが（別の形のからかいもありますが）特定の状況で特定の差別を受けることはあるのです（このことに

ついてはあとで述べます)。

　アセクシュアルの人が、LGBTQ の人たちとまったく同じかそれよりひどい体験をしているといっているのではありません。アセクシュアルの人たちは、**排除されたり、削除されたり、無視されたりすることによって、常にその性的指向への挑戦を受けているのです。**

> 「アセクシュアルであっても、ストレートだと思われることは実に簡単だと、聞いたときは、びっくりしたよ。だってぼくの場合は、いくら自分でストレートだと言っても長くは信じてもらえなかったからね。高校時代にはいつも、遠回しに尋ねられたり、カミングアウトしろとかと言われたりしたよ。もっとひどいのもあったけどね」(シアトリックス、Writing from Factor X より)

　アセクシュアルの人は自分の体験を、ヘテロセクシュアルと似ていると思われたくありません。当事者でなければアセクシュアルであることが、どんなことか見当がつかないでしょう。正直に自分の性自認を打ち明けても、「そんなものは存在しない」「あり得ない」「うそだ」と言われるのです。有名なフィットネス団体が、巨額の資金と情報で LGBTQ のコミュニティを支援しても、アセクシュアリティはその奉仕活動に含まれないし、LGBTQ の情報にも含まれないのです。アセクシュアルのための情報やコミュニティやサポートはほとんどありません。アセクシュアルの人の健康や幸福を守る団体が存在しないことは、アセクシュアリティが存在しないというメッセージを裏付けるようなものです。これは大変陰険な排除で、つらいものです。

　LGBTQ の人たちはもちろん常に残酷なことを言われています。外部から受ける多くのメッセージによって、当事者は自分を憎んだり、自己欺瞞に陥ったりすることもあるでしょう。その意味ではア

セクシュアルも同じです。カミングアウトすると、ときには治療が必要だとか、ぴったりの相手が見つかればいいのだとか、宗教に反するとかと見当違いのことを言われる場合もあります。

「LGBでない」ことは「ヘテロセクシュアル」と同じではありません。アセクシュアルの人のセクシュアリティについては、多くの憶測がなされ、それだけでも自尊感情が低下し、本当に自分の気持ちを信じていいのかと、自問を余儀なくされることもあります。そして、見落としてならないのは、アセクシュアルはLGBよりもずっと数が少ないということです。こうしたことからも、アセクシュアルの人たちがLGBTQのコミュニティに参加する気持ちを尊重してほしいのです。

アセクシュアルの人がヘテロセクシュアルだと思われて同じ特権を受けられているということは、とどのつまりヘテロセクシュアルであることと同じではないか、だから助けたり理解してもらおうとするべきではないし、サポートを得ようとするのもおかしいことだ、と言う人がありますが、これはひどく酷で、その存在を無視したことなのです。一見ゲイに見えない人も多くいますが、だからといってサポートを受けられないわけではありませんし、トランスジェンダーの人でもそれとわかない人がたくさんいて、たとえシスジェンダーと誤解されたとしても、LGBTQコミュニティはトランスジェンダーの人を支援しているではありませんか。

そうではないのにほとんどの人にヘテロセクシュアルだと思われることによって、確かにヘテロセクシュアルの「正常」な人としての特権を得ることもあります。しかし、ヘテロセクシュアルのカルチャーと、事実と違う性自認に馴染めず、居心地が悪ければ、疎外感と喪失感を持つでしょう。

> 「クィアのコミュニティの人にすら、ぼくの性的指向は身体的もしくは心理的な障害だと思われたり、まだ自分にぴったりの

> 相手に出会っていないだけだとか、そういう時期なだけだとか、治療で治せるなんて言われるのは、まったく皮肉なことだよ。そんなことを平気で人に言えるような場所は、『安全な場所』とは決して言えないよ（ぼくはポリパン・アセクシュアルだけど［略］、トランスジェンダー・アセクシュアルの人も、ホモロマンティック・アセクシュアルの人も、バイロマンティック・アセクシュアルの人も同じことを言われていたよ）」（ダラス・ブライソン、The Asexual Sexologist より）

　アセクシュアルの人が「自分はクィアだ」と言うとき、クィアという言葉を広い意味で使っているのです。「性的指向もジェンダーもヘテロノーマティブではない」ということなのです。もしLGBTQ の人にとってのクィアの定義がもっと狭いものであれば、クィアのコミュニティは LGBT 以外の人を受け入れることを躊躇するでしょう。でも、アセクシュアルの人がなぜ自分をクィアだと認識するかを理解してくれようとするなら、アセクシュアルの一部の人（あるいは全ての人）を同じ仲間だと考えられるはずです。

　アセクシュアルの人には特に問題があるわけじゃない（あるいは、正しい問題や十分な問題がない）から、ヘテロセクシュアルと一緒に組めばいいじゃないか、と言う人もいるかもしれません。でも、ヘテロノーマティブの人たちの考え方が、ヘテロセクシュアルの世界にも影響を及ぼしていて、アセクシュアルを排除していることを忘れてはなりません。もしクィアの世界で、「LGB でない」ことが「ヘテロセクシュアル」であるというのなら、それはヘテロセクシュアルそのものを正常化していることにほかなりません。そしてその考え方は、LGBTQ の人たちをも傷つけるものではありませんか。通常ロマンティックなパートナーを持たないのでヘテロセクシュアルだとは思われないアロマンティックなアセクシュアルの人でさえも、「あなたはストレートだから、ここには属さない」と言われること

があるのです。白紙だと思うものをヘテロセクシュアルだと解釈するのは、まさにヘテロノーマティブな憶測でしかありません。

もし、アセクシュアルの個人が、その属するLGBTQコミュニティや関連団体でなにか問題を起こしたら、それは個人レベルで対処すべきです。コミュニティの誰かが口論で相手を打ちのめしたり、危険な思いをさせたりしたときと同じです。どのクィアのコミュニティにも問題を起こす可能性のある人はいます。そして比較的特権を持った人がほかの人（たとえその人がLGBTのどれかに当てはまる「有資格者」だとしても）に危険な思いをさせることがあるのです。こうした問題はケースバイケースで処理すべきで、全てのヘテロロマンティックあるいはアロマンティックなアセクシュアルの人がコミュニティに参加するのを拒絶すべきではないでしょう（特に、アライ〔訳注：LGBTQの支援者〕を会員として会合に受け入れている団体であれば、なおさら入会者を拒否すべきではありません）。

> 「問題は、アセクシュアルとLGBTが共有できる場所はあるのかということです。そういう場所があるべきでしょうか？ そうすればみんなが助かりますか？ これは言葉の問題でもあります。例えば、アセクシュアルの人たちが、自分たちはただのアライだと言えば、あまり深く参加したり自分の体験を話したりすることはできません。それでもいいのでしょうか？ アセクシュアルがホモセクシュアルを嫌悪したり、LGBTの人がアセクシュアルを嫌ったりした場合、それは外部からの攻撃と呼べるのでしょうか？ それとも無知による身内からの攻撃なのでしょうか？」（トリスタン・ミラー、Skeptic's Play より）

LGBTQの人がみんな同じように抑圧されているのではありません。LGBTQの人たちの家族がとても理解を示したり、LGBTQの人の社会経済的地位が高かったりする場合もあるし、地域社会のカル

チャーによっても違うでしょう。また、LGBTQ でもストレートだと誤解される場合（例えば、バイセクシュアルの人が反対のジェンダーの人と恋愛関係にあったり、ノンバイナリーの人がヘテロセクシュアルに見える関係にあったりする場合）、コミュニティ内で別の差別がある場合（人種、国籍、障害、宗教など）などによっても違ってくるでしょう。LGBTQ の集会で、その人がどれほどひどい目にあっているか、どれほどの支援を必要としているかに点数をつけるなんてことは、あり得ません。サポートが必要かどうかには、個人的な理由が関わっています。そして、それはクィアコミュニティとつながりを感じるアセクシュアルの人でも同じなのです。

　アセクシュアルの人が LGBTQ コミュニティに参加したいのは、情報や援助ばかりを求めているわけではありません。逆に普段は話題に上ることのない、ロマンティック指向や、様々な親密さのタイプの違いについてのユニークな視点を提供することもできるのです。特にそのコミュニティがセックスばかりを重視しているところなら、なおさらこうした情報が役に立つでしょう。LGBTQ の多くの人が、アセクシュアルの人たちから学んだ様々な魅力の感じ方を自分たちの関係にも役立ています。アセクシュアルの人たちは、クィアグループのディスカッションへ貢献することもできますし、チャンスを与えられれば精神的な支えになることもできるのです。

　アセクシュアルのパートナーとどのように恋愛関係を築いていくかという洞察を提供したり、特化された微妙な意味合いの言葉や呼称を紹介して、LGBTQ のコミュニティのディスカッションを活性化したりすることもできます。最近では、より多くのグループがアセクシュアルを受け入れるようになってきて、アセクシュアルでないクィアの人たちが、アセクシュアルのよきアライになったり、組織内でどうサポートしていけばよいかを理解する機会が増えています。

■ LGBTの人だけしか受け入れないクィアのコミュニティの人について

アセクシュアルの人が自分ではクィアだと思っていても、ロマンティック指向がヘテロロマンティックやアロマンティックの場合は、LGBTQ の人たちにストレートだと思われるかもしれないということは忘れてはならないと思います。ストレートと見なされる人（あるいは、ヘテロセクシュアルの特権を受けている人）がこうしたコミュニティにいることをよく思わない場合があります。

LGBT でない人は知識がなく、ヘテロセクシュアルにありがちな（誤った）言動をしたり、LGBT の人たちを見下したりすることがありますから、LGBT のために「安全な場所」が必要なのは明白です。LGBT の人たちは、自分たちを守ってくれて、ヘテロセクシュアルの社会から普段聞かされているようなことを耳にせずに済む場が欲しいのです。**LGBT の体験をしたことがない人や体験できない人がいる場で、自分の問題を話し合うことを危険だと思う LGBT の人たちもいます。**

ヘテロロマンティックやアロマンティックのアセクシュアルの人には、ある程度、ヘテロセクシュアルの特権が与えられていることを知っておくべきでしょう。バイセクシュアルや、ポリセクシュアル[19]や、パンセクシュアル[20]の人が反対のジェンダーの人と恋愛関係にある場合（あるいはそう見える場合）も、よく LGBT のコミュニティの中でゲイの人が取り上げる問題です。ヘテロロマンティックやアロマンティックのアセクシュアルの人（それにストレートに見える人）の存在が、安心を求めてやってきた LGBT の人たちに、自分たちを攻撃してきた（ヘテロセクシュアルの）人々を思い起こさせるのです。自分ではクィアの仲間だと思っていても、ほかの人によってストレートという箱に入れられてしまうのです（たとえそれが居心地の悪い箱であっても）。**ところが皮肉なことに、ストレートという箱に分類されないことは、安全や安心や特権を失うということでもあ**

るのです。

　しかし多くのヘテロセクシュアルの人たちは、目を開かない限り自分に与えられている特権がわかっていません。これはどんな特権のある人にもありがちなことです。性的指向やジェンダー表現によっていつも抑圧されているクィアの人の中には、恋愛関係のことで誰にも攻撃されたことがない（と推測される）人たちが、自らをクィアであると呼ぶことに苛立つ人もいます。アセクシュアルの人には、タイプによって、クィアかクィアでないかを選べる自由があると考えるからです。

　一部のクィアの人たちは、アセクシュアルの人のそばにいるのがとてもつらいと言います。LGBTやポリセクシュアル、パンセクシュアル、ノンバイナリー、ジェンダー・ノンコンフォーミングの人たちは独身を貫くべきで、自分を「救う」ために自分の性自認を受け入れたりするべきではないと、周囲から言われることがときたまあるからです。自分の欲求や性自認を抑えることを強いられてきた人にとって、そのような欲求のまるでない人を受け入れるのは困難なのです（しかしアセクシュアルの人だって、同じようにいつも自分の気持ちを抑えるように言われているのですが）。

　LGBTだと自認したことで、いつまでも苦しむ人もいます。特に社会に自分の欲求を恥ずべきものだと貶められ、誇りを取り戻すために戦わなくてはならなかった人にとって、この恥の気持ちは、実際問題として乗り越えられたとしても（そしてそれが態度にも表れていても）まだ自分の中に深く根ざして内在化していることがあります。LGBTコミュニティにサポートを求めてくるアセクシュアルの人たちはそのような恥と戦う必要はなかったじゃないか、それに「あなたの性的指向は存在しない」と言われることと「あなたの性的指向は悪だ」と言われるのは比較にならないじゃないか、と彼らは考えるのです。アセクシュアルは通常、性的に保守的だとか、禁欲主義だと思われます。一方、LGBTの人は自分の望むセックスのために

非難されてきました。LGBTの人は（アセクシュアルのように）禁欲すべきだと言われてきたかもしれません。そんな「理想的な状態」であるはずのアセクシュアルの人が、まさか西洋社会で同じような問題にさらされているとは到底思えないのです。

ほとんどのヘテロノーマティブな文化において、人はゲイだと証明されるまではストレートだと見なされています。一方、アセクシュアルの人は（ヘテロセクシュアルの関係にあったり、誰とも関係を持っていない限りは）同性や同じジェンダーのパートナーを持つ人たちが受けるような恥辱を受けることはありません。もちろん自ら詳細を話せば別ですが。その人が主にどんな抑圧をどれほど受けたかによって、どれくらいクィアかが決まるわけではありませんが、ある種の疎外感や恥辱や制度的な迫害が、LGBTであることと一体化していることは否めません。アセクシュアルの人は、今までクィアという烙印を額に押されてきたわけではありません。それなのに、クィアという言葉が中傷として使われる社会において、あえて自分をクィアと自認しようとしているのです。すると、（LGBTの人から見れば）、LGBTの苦難を受けることもなく、ただ「特別感」が欲しくて彼らのコミュニティに入りたがっているのだと思われてしまうのかもしれません。

こうした（ネガティブな）経験のないアセクシュアルの人が、クィアの仲間に入ったりコミュニティに参加しようとして、内部の人から自動的に侵入者扱いされても、驚いてはいけません。アセクシュアルを受け入れない人の多くは、アセクシュアルにもある苦難を、自分たちの問題としては考えてくれないのですから（アセクシュアルの人が同性的指向やトランスジェンダーであれば、話は別ですが）。

一部のクィアの人がアセクシュアルを認めようとしないのは、アセクシュアルの人がクィアという性自認を尊重していないと思っているからかもしれません。LGBTの人たちが通ってきたような苦難をアセクシュアルの人は経験していないということを、認識するべ

きでしょう（アセクシュアルでLGBTである場合は別ですが）。アセクシュアルの人も、ときに抑圧的で、おそらく差別的で、絶対的に不快な体験をしてきたかもしれませんが、それはLGBTの人たちのものとは同じではありません。そのため、LGBTの人はクィアのコミュニティは、LGBT特有の体験をした人（あるいはする可能性のある人）だけのものだと思っているのかもしれません。

LGBTでないアセクシュアルの人が、LGBTQのネットワークやグループに加わるときは、なにを求めるかよりも、自分がなにを与えられるかを強調して説明した方が、比較的受け入れられやすいでしょう。よい聞き手になり、間違いがあれば謝りましょう。クィアの問題について勉強して、LGBTの主張を支持していることを言葉と行動で示しましょう。LGBTがテーマの映画やテレビ番組や本に積極的に触れ、LGBTの友だちと社交イベントや資金集めのイベントやプライドを表すイベントに参加しましょう。嫌がられない程度にLGBTの人たちの活動に参加しましょう。地域社会のホモフォビアやトランスフォビアと闘いましょう。そうしているうちにLGBTのコミュニティに受け入れてもらえるかどうかはわかりませんが、心からLGBTのアライになろうとすれば、たとえはっきりと報われたりコミュニティに加えてもらえたりしなくても、きっとサポートしてもらえると思います。

LGBTの人だけが、「クィア」だと感じる人たち全てを守っていると思ってはいけませんが、LGBTのコミュニティに誰が参加するかをコントロールしたいという彼らの気持ちを、攻撃してはなりません。アセクシュアルの人のニーズは、彼らにとって限界を超えていると感じられるのかもしれません。アセクシュアルの人たちの考えが快く受け入れられない限り、自分たちの問題を強調することも控えた方がよいのです。コミュニティを侵害したり不愉快に思われたくないと思うなら、そして自分が受け入れられるかどうか不確かなら、手始めに、アライにも開かれているグループやイベントだけ

に参加してみましょう。そしてみんなが気を悪くしていないようなら、ほかのイベントやコミュニティへの参加を要求してみるのがよいでしょう。

■クィアということについて

クィアというのはかなり主観的です。誰かをクィアだと認識するのも、自分でクィアだと思うのも、どちらも主観的なのです。クィアという言葉は、通常、包括的な言葉として使われます。広い意味で、(社会の)標準の外側の、性自認やジェンダー表現やセクシュアル・アイデンティティを指します。必ずそうだというわけではありませんが、次のような人たちがクィアと認識されます。ヘテロセクシュアルでない人、アジェンダー、ビトウィーン・ジェンダー、バイジェンダー、ノンバイナリー、サードジェンダー、ニュートロイス、ジェンダー・シフティング、トランスジェンダー[21]、性的倒錯者、ポリアモリーの人など。

クィアという言葉はときどき侮蔑語として使われることもあるので、論争になることもありますが、多様なクィアの人たちは、この言葉をポジティブな意味で使い始めました。しかし範囲があまりにも広い言葉なので、人によって意味が違っていて、ずばり「なにがクィアなのか」を定義するのは困難なのです。クィアかどうかを見分ける、確かなリトマス試験紙などないのです。そもそもクィアの運動自体は、生き方の選択を制限する厳密な定義を拒絶することなのです。ですから、性やロマンティック指向や性自認や性的指向が典型的ではないからといって、特定のタイプの人たちだけを線引きして排除しようとするのは、それに反した考え方だと指摘する人もいます。

「私は自分がストレートだと思っていないし、そんな印象を与えたときは、できるだけ訂正するようにしてるわ。でも社会か

> らはストレートとしての扱いを受けている。だから、カミングアウトする必要がなかった家族を含めて、自分の性的指向によって塗り替えられてしまう社会全てと関わるとはどういうことかを論理的に理解できているとは言えないわ。私は『ストレート』ではないし、『クィア』でもないと思う。だって、クィアというラベルを選ぶには、しっかりした理由が必要だと思うから」(レベッカ)

ラベルは、我々がお互いにコミュニケーションするときの道具です。クィアという語がホモセクシュアルやシスジェンダーでなければならないことなのか、それとも「ヘテロセクシュアルでない」ことも意味するのかが決められなければ、自分や他者がクィアなのかどうかを決めることはできません。しかし、自分がクィアをどう定義するかにかかわらず、人の認識したラベルは尊重すべきだということは、みんなにわかっていることです。

アセクシュアルの人の中には、自分はクィアではなくて、アセクシュアル・スペクトラム上のラベルの方が自分に合っていると思う人もいます。「クィア」と言うことで曖昧にしたくないのです。しかし、自分はクィアでないと思う人でも、LGBTQ のコミュニティに賛同したいかもしれません。アセクシュアリティについての情報や、アセクシュアルの人への支援を、コミュニティの資料やイベントに組み入れることは有益です。クィア関連の書籍や団体については、本書のパート 6 の参考資料のところに詳しく記しました。

「アセクシュアリティ」は、「セックスを嫌ったり避けたりするヘテロセクシュアル」の別称ではありません。**アセクシュアルの人も、LGBT の人たちと同じように、認識され許容されるために戦っています。そして同じように戦っている LGBT のコミュニティに属していると感じている人もいるのです。**アセクシュアルという言葉を使う人が、なぜこの言葉を使うのかをきちんとわかっていること、そ

「あなたは LGBT コミュニティの一員だと思いますか?」

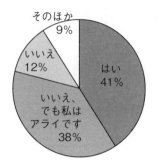

アセクシュアル・スペクトラムだと自認する人に対して
2011年9月から10月にネットを通じて行われたリサーチによる[22]。

してなによりも、それは人それぞれによって違うということを理解しておくことが大切なのです。

　アセクシュアリティの認知運動を批判する人の中には、アセクシュアルの人は自分が差別を受けているとか、抑圧された少数派だ、などと言うべきでないと言う人もいます。こうした意見は、ヘテロノーマティブの人にも、クィアの人にも見られます。アセクシュアルの人は自分たちのような「本物の」抑圧を受けていない、と感じている人からの意見は、特に辛辣です。アセクシュアルであるために抑圧や差別を受けたと話しても、それはアセクシュアルだからではない、と決めつけられることもよくあるのです。いくつか例を挙げましょう。

　　アロマンティックでアセクシュアルの人が、誰とも付き合わないのでゲイだと勘違いされて、放課後に暴力を受けました。でも「それはアセクシュアルに対する暴力ではないよ。ゲイへの嫌悪からくるもので、アセクシュアリティ嫌悪ではないさ」と言われました。

アセクシュアルの女性を「治してやる」と性的嫌がらせをしていた男性が、「眠っている性欲を目覚めさせてやる」と性的暴力に及びました。でも「それはアセクシュアルに対する暴力ではないよ。女性嫌悪であって、アセクシュアル嫌悪ではないよ」と言われました。

　アセクシュアルの人が職場で性体験について話すよう強要されたために、同僚とうまくコミュニケーションが取れなくなって孤立し、ついにはチームプレイヤーでないからという理由で会社を辞めさせられました。でも「それはアセクシュアルに対する偏見ではないよ。会社の雰囲気に馴染めなかったのが悪いのであって、アセクシュアル差別とは言えないよ」と言われました。

　アセクシュアルであるがためにひどいことをされても、なにかほかの「本当の」理由のせいだとあしらわれたり、ひどい仕打ちを受けたと声を上げても、それは大げさだとか、あり得ないとかと言われてしまいます。本当に起きたことでも、軽いエピソードとしてしかとらえてもらえず、継続している問題として見てもらえません。

などなど。こうしたことが継続して行われていることは、申し合わせてアセクシュアルの人の声を黙殺しようとしていることのよい証拠です。**アセクシュアルの人の性的指向は、常に、その人の人間性の中で最も過小評価されています。そのためこうしたネガティブなことが起きても、アセクシュアリティが原因だと受け止めてもらえないのです。**例えば、ある女性がレズビアンだとしても、女性でないとはいえません。彼女は両方なのですから。もしその女性をレズビアンだからという理由で憎む人がいても、彼女という人間のど

の部分を憎んでいるのか、一部分だけを切り離して考えることはできません。アセクシュアルへの偏見は確かに存在します。そしてそれははっきりと悪意に満ちたものです。しかし、それでもアセクシュアルの人に対する偏見は、それだけを抜き出すのではなくて、その人全体として考えなくてはなりません。性自認は、密接に交差し合っているものですから。それを分離して、どの部分がより注目に「値するか」を計算するのは実際的ではありません。

アセクシュアルの人が嫌がらせを受けたとき、アセクシュアリティの問題を考慮に入れずに、女性嫌悪やホモフォビアとして片づけようとするのは、馬鹿げたことです。LGBTQへのしつこいハラスメントもまた、ヘテロノーマティブが基盤となっています。アセクシュアリティもLGBTQも、同じ啓蒙活動や同じ団体を通してハラスメントに挑んでいくことができるのです。

LGBTQへの抑圧を測るように作られた偏見と差別を測る物差しを、そのままアセクシュアルへの抑圧を測るのに使うことはできません。アセクシュアルの不利な立場は、外から見る限りではLGBTQの人たちとは違っているのです。同じ物差しで測ろうとするのは、(**アセクシュアル・バーなどというものが存在すらしないのに**) アセクシュアル専用のバーから出てきたアセクシュアルの人が、LGBTの人と同じように「非難されたり殴られたり」するようなものです。ときには、「きみたちには、ひどい問題なんかないじゃないか、だって結婚を拒まれることなんかないだろうし」「最悪でも不感症と呼ばれるぐらいじゃないの。私たちは法的に養子をとることすらできないのよ」といった反論を受けることもあります。LGBTQの受ける苦しみと同じでなければ、それは苦しみなどではないという意味なのでしょう。確かに、アセクシュアリティに対する偏見が、全てLGBTQと同じではありません。しかし、それは、食べるのに困っていなければ、本当に苦しんでいることにはならないと、抑圧されている少数派の人に向かって言うようなものではあ

りませんか。

LGBT、ポリセクシュアル、パンセクシュアル、ノンバイナリー、トランスジェンダーといった人たちは制度上多くの差別を受けていますが、アセクシュアルが受ける差別は比較的見えにくく、頻繁に起こるものでもありません。それでもアセクシュアルの人が制度上の差別を体験した例もあります。特にアセクシュアルの人にネガティブな影響を与える可能性のある法律や状況や態度や問題の一部をリストにしました。それぞれの問題については後述します。

1. 結婚についての法律
2. 養子縁組の不認可
3. 雇用や賃貸借の差別
4. メンタルヘルスの専門家による差別
5. 恋愛感情のない関係のための、結婚と同等のシステムの欠如
6. 宗教的な圧力と差別
7. 「矯正」という名のレイプ
8. メディアや性教育による無視
9. 抑圧の内在化／自己嫌悪

■ 結婚についての法律

州や地域や国によっては、「性関係を結んで」初めて結婚成立と見なす法律のあるところがあります。セックスに同意しないことで必ずしも結婚が無効にされるわけではありませんが、ところによっては、相手がセックスを拒絶したり、行うことができない場合は、結婚を無効とする申し立てをすることができます（不妊が理由に含まれていないのは興味深いことです）[23]。相手の申し立てによって、法律がセックスを安定した結婚の必要条件だと見なすということは、セックスを拒否するアセクシュアルの人への差別です（アセクシュアルだけに限らず、結婚生活において性行為ができない、あるいは望まない人に

対する差別ともいえます)。

　これは特に、外国人がある国の国籍を持った人と結婚してその国にとどまろうとするときに問題になることがあります。二人が(アセクシュアルであってもなくても)、性行為をしないと決めたとしたら、それは、移民局事務官からインタビューを受けるときに不利に働きます。セックスをしないのなら、それは「本当の結婚」ではないと見なされることが多いからです。移民がその国にとどまるために行った偽装結婚だと思われるのです。移民局で受けるインタビューは実際、かなりパーソナルな質問、二人のセックス・ライフや他の実践などにも及ぶことがあります。本当の結婚ならセックスをするのが当然だという考えなのです。

■養子縁組の不認可

　同じジェンダー同士のカップルが子どもを作ったり養子縁組をしようとしたりすると、厳しいチェックを受けたり、差別されたりすることはよく知られています。アセクシュアリティが原因で養子縁組が不認可になったという話もあります[24]。アセクシュアルのカップルが養子縁組の要請をしたところ、決定権を持つ人に、その結婚は正式な結婚ではないとあざ笑われて、認可が下りなかったというのです。

■雇用や賃貸借の差別

　アセクシュアルの人に対する制度的な差別はあるでしょうか？この本を執筆している現在では、雇用主はほとんどアセクシュアリティの存在を知りません。しかし、アセクシュアルであると言うことで、その人がチームプレイヤーでないとか、みんなとカルチャーを共有できないとか、順応性がないとかと考えられ、職場での扱いが悪くなったり、昇進の機会がなくなったり、解雇[25]されたりする可能性はあります。

ある年齢を超えても結婚や恋愛をしていないと、アセクシュアルの人は上司や同僚に「変な人」とか「どこかおかしい」とかと思われ、それが仕事や雇用主の考えに影響を与えることもあるでしょう[26]。

　典型的な人間関係でないと、社交的でないとか、気味が悪いとかと思われて、就職や賃貸借を断られることもあります（これは精神疾患のある人にもいえることです。アセクシュアルで精神疾患がある場合は、より複雑です）。恋愛をしない人や、恋愛関係において「するべきことを」をしない人は、その性的指向のために、詮索されたり、侮辱されたり、避けられたりすることがあるのです。

■ メンタルヘルスの専門家による差別

　メンタルヘルス面でも差別を受けることがあります。性や恋愛と関係のない問題でメンタルヘルスの治療を受けていても、アセクシュアリティやアロマンティックであることがその問題の症状の一つだと思われたり、アセクシュアルであることが問題の原因だと間違った診断を受けることがあります。

　1994年から2013年まで使われたDSM‒4〔訳注：精神障害の診断と統計マニュアル第4版〕によれば、本人がアセクシュアルであることを苦にしていなくても、その性的無関心によってパートナーが苦しんでいれば、そのことを「HSDD 性的欲求低下障害」の診断基準の一つと見なすことができました[27]。しかしこの本の執筆時には、女性の性的関心・興奮障害[28]と、男性の性欲低下障害[29]の診断基準はこのように新しくなっています。「もし生涯を通じて性欲の欠如が『アセクシュアル』であるという本人の自認によって説明されるものであれば、女性の性的関心・興奮障害であるという診断はなされない」[30]、また「男性の性欲低下が、『アセクシュアル』であるという本人の自認によって説明されるものであれば、男性の性欲低下障害という診断は下されない」[31]というように、アセクシュア

ルである場合が除外されるようになりました。

しかしながら、今でも多くの医療や心理学の専門家が、性的魅力、性欲、性的興奮といったものは全ての人の健全な生活体験であるとし、今もまだ個人的な観念や古い診断基準に従って診断を下している場合があります。

アセクシュアルの人が性的興奮剤やテストステロン注射を処方されたり、アセクシュアリティは人間関係がうまく作れないことによる孤独感や欲求不満だと誤診されたり、ありもしないトラウマや恐怖感のせいだと見なされたりすることがあります。メンタルヘルスの専門家でも、アセクシュアリティが危険信号だと思い込んでしまって、アセクシュアルの患者のセラピーを責任を持って行うことができない場合があるのです。

■ 恋愛感情のない関係のための、結婚と同等のシステムの欠如

アロマンティックでアセクシュアルの人は、ほかのロマンティック指向や性的指向の人たちよりも、「生涯を共にするパートナー」との関係に引き寄せられることが多いのです。それは、ロマンティックな関係でも性的でもありませんが、しっかりした関係なのです。同じジェンダーとのプラトニックな関係を作り、一緒に住んで家庭を築き、できれば子どもも育てたいと言う人たちは、同性婚が法律上認められていないところでは、同性カップルと同じ法律の問題に直面します。たとえ二人の関係がいろいろな面で結婚生活と同じ機能を持っていても、恋愛関係や性的関係のない人たちに「シビルユニオン〔訳注：同性カップルに認められる権利で日本のパートナーシップ制度のようなもの〕」が認められていなければ、婚姻制度の恩恵を十分に受けることはできません[32]。

「アセクシュアリティについて切り出すと、宗派によって違いはありますが、「神に背く不自然で異常なこと」というような

> 古臭い反応から、「不健康で憎むべきもの」という心理的な反応まで様々な反応を受けます。(略) いずれにしても、性的魅力や性欲は人間の特徴として正常なことであり、それを感じられないものは、人間性にやや欠けるということを言っているのです」(M. ルクラーク、Hypomnemata より)

■ 宗教的な圧力と差別

ヘテロノーマティブでない行動を罪深いとする宗教の信条によって、多くのLGBTQの人たちがひどい扱いや攻撃を受けてきましたが、アセクシュアルも同じです。アセクシュアルは禁欲をしていて「純粋」だと見なされるから、宗教に関わる個人や宗教団体からはむしろサポートされるのではないか、と考える人が多いかもしれません。しかし、同時に「産めよ殖えよ」という旧約聖書の言葉から、異性と付き合ったり配偶者を持ったりしないことによってハラスメントを受けることもあるのです。繁殖を促す衝動を感じないことは、神に背く不自然な行為であり、宗教上の義務に反していると見なされることもあります。生殖できないこと自体が罪と見なされることはまずありませんが、生殖への努力（結婚を通してのみ）を怠るのは、聖職者でない限り、宗教的には受け入れられません。結婚生活に性が期待されることによって、既婚のアセクシュアルの人々は、無理に性行為をしなくてはならないと感じることがありますが、これは、虐待ですらあります。

■ 「矯正」という名のレイプ

アセクシュアルの人は、「矯正」という名のレイプを受けるリスクが高いのです。アセクシュアルの人を「変える」ことは、攻撃的で自信過剰の人の格好のチャレンジになるからです。セックスを重視しない人間などいるはずはないという思い込みから、無理強いしてでも目覚めさせてやると、強姦されることもあります。恐ろしい

ことには、こうした強姦犯が見知らぬ人とは限りません。アセクシュアルの人のパートナーや配偶者であることも多いのです。恋愛関係やパートナーシップにセックスはつきものだと考えられていて、「時が来るまで待つ」ことを認める人は多くても、セックスを恋愛関係にまったく組み入れたくないという人のことは、ほとんど誰も認めようとしません。セックスは恋愛関係において当然の権利なので、うまく言いくるめて無理やりセックスを受け入れさせるべきだと思う人もいます。

ひどいことには、公共の場でアセクシュアルについて話したことのある人なら誰でも、強姦犯を弁護する意見や、**セックスを拒否している側こそが虐待者**だという意見が噴出することを知っています。セックスは恋愛につきものだという社会の通念から、セックスを望まない人は恋愛をする資格がないと無理やり信じ込ませようとするのです。

■メディアや性教育による無視

アセクシュアルの人はメディアにほとんど登場しませんし、性教育でもアセクシュアリティについて触れることはありません。そのためアセクシュアルという性的指向についての情報やコンテキストが欠如しているのです。性的関係や性魅力がなくては成熟しないという絵ばかりを見せられていると、混乱したり不安になったり、うつになったり、自己破壊的な行動に走ったり、というような数々のネガティブな結果がもたらされます。

■抑圧の内在化／自己嫌悪

上記のようなことがあると、アセクシュアルの人が周囲に迎合して、アセクシュアリティというラベルを憎んだり恐れたりして、自分の性的指向を隠したり消し去ったりしようとするようになることもあります。そして逆に、処女や童貞をからかったり、セックス自

慢をしない男性をバカにしたり嫌がらせをしたり、セックスを望まない女性は女ではないと卑しい言葉で貶めたり、アセクシュアルの人を宇宙人やロボットに例えたり、活力が欠落しているのは恥ずかしくて恐るべきことだと言ったりすることがあります。アセクシュアルであることが実に嫌なことや人間らしくないことだと本人が感じるようになると、自分の性的指向を否認したり、自分にうそをついたり、過激な性行動に走ったりすることがあります。

暴力による攻撃や、制度上の権利の不認可や、嫌悪的な態度といったものを体験しない場合でも、無視されたり不可視化されたりすることは、アセクシュアルの人たちにとってとても傷つくことなのです。「黙れ！　お前は傷ついてなんかいないじゃないか！」と無視されるのは、とてもつらいことです。

1980年の終わりごろ、ペギー・マッキントッシュはその草分け的なエッセイで白人の「特権リスト」について書いています〔訳注：White Privilege: Unpacking the Invisible Knapsack" 1989 に出てくる「特権リスト」〕[33]。（白人である）彼女自身が常に背中にしょっている「見えないナップサック」の中の特権を、ナップサックを「開いて」見るという内容で、白人優勢の社会でどんな特権が当たり前のこととして享受されているかを述べています。

このリストはほかのグループにも熱心に受け入れられ、今では、ヘテロセクシュアルの特権リストとして改訂されたものも広く使われています。ところでアセクシュアルに特有の抑圧というのは、あるのでしょうか？　それとも、アセクシュアルは、ほかの基準的でない（ノンノーマティブ）セクシュアリティとひとまとめにされているのでしょうか？（それとも、アセクシュアルはヘテロセクシュアルだと思われているのでしょうか？）クィア・セクシュアルの人とヘテロセクシュアルの人が、（どちらも性的であることから）同じように恩恵を受ける「セクシュアルな（性的な）人の特権」というのがあるのでしょうか？

「性的な人の特権」というものの存在について考えた人もいます。ところで、アセクシュアルであることが社会的に不利であるにもかかわらず、(アセクシュアルの人に対して)「特権」という言葉が使われるのは間違いだというのが、(アセクシュアルの人たちの)共通意見です。確かに偏見や不愉快さはありますが、それは抑圧といわれるほどのものではありません。性的魅力を感じ性のカルチャーの一員であると感じている人たちに与えられて、多数派に利益をもたらさないと見なされる人たちには与えられない場合、それを「性的な人の特権」というのでしょう。

アセクシュアルの人たちに対する偏見があるかどうかを、性的指向だけに限って考えてみたとき[34]、不可視性によってアセクシュアルの人たちは守られていると言う人もいます。シスジェンダーのヘテロロマンティックの人や、アロマンティックでアセクシュアルの人は、わざわざ自分の性的指向を(優位に立つ人たちに)伝えない限り、ヘテロセクシュアルと同じ恩恵を受けているといえるでしょう。しかし、「見えないナップサックを開いて」みれば、意外にもアセクシュアルのナップサックには欠落しているものがあることに気づくでしょう。社会の正式なメンバーとして参加できないこともいくらかはあるのです。

性的魅力を(規範的に)感じる人の多くは、彼らが当然と思っている機会やライフスタイルがアセクシュアルの人には与えられていないことに気づいていません。特権というのは、正しい言葉ではありませんが、この議論の目的のためには、**性的魅力を体験する人には、そうでない人と比べると、社会においてアドバンテージがあり得る(通常はある)**、ということにして進めていきましょう。ほとんどの人が当然だと思っている経験や概念で、アセクシュアルの人には当てはまらないものには、次のようなものがあります。

• 映画、テレビ番組、ドキュメンタリー、ドラマといったメ

ディアに主に登場するのは、性的魅力を感じる人で、そのことは性的魅力についての情報と快適さを後押しすることにつながっている
- 性的魅力や興味を感じることは、主流派のメンタルヘルス専門家によって治療すべき病だとは考えられていない
- 性的魅力を含む様々な性的指向については、身体的にも心理学的にも社会学的にも研究が進んでおり、多くの学術データがそろっている
- 書類の上で性的指向を選ぶ際、性的魅力や性への興味を持つ様々なタイプの人には、選ぶ項目が用意されている
- 性的魅力を感じる多くの人にとって、その人の性的指向は、思春期前にオプションとして存在していたし、同じように感じる人が自分以外にもいることも知っていた
- 性的魅力を感じる人のセクシュアリティについての問題や、それを表明することで起きる問題を支える団体、ヘルプライン、専門のセラピストがいる
- 性的魅力を感じる人は、その性的指向によって、宇宙人扱いされたり、情熱的でないと言われたり、不感症だと言われることがない[35]
- 性的魅力を感じる様々な性的指向の人たちにとって、パートナーとなり得る人は、少なくともかなり存在している
- 性的魅力を感じる人が自分のセクシュアリティについて話したり、カミングアウトしたりしても、そんなものは存在しない、とは言われない
- 性的魅力を感じる人が性的指向を公表しても、宗教が原因だという誤解を受けることはほぼない
- お互いに性的に惹かれ合う人たちは、その関係の信ぴょう性を疑われることなく、れっきとした恋愛関係だと言うことができる

- 文学においても、真剣な約束された恋愛関係は性的であると推測されていて、それは実生活でも同じである
- 性的魅力や興味を感じる人は、どんな性的指向であっても、セックスに対する知識を持っているし、セックスについての話や映像を嫌がることはないと思われている

次に挙げるのは、アセクシュアルとLGBTQ以外の人の特権リストです。

- シスジェンダーでヘテロセクシュアルの人向けの、セクシーなコマーシャルが多い
- シスジェンダーでヘテロセクシュアルの人は、自分の性的指向についての考えを聞かれたり、同じ性的指向の人たちの代表として、コンセンサス（一致した考え）を人から尋ねられることはない
- シスジェンダーでヘテロセクシュアルの人は、ぴったりな人に出会ったら性自認や性的指向が変わると、人に言われることはない
- ヘテロセクシュアルの性的指向も、シスジェンダーの性自認も、通常、侮辱的にはとらえられない
- シスジェンダーでヘテロセクシュアルの人は、間違った育て方をされたからそんな性自認と性的指向になったのだと思われることはない
- シスジェンダーでヘテロセクシュアルの人は、性自認や性的指向を公表しても、性機能や不具合について尋ねられることはない
- シスジェンダーでヘテロセクシュアルは、好きでもない人と「確かめるために」セックスをするようにしつこく勧められることはない

- シスジェンダーでヘテロセクシュアルの性自認と性的指向は、ほかのジェンダーに対する嫌悪だと誤解されることはない
- シスジェンダーでヘテロセクシュアルの人の性自認と性的指向が、恋愛相手を苦しめていると、周囲の友人や家族に心配されることはない
- シスジェンダーでヘテロセクシュアルは、その性自認と性的指向が原因で孤独死をすると言われない
- シスジェンダーでヘテロセクシュアルの人が自分の性自認と性的指向を発表したときに、よく知らない人から自慰行為のディテールを尋ねられることはないし、ましてやそのことで、性自認と性的指向を否定されたり、それが障害だと言われたりすることはない
- ヘテロセクシュアルが性的魅力を感じることは健全だと医師が認めているし、そのことについて隠し事をしたりうそをついたりしていると疑われることはない
- ヘテロセクシュアルが性的魅力を感じるからといって、心理テストや健康診断を受けるべきだとパートナーに執拗に勧められることはない
- シスジェンダーでヘテロセクシュアルの人だけを集めることは、たやすくできる
- 礼儀正しい会話をしている最中に、シスジェンダーでヘテロセクシュアルの人に向かって、「もし私もあなたと同じ性自認や性的指向だったら、きっと死にたくなったり、気が違ったり、助けを求めたくなるに違いない」などと言うのは、社会的に許されることではない
- シスジェンダーでヘテロセクシュアルの人は、「一時的なもの」とか「精神的に未熟」だとか「肉体的に未熟」だとしょっちゅう誤解されることはない

- シスジェンダーでヘテロセクシュアルの人は、自分のジェンダーを「本当に」代表しているわけではない、と言われない
- シスジェンダーでヘテロセクシュアルの人が、正直に性自認や性的指向を述べても、「壊れている」とか「治さなくては」と言われることはない
- なにか問題や障害があってセラピーを受けることになったとき、シスジェンダーでヘテロセクシュアルの人は、自分の性自認や性的指向が、その問題や障害の症状や原因になっていると推測されることはない
- シスジェンダーでヘテロセクシュアルの人は、なぜそうなったのか、いつどのようにしてそうなったのかと聞かれることはない
- シスジェンダーでヘテロセクシュアルの人が、なにげなく自分の性自認や恋愛について口にしても、そういう性自認や恋愛は気持ちが悪いと人に避難されることはない
- シスジェンダーでヘテロセクシュアルの人は、ジェンダーや性的指向のせいで、子どもを持てないと勝手に思い込まれることがない
- シスジェンダーでヘテロセクシュアルの人は、正直になるために「カミングアウト」する必要がない
- シスジェンダーでヘテロセクシュアルの人は、めったに、部屋の中で自分一人だけがその性自認であるという状況にならない
- シスジェンダーでヘテロセクシュアルなのは、過去の虐待のせいだと思われることはない
- 指導的立場にある人や、権力者や、ロールモデルのほとんどがシスジェンダーでヘテロセクシュアルである

これでわかるように、アセクシュアルとして生きていくことには不都合がありますし、それはクィアのコミュニティの体験と重なる部分も多いのです。アセクシュアルの人が毎日どのような不都合を抱えながら生きているかは、個人的に関わりのない人には、よく理解できないものなのです。**関わりのない人たちにとって「私が抑圧を受けていればそれは理解できるけど、あなたのように見当違いで目に見えない抑圧は、到底本当だとは思えない」と言うのは簡単なことです。**アセクシュアルの人たちは差別を感じたりそれによって苦しめられることなどあるはずない、という意見と本当によく似ています。

　不可視であるということは、自分と同じような人とつながることができないということ、自分は壊れているんだと結論づけてしまうこと、性的指向を問われても選べる項目がないということ、恐怖と恥とフラストレーションで溢れそうになってしまうこと、なのです。可視性を当然のことと思っている人たちには想像がつかないほど、孤立するということです。そして周囲に気づいてもらおうとしたとたん、(まだ初歩的なことを知ってもらおうとする段階でも、アセクシュアリティの認知を広めようとしている段階でも)不愉快な反応を受けたり、不当な弁明を要求されることになります。すると、いっそ見えなかったときの方がよほどよかったのではないかと思ってしまうのです。

　LGBTの人たちも、不可視性についてはある程度、理解が及ぶはずです。性自認や性的指向を生涯隠し通したり、LGBT体験について口にすることすらできない地域や時代もあったでしょう。現代ではLGBTはかなり広く認識されていますが、アセクシュアリティはまだ覆い隠そうとされているのです。

　オープンにしようとしても、そういう性的指向があること自体を否認され、「精神科に行けよ」「そんなこと、あるはずないよ」「愛しているならセックスをしたくなるはず」「ぼくとセックスすればきっと治るよ」のようなことを言われてしまいます。こうした経験

から、性体験や性機能についてまで詳しく尋問されたくなければ、もうなにも言わずにいる方がよいと思うようになってしまうのです。

自分の性的指向を露わにしなければ、嫌がらせを受けることはないし、偏見や差別を受けることもないのではないかと、言われることもよくあります。黙っていれば批判されないのなら、公表する必要はあるのでしょうか？

アセクシュアルの人たちがクローゼットに引きこもりがちなのは、こうした（周囲の）態度のせいなのです。カミングアウトすること自体が問題になるわけですから。偏見や差別の「解決策」がアセクシュアリティを秘密にしておくことなら、意図的にうそをついたり、ヘテロセクシュアルのふりをすればよいということになります。しかし一方では、LGBTのアライは、こんな提案をすることはあまりありません。LGBTを真に支えるアライたちの見解は、自分の性的指向や性自認を公表できないような状況は、抑圧された環境だというものです。これはアセクシュアルの場合にも当てはまります。しかし、数多い性的指向のうちでアセクシュアルの人だけが、性的指向について口をつぐんだり、パートナーにしか打ち明けてはいけない、というわけではありません。

アセクシュアルの人は、「人にひどいことを言われる」と苦言を言っているのではありません。アセクシュアルの人たちは、もっと微妙なニュアンスのことを言われ続けて、次第に「もう仕方がない」と考えるようになっていくのです。これはアセクシュアリティだけにいえることではありませんが、カミングアウトしてもまともに取り合ってもらえないほどの不可視性は、ほかにはないでしょう。

アセクシュアルのコミュニティ

アセクシュアルのコミュニティは大変多様で、メンバーのアセクシュアリティとそのほかの状況との交わり具合はしばしば独特です。

アセクシュアル・コミュニティによく見られる考え方やグループについて紹介しましょう。

■ アセクシュアルな若者

　地理的に離れていることが多いので、若いアセクシュアルの人たちはネットを通してつながり、会話や親交を楽しみます。若い人の方が、ネットのアセクシュアル・コミュニティで仲間と性自認について話し合うことが多いので、ネットに注目が集まるようになり、そこに見られる情報がアセクシュアリティ全般の典型だと誤解されることもあります。例えばネット上のアンケートに答えるのは若者が多いため統計に歪みが生じます。また、若者のアセクシュアリティは一時的なものだと外部の人は思いがちなので、この性的指向の統計が真剣に受け止められない場合もあります（これは問題ですが、ほかにも若者が極端に多い活動に見られる問題です）。アセクシュアルは、大学生だけに見られると中傷する人もいますが、そうではありません。

　メディアには、10代のキャラクターがホルモンに突き動かされて行動したり、セックスや恋愛に夢中になっている姿が常に映し出されています。そのため、アセクシュアルの特に10代の人は孤立感を持ったり混乱したりすることがよくあります。友人たちは皆、性的魅力を感じるようになり、メディアの性表現にも共感しているので、なおさらです。性的魅力が人生に欠かせないと示唆する広告や雑誌は、アセクシュアルの10代にとっては挫折感を抱かせるものです。

　アセクシュアルの若者は、「成長すれば性的魅力を感じるようになるし、セックスをしてみれば変わるに違いない」と主張する大人（特に両親）やときに友人たちから、アセクシュアリティは年齢のせいだと軽くいなされたり、軽蔑的なことを言われたりすることがよくあります。しかし、ほとんどの人が10代の初めには自分の性的

指向がわかっているのですから、アセクシュアルの人も若いうちに自認しているとしても不思議はありません。確かに、将来、別のラベルを選んだり（誰にでも起こり得ることです）、年を取るとともに好みが変わることもあるでしょう。だからといって、13歳のアセクシュアルの人の存在を否定することにはなりません。13歳でも自分がヘテロセクシュアルやLGBTQだとわかるのと同じことです！

10代のアセクシュアルの若者は、「まだ空っぽ」だとか「まだわからない」と思われるかもしれません。しかし、成長してからアセクシュアルだと気づいた人は、おそらく若いときにもそれを感じ取っていたはずなのです。

■ アセクシュアルな中年

かなり若くから大人は、もう性活動をしなくなると思われています。両親がセックスをするなんて！と子どもは否定しようとしますし、公の場で皺のあるカップルがいちゃついていると、「きもい〜！」などと言われます。中年からシニア世代の人は、セックスレスになるよう期待されているのです。でもそんなことはありません。

中年になるとセックスレスな生活を送るべきという考えが若者の中に普及しています。しかし、実際にはどんな年になってもセックスライフがあるのはノーマルなことなのです。それに、年長者が性的魅力を人に感じないこともありません。アセクシュアルだと自認する年長者は、たとえ昔からずっと性的興味を持っていなくても、若い人から見れば「年取れば普通じゃない？」と軽くあしらわれてしまいます。

> 「アセクシュアルの女性によくあることなのですが、30代になっても『まだ若い』とか『遅咲き』だから性的指向が自分でもわからないのではないかと、言われることがあります。しかも、この年代の人はもう性に関心がないはずだとか、性的魅力

> を感じないのは 30 代なら普通のことだとかとも言われます。どっちにしても、アセクシュアルなんてあり得ないと思われているのです」(アイダン・セルビー、Musings of an Ist より)

いったいいくつになれば、年寄りなのでしょう？ セックスや恋愛に関していえば、30歳になったら、もう恋愛関係を整理して家庭を持つべきだという(勝手な)意見が多いようです。しかし、そういう決断をした人が、パートナーを選ぼうとしないと、「まだ決められないの？」「探している最中なんだろう？」「必死なんだね」「見つけたがっているはずだよ」「まだ未熟なの？」と思われるのです。アセクシュアルでアロマンティックな人が独身のまま年を重ねていくと、年から年中、こうした誤解を受けることになります。「独身でいたいんだよ」と言っても、疑われ、うまくいかないのを隠しているのだと思われます。配偶者を持つことがこの社会ではあまりにも期待されているため、パートナーがいなくても幸福だなんて、あり得ないと思われるのです。

年長のアセクシュアルの人は、そうでないパートナーとの関係を保つために多くの妥協をしてきたことでしょう。それは生涯を通じてほとんどの期間、アセクシュアリティというものが存在することを知らずに過ごしてきた人が多いからです。もし早くから知っていれば、そんなに多くの妥協をする必要はなかったかもしれません。自分がアセクシュアルであると知らない人は、恋愛にはセックスがつきものだと信じて、パートナーに性的魅力を感じないなどとは口に出すこともできません。

しかし、アセクシュアリティへの認知度が高まるにつれて、パートナーを持つ中年過ぎのアセクシュアルの人は、こうした無益な考えが自分の中で内在化されてしまったことや、相手との関係を壊さないためにつらい状況をも受け入れてきたということに、気づくようになっています。性自認についてパートナーと話し合ったり、歩

み寄ったりすることができていれば、もっと健全な関係を保つことができたでしょう。パートナーが欲しいと思っていたアセクシュアルの人でも、アセクシュアルの有効な恋愛についての知識があれば、より建設的な方法でパートナーを見つけることができたに違いありません（パート4とパート5では、アセクシュアルの恋愛関係についてより詳しく述べます）。

自分の性的指向を知る以前に結婚して子どもを持ったアセクシュアルの人は、配偶者だけでなく、子どもに対してもカミングアウトするのがつらいでしょう。子どもが親にカミングアウトする場合は、親に力があるため、カミングアウトには危険が伴うものです。逆に親が子どもにカミングアウトすると、親が性についてわかっていないのではないか、とかちゃんとした大人ではないのではないかと思われるかもしれません。子どもに理解してもらえなくて、こんな不利な（しかも事実ではない）推測をされたら家族全体を傷つけてしまいます。しかし、若い人の間でアセクシュアリティについての認知度が上がっているので、こんな問題は減っていくかもしれません。

しかしながら、パートナーのいないアセクシュアルの大人には、パートナーのいる人と比べて、より多くの批判や混乱が課せられています。20代を過ぎても独身で「落ち着こうとしない」なら、いくら「独身でいたい」と思っていても、多くの批判や、いらないおせっかいを受けることがあります。30代に入っても独身でいようとすると、惨めだろうとか、寂しいだろうと言われます。こうした意見がアセクシュアルの人の中に内在化すると、この世界には自分のようなものの居場所はないと思ったり、対処する力が衰えたり、破壊的な行動をしたりするようになることもあるのです。

結婚していない成人男性はまだ比較的許されますが、30を過ぎた女性は「もう若くない」から価値が下がるとか、誰にも相手にされないのだろうとか、愛してもらえないのだろう、と哀れまれます。一方男性の場合は、自分で独身であることを選んだのだろうとか

「仕事一筋」なのだろうと推測されます（外見が美的でないとか、男らしくないとかといった「好ましくないカテゴリー」の場合は、やはり誰にも選ばれないかわいそうな人だと思われます）。

　どんな行動を取ろうとなにを言おうと、30代を過ぎた未婚女性は、一人暮らしの「ネコ好きのおばさん」とか、男に飢えているとか（ぞっとするとか、「獲物を求めてうろついている」とか）と言われたり、見下すような性的な誤解に満ちた呼び方で呼ばれます（恋人を求めていないようなら「オールドミス」、求めているようなら「飢えた熟女」とか「年下狙い」）。こうした呼称は、中年男性や若い男性に当てはまるようなものは存在しません。中年のアセクシュアル女性であっても、中年期でも欲が最高潮に達したり、更年期のホルモンの影響によって「開花」するのではないかといった誤解もあります。

　社会は、未婚やパートナーのいない人、特に女性を異常だと見なし、なんとか相手を探そうとしているのだろうとか、あるいは、もうあきらめて悲しい暮らしをしているのだろうとかと考えがちです。まだ若くてパートナーがいない場合は「まだ未婚」と言われますが、中年になると「なぜ結婚しないのか？」「いつ相手を見つけて子どもを作るつもり？」と言われるのです。パートナーと家庭を作ることが当然誰もが望む人生だと思われ、30歳になってそれを達成していない人は失敗者だと言われます。これは、そもそもパートナーを欲しないアセクシュアルの人や、アセクシュアリティを「性の問題」と見なさないような相手をなかなか見つけられない人にとっては、無意味な推測です。

　しかし、実際のところは、インターネット以前の世代のアセクシュアルの人の考えや体験についてはあまりわかっていません。リサーチのデータもネットを通じて集められることが多いので、どうしても若者に偏り、中年過ぎのアセクシュアルの人の考えは反映されないことが多いのです。より認知されるようになれば、もっと多くのアセクシュアルの大人が自分の性自認に気づくことでしょう。

パート2 ●アセクシュアリティの体験について

また、アセクシュアルという言葉を広めた世代が年を取っていくと、「若い人だけ」といった認識も少なくなっていくでしょう。

■アセクシュアルな女性とアセクシュアルな男性

アセクシュアルのコミュニティには、男性より女性の方が多いのですが[36]、グループとしてのアセクシュアルに関する科学的な研究がまだ行われていないので、その理由ははっきりわかりません。しかし、ジェンダー特有の傾向がなにか理由を示唆しているかもしれません。

まず、ネットで自分の気持ち（あるいは、特定の気持ちがないこと）についてざっくばらんに話したり、オンラインのグループに参加したりするのは、女性の方が多いので、男性がアセクシュアルのコミュニティに参加する傾向が自然と低くなっている場合があるでしょう。また、男性は性欲が強いものだと多くの人が信じていることから、性的に惹かれなくてもセックスをしようとする男性が多いことも考えられます。男性の方が、セックスを求める理由や方法について考えない傾向があります。またコミットメントや気持ちの結びつきを避けて性行為だけを追い求めても、男性の場合はそれを恥だと思われることは（女性より）比較的少ないのです。性的に機能するシスジェンダーの男性であれば、勃起したり刺激に反応したりすることで、自分はアセクシュアルではないと思うこともあるでしょう。また性行為そのものを楽しめる場合は、自分はきっと相手に性的魅力を感じているのだろうと思い込むのです。

また男性は、どれだけ女性を口説き落としたかということや、性欲の強さや、寝室でのパフォーマンスなどによって、男らしさを誇るものなので、男らしさを疑われるのを恐れてアセクシュアルであることを認めない場合もあるでしょう。また、特にしたいと思っていなくても、圧力をかけられたり誘われたりすれば、アセクシュアルの男性でも（女性よりは）セックスをすることを厭わないという報

告もあります。男性の間では、興味がなくてもセックスをすることは「別に大したことではない」という考え方が横行しています。もちろん性衝動のあるアセクシュアルの男性もいます。また、男性は性的関係を求めないとパートナーにバカにされたり、外部の人に無能だと思われたりします。

また、ヘテロノーマティブな男性は、積極的に女性を追いかけない男性にホモセクシュアルというラベルを貼ったり、「セックス相手を見つけられない」落伍者だとか「あきらめの早い」やつだとかと見下す人がことがあり、こうした仲間からのプレッシャーや、ホモセクシュアリティを恥だとする一部の考えのせいで、アセクシュアルの男性は（女性よりも）カミングアウトすることが困難なのです。

また、ゲイ、バイセクシュアル、ポリセクシュアル、パンセクシュアルの男性で、同じジェンダーに性的ではなくロマンティックにしか惹かれない人は、内在化した抑圧や恥によって、自分のセクシュアリティを抑えているのではないかと思われることもあります。クィアの男性で、ほかの男性を性的に求めたり性的魅力を感じたりしない人は、「こだわりを乗り越えられない」と嫌がらせをされたり、性的な興味がないことは乗り越えるべきハードルで性的指向などではない、と言われたりします。このように、アセクシュアルのコミュニティに男性が少ない理由は、そもそもアセクシュアルの男性数が少ないことと、自分の性的指向に気づかずカミングアウトしない男性が多いこととが組み合わさっていると考えられます。

10代の男子が、ポルノ雑誌や「誰とやりたいか」というような話についていけなかったり、興奮しなかったりすると、仲間に冷やかされたりいじめられたりするかもしれません。それを軽く流せる人もいますが、いじめのターゲットにされて孤独感を味わう人もいます。一方、女子も同じようにセックスの話を仲間同士でしますが、若いうちはたとえセックスに夢中になれなくてもポジティブに思われることが多く、特にいじめを受けるようなことはありません。全

ての男子がそうだとはいいませんが、こうした男子の世界の文化に多くの人が影響されているのです。

しかし年を取ってくると、ヘテロノーマティブな推測によって、男性も女性もパートナーとの関係を重視すべきだと思われ、パートナーを得られない男性はときに弱くて骨なしだと言われ、「選んでもらえない」女性は惨めで孤独だと思われるのです。デートや結婚やセックスに興味があろうがなかろうが、そうしないことについてこれらの基準によって判断され、自分の気持ちに反してでも社会規範に合った行動をしなくては、というプレッシャーを感じるのです。どちらのジェンダーにとっても、不愉快な期待を最小化するためには、アセクシュアリティについての知識を蓄えることが必要です。

■アセクシュアルと様々な人種

ネット上のアセクシュアルの人で、最も大きな比率を占めるのは白人です。白人以外のグループや白人以外の国では、比較的インターネットを使う比率や社会経済的なステータスが低いことが、その原因の一つとなっています。アセクシュアルのコミュニティは、ネット上で形成され、啓蒙活動や話し合いをすることが圧倒的に多いため、ネットにアクセスできない白人以外の人たちの参加が比較的少なくなっています。しかし白人以外の社会でアセクシュアルであることを認めたりアセクシュアルのコミュニティに参加する妨げになる原因は、ほかにもあります。

白人以外のアセクシュアリティはさらに不可視性が高いのです。それは、西洋社会において、彼らは批判や厳しい観察を受けることがより多く、高い期待を課せられているからです。さらに、多くの西洋社会ですでに「他者」として見られたり扱われたりしているので、カミングアウトすることで、もっと地域社会や家族から拒絶されるのではないかと、恐れることもあるでしょう。

> 「アセクシュアルであることは、私を人種差別から救うことにはならない。人種差別とアセクシュアルへの非難と、ときには同時に両方と戦わなくてはならないんだ。アセクシュアルを『白人の性的指向』だという議論があるけれど、私は、白人至上主義者にも、父権社会にも、同じように受け入れられないんだ」（クイニー、The Asexual Agenda）

　第一は、彼らがアセクシュアルの集まりに参加しようとしても、仲間として受け入れられないかもしれないと感じるという問題があります。白人以外でも、アセクシュアルの指導者や活動家として活躍している人もいます。しかし、主だったニュースやアセクシュアリティのコミュニティの運動で表に立っているのは白人であり、白人の声が最も中心になっているのです。白人が極端に多いアセクシュアルのコミュニティは、白人以外の人にとって居心地が悪く、孤立感も感じるかもしれません。白人社会によって威圧されたり、アセクシュアルの体験を認められない場合は、特にそういえるでしょう。

　ネット上のアセクシュアルのコミュニティに自分の人種を明かさずに参加する人もいます。そうしないと一体感が得られないのではないかとか、アセクシュアリティと人種が交差した問題には、白人のメンバーは関係ないと思うからです。また、階級や人種や宗教といった、「より重要な」問題にもっと重きを置くべきだというプレッシャーを感じたり、アセクシュアリティの問題を取り上げてほしいと考えること自体が恥ずかしいと思うこともあります。

　また西洋社会において、特に若い黒人や、一部のヒスパニック系やラテン系の人たちは、若いころから性欲旺盛だと白人に思われているということも事実です。こうしたグループの女性は性的欲望の対象（そしてアジア人の女性はフェチの対象）と考えられることが多く、一方こうしたグループの男性は、圧倒的に性的だと考えられます。

こうした人種グループの人のアセクシュアリティは、人種の内でも外でも、尊重されることは、まずあり得ません。実際にどう感じたり行動したりしているかにかかわらず、彼らは、白人よりセックス好きで、相手も選ばないし、性欲も強いと、自分の属する社会の中でも外でも考えられているのです。

> 「黒人であることで、白人社会は私を性欲旺盛だと思っています。性的魅力を備えていて誰にでも性的に惹かれ、常に性欲のままに行動しているのだと。でも私がアセクシュアルで、誰にも性的に惹かれないし、独身を通しているのを見て、実は、私が人種のステロタイプと闘っているのじゃないかとか、ステロタイプにはまらないように「本当の性欲を」抑えているに違いないとかと、思う人がいるのです」（フィーシュ）

こうしたグループのアセクシュアルの人たちは、「性的、セクシュアル」だという押し付けられたイメージに抵抗するために、わざとセックスを避けているのだと思われたり、自分の属する人種の規準だと思われている性行動をしないことで、人種のカルチャーそのものを拒絶しているのではないか、などと思われるのです。自分が本質的にどうであるかではなくて、ただの反抗的行為だと見なされてしまうのです。

逆のケースもあります。（ときに東アジアや東南アジアの特に男性、それに中近東の特に女性のように）白人の外部者から見ると、あまり性的でなく潔癖である人種もあります。彼らの文化にはセックスに対する妙な抵抗があるので、本能を抑圧されているのではないかと思われることもあります。こうした人種の人たちにもそれぞれの欲求やニーズがあることは無視され、むしろ白人社会が押し付けた特定の機能通りに行動するように扱われて、彼らのセクシュアリティが尊重されないことがあるのです。

すると、たとえアセクシュアルであるとカミングアウトしても、ものの例えとして言っているだけで、本当に自分が性的魅力を感じられないという意味ではないと、思われることがあります。多数派の白人からは「そりゃあそうだろうよ。きみたちは皆アセクシュアルだよ」、そして同胞たちからは「ぼくたち全員が不感症みたいに思われるから、やめてくれよ」などと非難されます。すると、アセクシュアリティは白人だけのものであって、自分もそうだと言うのは自分の文化を裏切っているのではないかと感じることがあります。

また白人以外の人種の中には、ヘテロノーマティブにこそ価値があるから、それを強要すべきだと言う人たちがいて、それに従わないLGBTQやアセクシュアルの人たちは目障りで、家族やコミュニティに失望と恥をもたらすと思うことがあります。家族というユニットへの忠誠をなによりも重んじる文化では、家族のために犠牲になることを期待し、アセクシュアリティを大目に見ることはありません。ヘテロノーマティブに従わない人を裏切り者として、脅したり、罰したり、避けたりするようになることもあります。こうした状況でのカミングアウトは、家族とコミュニティを失うことにつながり、同じ状況下のアセクシュアルの白人より、もっと不利益を被ることになりかねません。

マイノリティの中でさらにマイノリティになるには、安全、信念、環境の快適さを確保することが重要ですが、西洋社会で迫害を受けたり抑圧されたりしている人々にとっては、難しいことかもしれません。統計が正しければ、マイノリティの人種のアセクシュアリティはとても少ないのですが、それは白人に比べて、もっと可視性がないだけだと思われます。アセクシュアルな白人よりもさらに、冷たい扱いを受ける場合もあるからです。

■ ゲイ／クィアとアセクシュアル

アセクシュアルの人の関係は主にクロスジェンダーではないし、

外部からもそう見られるので、自分たちを LGB の一部だと考える人が多いのです。アセクシュアルの人は自分を「アセクシュアル・ホモロマンティック」とか「アセクシュアル・パンロマンティック」といったフル指向で呼ばないこともあります。アセクシュアルの人が自分はゲイ、バイ、パン、クィアでもある、と言う場合はロマンティックな恋愛関係を指したり、誰にロマンティックに惹かれるかということを指しています。

アセクシュアルの人のほとんどは、倒錯的性行為でもポリアモリーでも、それが合意の上での性的関係であれば、反対することはありません。ネットのアセクシュアルのコミュニティでもこうしたことがよく認められています。ネット上にヘイトスピーチがアップされて、たいていは適切に処置されないということもまだあるのですが、それはひんしゅくをかいます。アセクシュアルの全ての人がクィアの性的指向を支持しているとは限りませんが、アセクシュアルのグループと、性的やロマンティック的なマイノリティのグループとには重なる部分や共感できる点がとても多いので、嫌悪的な態度は通常許されないのです。

同じジェンダーや複数のジェンダーにロマンティックな魅力を感じるアセクシュアルの人は、クィアのコミュニティに属することを好みますが、アセクシュアリティということがほかのクィアの人たちを混乱させたり、怒らせたりすることもあります。セックスを求めないと言ったり、性的魅力を感じなかったり、性的行為をするのを嫌がったりすると、それは内在化したホモフォビアなのではないかと誤解されることもあります。クィアのコミュニティでアセクシュアルの人は、セックスへの抵抗心を「乗り越える」よう強く勧められることもあります。こんなつらい勘違いをされないように、LGBTQ の間でもアセクシュアリティについての啓蒙が進むことを願っています。

■ トランスジェンダーとアセクシュアル

トランスジェンダーとアセクシュアルのコミュニティには多いに重なる部分があり、一般の人たちよりも、お互いの存在についての知識があります。これはネット上でよく勉強していることや、トランスジェンダーでアセクシュアルの人たちの啓蒙活動によるものでしょう。アセクシュアルでトランスジェンダーの場合の因果関係はわかっていませんが、調査やネットの書きこみによれば、アセクシュアルでない人に比べて、アセクシュアルの人の方がトランスジェンダーである確率が高くなっています。

> アセクシュアル・スペクトラムだと自認する3436人に対して2011年9月から10月にネットを通じて行われたリサーチで、「自分をトランスジェンダーだと思いますか?」という問いに、下記のような回答が見られました[37]。
>
> | | |
> |---|---:|
> | はい | 10.2% |
> | いいえ | 80.4% |
> | よくわからない | 9.4% |
>
> ※単一回答

性別移行を始めたり、性別移行し終えるまでは、自分をアセクシュアルだと思っていたという人もわずかにいますが、それは性別違和感のせいかもしれません。しかし、トランスジェンダーでアセクシュアルだった人のほとんどは、性別移行してからもアセクシュアルであり続けると言います。

トランスジェンダーでアセクシュアルの人が、医療的な性別移行を望むと、セックスをしないつもりなのになぜ手術を望むのかと聞かれることがときどきあります。同じトランスジェンダーの人にさえ、そう尋ねられることがあるのです。まったく理性的でないとか、逆説的行為だと非難されているようなものです。しかし、アセクシュアルの人が皆セックスをしないわけではないということは置いておいても、性別移行には性器や性行為以外にも様々な理由がある

のです。たとえ自分の裸を見るのは自分だけだとしても、望み通りの性器を持つことがとても重要だと思う人もいます。全てのトランスジェンダーの人が医療的な性別移行が必要だとは思っていませんが、必要だと思う人でも性交のために移行するとは限らないのです。

トランスジェンダーでアセクシュアルの人は、ネットのアセクシュアルの団体やグループからサポートを受けたり、仲間として受け入れられるでしょう。

■シスジェンダーでない人やノンバイナリーの人とアセクシュアル

ノーマティブでない人やシスジェンダーでない人、ノンバイナリーの人も、アセクシュアリティのコミュニティによく受け入れられています。

アセクシュアル・スペクトラムだと自認する 3436 人に対して 2011 年 9 月から 10 月にネットを通じて行われたリサーチで、「あなたの性自認はなんですか?」という問いに、下記のような回答が見られました[38]。

女性	64.1%
男性	14.1%
ジェンダーニュートラル	12.0%
アンドロジナス	11.4%
ジェンダークィアまたはジェンダーバリエント	11.1%
ジェンダーフルイド	8.0%
わからない・混乱している	7.5%
クエスチョニング	6.6%
性自認がない	6.2%
その他	4.3%

※複数回答

この調査からわかるように、かなり多くのアセクシュアルの人が、ジェンダーニュートラル(ニュートロイス)、アンドロジナス、ジェンダークィア、ジェンダーバリエント、ジェンダーフルイド、わからない、クエスチョニング、ジェンダーがない(アジェンダー)、そのほかのノンバイナリーであると述べています。

アセクシュアルとノンバイナリー・ジェンダーの間の因果関係はわかっていませんが、かなりの割合で重なっているといえます。多くの人にとって、自分のジェンダーと誰に惹かれるかには関連があります。確かに、シスジェンダーではないと自認する人は、誰に性的やロマンティックに惹かれるかが複雑な場合があります。しかし、ノンバイナリーであることとアセクシュアルであることとは、どちらが原因でどちらが結果ということではまったくないのです。

　ジェンダーやセクシュアリティについて自分を見つめ直したり、新しい視点を持ったりすることを奨励するコミュニティは、ノンバイナリーの人の性自認と性的指向の両方を守ってくれます。そのため、より多くの人が安心してノンバイナリーと自認することができるのです。

　ノンバイナリーの人は、アセクシュアルのコミュニティで自分に似た人たちを見つけることができて、サポートを受けたり、ジェンダー表現をしたり、ジェンダーと性的指向の関係について話し合ったりすることができます。ノンバイナリーの人の中には、自分たちをエンビー（ノンバイナリーの頭文字、エヌとビーを合わせたもの）と呼ぶ人もあります。アセクシュアルのオンライン・コミュニティに参加したノンバイナリーのアセクシュアルの人たちは、自分たちのジェンダーについて話し合うトランスヤダスという名前のフォーラムを立ち上げています[39]。

■自閉症スペクトラムとアセクシュアル

　自閉症スペクトラムとアセクシュアルのコミュニティにも共通する部分があります[40]。例えば、自閉症スペクトラムの人の中には、人との関係の築き方や感情的なつながり方が典型的でない人がいて、人に触られるのを嫌うことがとても多いのですが[41]、こうしたことが恋愛関係を作る妨げになっている（少なくとも恋愛をしようとする自信がなくなる）ことに関連しているかもしれません。また、スペク

トラムの反対側にいる人では、自分の健全さを保つために、逆に触られることを非常に好む場合があります。大人同士の関係において、抱きしめられたり触感による刺激を求めたりすることが、性的な誘いだと誤解されることがありますが、こうした状況下では、アセクシュアルで自閉症スペクトラムの人は非常にフラストレーションを感じることがあるでしょう。

アセクシュアリティと自閉症スペクトラムの間に、因果関係や、遺伝的関連が存在するかどうかはわかっていませんが、相関性は確かにあります。しかし、アセクシュアルのほとんどは、自閉症スペクトラムではありませんし、自閉症スペクトラムの多くの人はアセクシュアルではありません。ただ、知られているアセクシュアル・コミュニティの中に、わかっている自閉症スペクトラムの人が、ほかよりも多いということなのです。両コミュニティはどちらも、自己分析や自己を見直すことを奨励しています。そのため、より多くの人がノーマティブでないと認識することがあって、それが、その要因になっているのかもしれません。自閉症スペクトラムでアセクシュアルの人は、仲間に出会えるよいコミュニティを見つけることができるのです。

不幸なことに、自閉症スペクトラムの人をあたかも無性化しようとする傾向が見られるため、アセクシュアリティが自閉症の症状の一部であると言われることもあります。また、自閉症スペクトラムの人が恋愛関係を欲しないのは自閉症がアセクシュアリティの直接の原因であるからだと（逆に恋愛関係を求めると「自閉症のくせに……」と言われたり）いう誤解を受けることもあります。自閉症スペクトラムにも、アセクシュアルな関係の築き方にも、とても多くのタイプがあります。アセクシュアリティと自閉症スペクトラムを必然的に一致させようとするのは、誤解を招くことなのです。

自閉症スペクトラムの人のセクシュアリティが無視されがちなため、アセクシュアルで自閉症スペクトラムの人はカミングアウトを

恥だと思うことがあります。表面に出ることで、自閉症の人は性的でないとかアセクシュアルの人は皆自閉症だとかという誤解を強めてしまうのではないかと考えるからです。でも自閉症スペクトラムは、どの国の人口にも同じような割合で存在しますし、自閉症スペクトラムのもたらすニューロダイバーシティ（神経の多様性）という考え方は、アセクシュアルのコミュニティにとっても有意義な考え方なのです。

　自閉症スペクトラムでアセクシュアルの人の中には、これらの二つのことになんら関連がないと考える人がいます。一方で、関連があると思う人もいますが、それは自分について述べるときにだけいうことが多いようです。自閉症スペクトラムでアセクシュアルの知人がいる人は、こうしたことも知っておきたいものです。

■障害、疾病、精神障害、（軽い）病気とアセクシュアリティの関係

　アセクシュアルの人にも、障害や疾病があることがあり、それは目に見えるものも見えないものもあります[42]。するとさらに複雑な要素が加わるために、もっと頻繁にハラスメントを受けることがあります。アセクシュアリティに批判的な人は、障害や疾病を理由に、アセクシュアルの体験を否定し、当事者にストレスを生じさせます。差別や孤立や苦難を余儀なくされるほかのグループと同様、アセクシュアルの人たちも、うつ状態になったり、薬物を使用したりする率が高くなることがあります[43]。しかし、どの国の人口の一断面にも、（アセクシュアルの人の中に）こうした障害や健康状態や障害や精神障害が見られることはわかっています。アセクシュアリティは健全でベストな健康状態の人だけの性的指向ではないのです。

　社会の中で、アセクシュアルの人たちも、ほかの様々な特徴を持つ人たちと同等のプレッシャーを感じています。そして、性的指向やそれにまつわる体験との関連にかかわりなく、セルフイメージや摂食障害や社交不安などなどの問題で苦しむことがあります。障害

や健康状態が、性欲や性への関心の減退や、セックスへの情熱や機能の低下に関係していることもあるでしょう。しかし、こうした場合であっても、当事者が自分をアセクシュアルであると言えば、その体験をアセクシュアルと呼べない正当な理由などありません。誰しもが、身体の状態に影響されるものです。アセクシュアルというのは理由にかかわらず人に性的に惹かれない人のことを指す言葉なのです。

　障害や健康状態に問題のある人がアセクシュアルだと言うと、「そういう状態だから、そう感じるだけだよ」と言われることがよくあります。まるでアセクシュアルであることが、さほど「現実的でない」かのように、そしてまるで性的指向にはたった一つの「原因」しかないかのように。これはアセクシュアルでない人に向かって「ホルモンがセックスしたいとあなたに考えさせるから、セックスをしたいのですね」と言うのと同じことです。なんとも無意味な品のない極端な単純化ではありませんか。アセクシュアルのコミュニティの中にも障害や健康問題のある人がいることはわかっていますし、アセクシュアルのコミュニティはそれを受け入れているのです。

　アセクシュアルの人と障害のある人は、一つの共通の問題を抱えています。それは外部の人から、人間として劣っているとか、完全でないとか、その状況で「苦しんでいるはずだ」とか、なにかが足りないとかと思われることです。障害とセクシュアリティの欠落を同一視されるのは、どちらにとっても大きな問題ですが、特に障害のあるアセクシュアルの人にとって問題になります。アセクシュアリティを障害の一症状と決めつけられるだけでなく、障害のある人は皆アセクシュアルだという（もしくは、少なくとも障害のある人はセックスを望まないし、性的興奮を感じないし、パートナーを欲しいとも思わないという）見解が強調されてしまうことになりかねないからです。

　アセクシュアリティは障害やそのほかの様々な病気と共存するこ

とができ、一人の人間の一部としてのこうした症状と相互に作用し得るということを、どちらがどちらの原因だとか、同一性があるとかと推測することなく知ることが重要です。障害や病気のあるアセクシュアルの人が、性的指向を公表してもアセクシュアリティだという正当性を疑われるのではないかと心配する必要はないのです。

　また、公表することによって障害や病気のある人は皆性的ではないとか、障害などのせいでアセクシュアルになるのだとかという誤解を受けることを恐れる人もたくさんいます。しかし、よりこうした問題に注目することで誤解を予防できるようになるかもしれません。アセクシュアルの人口は少なくありません。その中には、障害や病気のある人がいても不思議はありません。それなのに、どのように魅力を感じるかという話になると、なぜ障害や病気だけがその人の最も重要な要素だと言われなくてはならないのでしょうか。

　障害や病気（そしてその治療）は、様々な意味でその人の体験や、パートナーの候補となる人に対する気持ちなどと相互作用しています。それは別に悪いことではありません。障害かアセクシュアルか、そのどちらかだけではないのです。ある個人の性的指向をなにかの症状だと決めつける権利など誰にもありません。身体的状況とアセクシュアルであることがある程度結びついていると思うことは構いませんが、逆にまったく性的指向と身体状況は関係ないと主張する人がいても、いいのです。一人ひとりが違っていていいのです。ほとんどのアセクシュアルの人には障害や病気がありませんし、障害や病気のある人のほとんどはアセクシュアルではありません。でも、その二つに重なる部分があったとしても、どちらも尊重されるべきなのです。

■エンターテイメントの中のアセクシュアリティ

　インターネットに詳しいアセクシュアルの人は、オンラインの幅広いサブカルチャーを見つけることができるでしょう。でもネット

に詳しいからといって、アセクシュアルの人が本質的にオタクっぽいとか、社交下手だとか、普通の関係が築けないからネットに走るというわけではありません。

　テレビなどにも、セックスにあまり興味を示さない登場人物や、アセクシュアルだと噂されるキャラクターが登場する番組があって、アセクシュアルのファンを得ています。その例として、The Big Bang Theory、Sherlock、Doctor Who といった番組が、この本の執筆時には挙げられます。たとえそのキャラクターが「本物の」アセクシュアルという役割でなくても、共感を得られるのです。また、フィクションの中で登場人物が自分をアセクシュアルだと自認することもないわけではありません。はっきりとアセクシュアルだとわかるキャラクターが登場するエンターテイメントには、次のようなものがあります。

テレビドラマ：

Sirens（アメリカ, USA ネットワーク局, 2014 年～）

　　　　　　　　　　　　　　　　キャラクター名：Voodoo

Divorce（オランダ、RTL 4 局、2012 年～）

　　　　　　　　　　　　　　　　キャラクター名：Desiree

Huge（アメリカ、ABC ファミリー局、2010 年）

　　　　　　　　　　　　　　　　キャラクター名：Poppy

Godiva's（カナダ、Bravo! 局、2005 年～2006 年）

　　　　　　　　　　　　　　　　キャラクター名：Martin

Shortland Street（ニュージーランド、Television New Zealand 局、1992 年～）　　　　　　　　　キャラクター名：Gerald

小説：

Demonosity（Amanda Ashby, Puffin, 2013）　キャラクター名：Nash
Quicksilver（R. J. Anderson, Carolrhoda Books, 2013）

キャラクター名：Tori
Banner of the Damned（Sherwood Smith, DAW, 2012）
キャラクター名：Emras
Guardian of the Dead（Karen Healey, Little Brown, 2010）
キャラクター名：Kevin
The Oathbound（Mercedes Lackey, DAW, 1988）
キャラクター名：Tarma（魔法をかけられた）
The Bone People（Keri Hulme, Spiral Press, 1984）
キャラクター名：Kerewin

ウェブコミック：

Supernormal Step（Michael Lee Lunsford）　キャラクター名：Fiona
Ignition Zero（Noel Authur Heimpel）
キャラクター名：Orson, Robbie
Shades of A（Tab Kimpton）　キャラクター名：Anwar
Girls With Slingshots（Danielle Corsetto）　キャラクター名：Erin
Rain（Jocelyn Samara DiDomenick）
キャラクター名：Chanel, Arthur

　著名人の中にも、アセクシュアルであるとカミングアウトした人や、一時的にアセクシュアルであることを示唆した人や、セックスに興味がないから独身だと言う人がいます。例えば、コメディアンのJaneane Garofalo、Paula Poundstone、Ben Rosen、小説家のJ.M. Barrie、Keri Hulme、宮沢賢治、アーティストのEdward Gorey、ミュージシャンのBradford Cox、Steven Morrissey、ファッション・デザイナーのTim Gunn、Karl Lagerfeldなど（その後、自分の性的指向表現を変える場合もありますし、彼らの「アセクシュアル」の定義がアセクシュアル・コミュニティの定義と違っている場合もあります）。
　アセクシュアルの代表となる人はとても少ないので、大変貴重で

す。メディアに登場するセックスをしない人や興味のない人は、しばしば、異常者、非人間的な行動をする人、殺人者、宇宙人、架空の人物、ロボット、ひどい心の傷を負った人、などとして描かれます。どれほど奇妙で非人間的かを表す要素として扱われることが多いのです。そして、そうした登場人物は、人間の感情（恋愛やセックスの形を取った）によって「救われ」たり「健全」になったりするといった筋書きです。でも、著名人や主要メディアに登場する人が、誇りを持って、ときにはさりげなく、自分がアセクシュアルであると述べると（アセクシュアルという言葉を、なんの問題もない言葉として使えば、さらによし！）アセクシュアルのコミュニティは多いに沸き立つのです。

しかし残念なことに、アセクシュアリティは、ジョークの対象や、登場人物のつくうそとして表されることがまだほとんどなのです。テレビで人気の医療をテーマにしたドラマ House, M.D. には、アセクシュアルだと自認する夫婦が患者として登場したことがありますが[44]、これは悪い例でした。番組の終わりには、「アセクシュアル」の夫は、脳下垂体の腫瘍のせいで性欲が減退していたと判明し、「アセクシュアル」の妻は、夫が罪の意識を持たないように、うそをついていたことが判明したという具合でしたから。このエピソードの主役医師は、一人でなく二人ものアセクシュアルの原因を突き止めた挙げ句、「セックスをしたくない人は、死んでいるか、死につつあるか、うそをついているかだ」というセリフさえ言いました。このエピソードは、アセクシュアリティがまるで病気か策略かであるかのように、「解決」されて終わりました。以前はサポートしてくれていた友人や家族が、この番組を見たとたんに、アセクシュアルの人に病院で診断を受けるようにと言い出したという困った報告もありました。

それでも、その番組がアセクシュアリティに対する興味を引き出したことは否めません。ウィキペディアのアセクシュアリティの

ページ[45)]は、それまでは一日に4000回ぐらいのクリック数だったのが、番組放送日には5万回以上もクリックされ、また、AVEN〔訳注：Asexual Visibility and Education Network、アセクシュアリティを可視化し啓蒙するためのネットワーク〕では、同時に最多の閲覧者を記録しました（そのほとんどがAVENに登録していない人たちでした）。閲覧者の多くは、自分か、あるいは知っている人がアセクシュアルではないかと思ったのかもしれません。House, M.D.のようなメインストリームのドラマが、一つのエピソードだけの登場人物でも、レギュラーの登場人物であっても、アセクシュアリティにポジティブな光を当ててくれれば、アセクシュアルのコミュニティはもっとよくなるはずです。

■アセクシュアル・コミュニティの中の人々

アセクシュアルの全ての人たちが、こうしたテレビドラマや、アセクシュアル・コミュニティのシンボルに共感しているわけではありません（ほかのアセクシュアルの人が熱心に参加するのを見て、孤立感を持つ人もいるでしょう）。しかし、場所を共有して交流するどんなグループも、なんらかのカルチャーを作り上げるものです。アセクシュアルのコミュニティにも、独特のシンボルやジョークがあります。自分には関係ないと思うアセクシュアルの人も多くいますが、いくつか紹介しましょう。

アセクシュアルの人たちは、からかわれるのは嫌いですが、自分たちの間でジョークを言って面白がることがあります。そんなジョークの一つが、自分たちをアメーバと呼ぶことです。これは生物学的な生殖活動の観点からのジョークですが、アセクシュアルの人は本当に自分を植物か単細胞生物だと思っているのではないかと批判する人もいます。このあざけりを逆手にとって、むしろエンパワメントとして当事者たちがこのばかばかしいジョークを楽しんでいます。しかし、こうした非人間化するような言葉を外部の人が使

うとアセクシュアルの人を苦しめることもあります。アセクシュアルでない人は、こうした言葉を使う前によく考えなければなりません。

特にAVENのサイトでは、「ケーキを一緒に食べる」という言い方がよく使われます。これは、一人のメンバーが「セックスよりいいものって、なんだろう？」と書きこんだのに対して、多くの人が「ケーキを食べることさ！」と答えたことから始まりました。今では、アセクシュアリティの旗やロゴマークやブログ名にもケーキがよく使われるようになりました。

アセクシュアルだけの独特の言い回しもあります。ほかの人たちが、ヘテロセクシュアルをストレート、ホモセクシュアルをゲイ、バイセクシュアルをバイ、ポリセクシュアルをポリー、パンセクシュアルをパン、のように省略して言うように、アセクシュアルの人も省略形を好んで使うことがあります。「エイ」と省略するのでは聞き間違えられそうなので、ASEやACEが使われます（ACEの方が馴染みのある言葉なので好まれます）。また、ここからトランプのカードのエースのイメージが使われるようになりました（ハートのエースはロマンティック・アセクシュアル、スペードのエースはアロマンティック・アセクシュアルに使われることもあります）。グレイセクシュアルやデミセクシュアルの省略としては、グレイやグレイス、デミ、そして両方の場合にはデミグレイスやデミグレイが使われることがよくあります。

アセクシュアルな感じで、物や人が魅力的だと言うときにasexy（アセクシー）と言うことがあります。また、なにか物や人が「セクシー」であると言うときにも冗談として使いますが、その場合アセクシーと言っているアセクシュアルの人は、その物や人に性的に惹かれているわけではありません。

ロマンティック・パートナーのいるアセクシュアルの人は、夫、

妻、パートナー、大切な人、ボーイフレンド、ガールフレンド、といった因習的な呼び方をすることがありますが、アロマンティックな人は別の言葉を使うことがあります。べたぼれ〔訳注：クラッシュ：潰すという英語〕という意味で、スクィッシュ〔訳注：同じく英語で、潰すの意味〕と言ったり、クィア・プラトニックなパートナーのいるアロマンティックの人は、相手のことをズッキーニと呼ぶことがあります（仲間うちのちょっと馬鹿げたジョークとして始まった言い方ですが、多くのアロマンティックの人がこの言葉を知っていて、実際に使っている人もいます）。

性的魅力を説明するのに、通常使われるのがキンゼイ指標というものです。人の性的指向が、指標として示されていて、0が「完全に異性愛」、6が「完全に同性愛」となっています。キンゼイ指標には欠点もありますが、この指標には、完全に指標外の場合のXという値が含まれているので、アセクシュアルの人にとっては適切なものです。Xはまったく性的魅力を感じない人を指します。このため、自分は「Xだ」と言ったり、「0から6のうちのXだ」と言ったりすることもあるのです。

アセクシュアルのコミュニティには独自の旗もあって、いくつかのアセクシュアルのグループの投票によって決まりました。アセクシュアリティ会長のような人はいません。この旗は広く受け入れら

キンゼイ指標（異性愛—同性愛指標）[46)]

指標	意　　味
0	完全に異性愛
1	大部分は異性愛で同性愛は偶発的
2	大部分は異性愛だが、偶発的以上の同性愛経験がある
3	異性愛と同性愛が同程度
4	大部分は同性愛だが、偶発的以上の異性愛経験がある
5	大部分は同性愛で異性愛は偶発的
6	完全に同性愛
X	ノンセクシュアル

れていますが、中にはこの旗が好きではないし、自分を表すために使うこともない、と言う人もいます。旗は長方形で、同じ幅の4本の横向きのストライプで成っています。一番上の黒いストライプはアセクシュアリティを表し、その下のグレイのストライプはグレイの部分（デミセクシュアリティ、グレイセクシュアリティ）を表し、その下の白いストライプはアセクシュアルのアライたちを示し、一番下のむらさき色のストライプはコミュニティの象徴です。

　自分の性的指向を外へ向かって発信しようというアセクシュアルの人の中に、右手の中指に黒い指輪をする人もいますが、まだあまり浸透していないので、ほかのアセクシュアルの人も気づきませんし、相手の出すシグナルを求めている人にも通じるサインとはいえません。それでも、自分の性的指向を忘れないためや、面白いと思って、指輪をする人もいます。アセクシュアルの可視化運動に参加している人が黒い指輪をしていることは、わりとよくあることです。

　アセクシュアル啓発週間というのもあって、だいたい10月中旬に行われてきましたが、この本の執筆時には、まだはっきりした日取りは決められていません。www.asexualawarenessweek.com でイベントや日取りをチェックするのがよいでしょう。啓発週間には、アセクシュアル・フレンドリーなメッセージの書かれたTシャツを着たり、啓発の資料を作ってシェアしたり、イベントを計画したりして、参加する人も大勢います。大学のGSA（ゲイ・ストレート同盟）やLGBTQクラブもアセクシュアルの人たちを受け入れて、アセクシュアルのゲストによるパネルディスカッション、ドキュメンタリー鑑賞会、啓発プレゼンテーションなどを開いています。主要メディアがアセクシュアル啓発週間をニュースに取り上げることも

あって、アセクシュアリティへの理解は常に高まっています。

　アセクシュアルの人はしばしば、ロマンティックな魅力と性的魅力をはっきり分けて考えるので（ほとんどのアセクシュアルでない人にとってはこの二つは相伴うものですが）非常に複雑な用語が使われることがあります。自分のことを「デミセクシュアルでホモロマンティック」や「アセクシュアル・デミロマンティックで、ポリ・クィアプラトニックの関係を結んでいる」などと言う人はよくいて、そういう人に出会うと、なぜそれほど細かく、自分のことや人との関係を分析しなくてはならないのだろう、と不思議に思うかもしれません。

　しかし、アセクシュアルの人は従来の性的でロマンティックな魅力を体験することがありません。そこでどんな関係を築けばよいかを考えるとき、全てを解明して自分に当てはまるものだけをキープするという方法をとる必要があるのです。そしてこの作業には、一見、行き過ぎだとか、ばかばかしいとかと思えるほど具体的な用語が必要になってきます。でも実際に自分の気持ちがわからなくなるほど感情を分析しすぎることはありませんし、ほかの人を混乱させようとしてそうしているわけでもありませんから心配ご無用です。親密さや魅力という要素のうちの、どの一部を、どのように体験しているかを説明したり、理解したりする方法を編み出さなくてはならないのです。ほかのタイプの関係においては、いわばシナリオやサインがすでに決まっているので、自分がどんな魅力を感じたり、どんな体験をしているのかを説明しなくても、誰にでもだいたい理解してもらえます。しかし、ほとんどのアセクシュアルの人、特にアロマンティックな関係にある人には、そうしたショートカットがないのです。

　アセクシュアルの人たちが集うネットのサイトは、本書執筆時には、AVEN（豊富な記事とディスカッション）、LiveJournalのアセクシュアル・コミュニティ（ブログ形式のテーマごとのディスカッションとコメ

ント)、Tumblr のアセクシュアリティについての様々なブログ（画像豊富。何人ぐらい、誰がブログをシェアしているか、誰がなにを言っているかが容易にトラッキングできます）、そして Facebook にもアセクシュアリティのテーマのグループがいくつもあります。こうした情報についてはパート6で詳しく述べます。

■アセクシュアルでない人たち

アセクシュアルの人は、性的魅力を感じる人たちを指して、「セクシュアル」とか「セクシュアルな人」と呼ぶことがあります。しかしこの呼称は、性的魅力を感じる人をセックス好きで性的に惹かれるという事実によって仕分け、辱めて（それだけが問題ではありませんが）いるとして、物議をかもすことがあります。多くの人（特に、実際はどうであれ性欲が強いと思われる白人以外の人たち）が「セクシュアル」と呼ばれることを不快で、物騒だとすら感じるからです。多数派の人について話すとき、なんらかの名称が必要ですが、どんな呼称にも問題があるようです。

「ノンアセクシュアル」という言葉では、デミセクシュアルとグレイセクシュアルが除外されてしまいます。「ノーマティブリー・セクシュアル」では、ヘテロセクシュアルでシスジェンダーの関係以外の全てのセックスを除外することになります。「ノーマルな人たち」では、そうでない人が皆正常でないように聞こえて問題です。「性的魅力を感じる人たち」では、やぼったすぎます。

それ以外にも、「アロセクシュアル」（アロは「別の」という意味の接頭語）、「コンセクシュアル」「モノセクシュアル」「アリセクシュアル」「＊セクシュアル」、「ゼットセクシュアル」（アセクシュアルの頭文字Aと対極にあるアルファベットのZ）という言い方までもが考えられましたが、まだどれも一般に受け入れられるまでには至っていません（アロセクシュアルが、最も広く使われていますが、All というスペリングのせいで、全ての人に性的に魅力を感じるという意味に取り違えられることが

あるので、使われなくなるかもしれません)。トランスジェンダーの人が、自分たちとは違う人の呼び名としてシスジェンダーという言葉を作ったように、よい呼称が見つかるまでは、まださんざんもめることでしょう。

■ **アセクシュアリティの体験**

アセクシュアリティは多様で、様々なグループがありますが、共通した部分もたくさんあります。あまりにも多様なため、アセクシュアルと自認したばかりの人は自分が果たして参加できるのかと戸惑ったり、いったいどこに属したらよいのかわからないという場合もあります。もしあなたがアセクシュアルであると思ったり、アセクシュアルかもしれないと感じたりしたら、パート4を参考にしてください。疑問への答えや、アセクシュアルのラベルが自分に合っているかどうか、また、このセクシュアルな世界をどのように渡っていけばよいかなどについて書かれています。もしあなたが、アセクシュアルではないけれど、自分の周囲のアセクシュアルの人についてより理解したいと思ったら、パート5が役に立つでしょう。

注

1)「ロマンティック指向の範囲は、セクシュアリティの座標軸としては比較的ユニークなものといえますが、この調査におけるアセクシュアルの人は、自分のセクシュアル・アイデンティティをパートナー(たち)のジェンダーとの関連で説明しています。(略) アロマンティックでアセクシュアルと自認した11人のうち、相手のジェンダーが重要だと答えた人は1人もいませんでした。一方、ロマンティックと答えた22人のうちの1人以外は、自分のセクシュアル・アイデンティティにとってパートナー(たち)のジェンダーが重要であると答えています」(Scherrer K., 2008)
2) コミュニティ・センサス (Asexual Awareness Week, 2011)
3)「シュレーディンガーのネコ」は、アーウィン・シュレーディンガーが行っ

うにした場合、量子力学的にはネコが生きている状態とネコが死んでいる状態が重ね合った状態にあると決定できてしまうとした。

4)「アセクシュアルの人はパートナーへの性欲が顕著に低く、性衝動も性的興奮も低いと報告しているが、性的な抑制のスコアや自慰をしたいという欲求においては、アセクシュアルではない人と、一定した違いは見られなかった」(Prause & Graham, 2007)

5) 子どもの自慰は性器を刺激することで、生後2か月ぐらいから始まることが多いが、子宮内での自慰行為も報告されている。この行為の発生は通常4歳でピークに達し、思春期で再びピークとなる」(Yang, Fullwood, Goldstein & Mink, 2005)

6)「(アセクシュアル)の男性の自慰の頻度は、セクシュアルな男性について得られるデータと類似していた」(Brotto, Knudson, Inskip, Rhodes & Erskine, 2010)

7)「アセクシュアルは性的でない目的を果たすために、性欲を感じることなしに、性的な行為をしてもよいと思うことがある」(Prause & Graham, 2007)

8) コミュニティ・センサス (Asexual Awareness Week, 2011)

9) Asexual & Kinky (FetLife: fetlife.com/groups/7247)

10) Ace BDSM サポートグループ (FetLife: fetlife.com/groups/41247)

11) Ace Fet: www.acefet.org/

12) コミュニティ・センサス (Asexual Awareness Week, 2011)

13)「セクシュアルな人のニーズを満たせない人は、そもそもセクシュアルな人と付き合ってはいけないと私は思う。少なくとも、アセクシュアルであることを告げておくべきだ」(アセクシュアルの人との恋愛についての Dan Savage のコメント、Savage, 2009)

14)「アセクシュアルと自認する人たちの中には、現在の、あるいは理想的な関係の状態が、ポリアモラスな関係の定義と合致していると言う人がいる」(Scherrer K.S., 2009)

15) ヘテロノーマティブとは、ヘテロセクシュアル、シスジェンダー自認、ならびに典型的なジェンダーロールを受け入れて、そうすべきと規定するような個人のライフスタイルのノームを指す。

16) Asexual Sexologist は性教育で使えるアセクシュアリティに関する資料を提供している。(Asexual Sexologist, 2012)

17) アリソン・ホープはハフィントンポスト新聞の記事「アセクシュアリティはクィアに含まれるか?」で、アセクシュアリティがクィアかどうかを検証している。記事に寄せられたコメントには、アセクシュアルの人はクィアに

含まれるという意見があった一方で、アセクシュアルの人は差別を受けないからLGBTの団体のサポートを受ける資格はないという意見もあった。(Hope, 2012)

18)「ホモセクシュアル、バイセクシュアル、アセクシュアルへの態度は、ヘテロセクシュアルへの態度と比べると、より否定的であり、これは性的マイノリティへの偏見を表している。性的マイノリティの中では、ホモセクシュアルが最も前向きに評価されており、それにバイセクシュアルが続く。アセクシュアルの人は全てのグループの中で最もネガティブに評価されている。(略)性的マイノリティへの偏見は明白で、回答者はホモセクシュアル、バイセクシュアル、アセクシュアルよりも、ヘテロセクシュアルへ部屋を貸したり雇い入れたりすることを好んでいた」(MacInnis & Hodson, 2012)

19)ポリセクシュアルとは、複数の性やジェンダーの人に性的に惹かれる人のことを指すが、全ての性とジェンダーに惹かれるのではない。また複数の人たちと性的関係や恋愛関係を持つのとも違う。

20)パンセクシュアルとは全ての性とジェンダーの人に性的に惹かれる人を指す。

21)トランスセクシュアルという言葉を好む人もいるが、通常は侮辱的で無礼だと考えられている。不確かなときにはトランスジェンダーと言う方がよいが、自分をトランスセクシュアルだと言う人がいれば、それでもよい。

22)コミュニティ・センサス(Asexual Awareness Week, 2011)

23)「例えば一部のアメリカの州では、性交による結婚の完了がないことは、結婚を無効とする根拠になるというところもある。性交による結婚の完了がないことが結婚を無効とするのではなくて、無効とし得るということだ。例外はサウスカロライナ州で、性交による結婚の完了がないことで結婚を無効とすることができるが、同居していればそれが十分な証明となる。さらに言えば、性交による結婚の完了によって、無効とする試みから結婚を守ることができる。結婚の偽装は通常結婚を無効にする根拠にはならないが、『子孫を作らないために性交による結婚の完了や性交をしない』ことを意図している偽装は、(無効とする)根拠とすることができる。驚くことに、多くの州では男性の性交不能は、婚姻の無効宣言の根拠となるが、不妊を(偽ったり隠したりした場合は別だが)婚姻の無効宣言の単独の根拠としている州は皆無だということである。これはセックスそれ自体が、生殖よりも結婚にとって意味があるということを示している」(Emens, 2014)

24)「社会事業所で、アセクシュアルのカップルに、それはそれはひどいことが何度か起きている。アセクシュアルのカップルが子どもを養子にしたいと申

し込みをしようとしたところ、『なぜ自分たちで子どもを作らないのか』と聞かれて、『私たちはアセクシュアルなのです』と答えたら、『それはノーマルではない。アセクシュアルなら結婚に相応しくない』と言われたというのだ」(Cormier-Otaño, 2011)

25) あるブログに、職場での露骨な性的な会話についていけず孤立したため会社をクビになった体験が出ていた。アセクシュアルのラシエルは「私がアセクシュアルでなければクビになっていなかったと思います。アセクシュアリティであることが原因だったと思います」と述べている。

26)「性的マイノリティへの偏見は明白で、回答者はホモセクシュアル、バイセクシュアル、アセクシュアルよりも、ヘテロセクシュアルへ部屋を貸したり雇い入れたりすることを好んでいた」(MacInnes & Hodson, 2012)

27) HSDD 性的欲求低下障害:「A:性的空想と性的活動に対する欲求の持続的または、反復的不足(または欠如)。不足または欠如の判断は、臨床家が、年齢及び、その個人の生活の状況など性機能に影響する要因を考慮して行う。

B:その障害によって著しい苦痛が生じ、または対人関係が困難になっている。C:その性機能不全が(その他の性機能障害を除く)第Ⅰ軸の障害によってより的確に説明されるものでなく、物質(例えば薬物乱用や医薬品)などによる医療的な直接の作用でなく、他の医学的疾患の作用によるものではないこと」(米国精神医学会、2000)

28)「欠如、または顕著に不足した性的興味/衝動」(米国精神医学会、2013)

29)「性的/エロティックな考えや空想と性的活動に対する欲求の持続的または、反復的不足(または欠如)」(米国精神医学会、2013)

30) 女性の性的関心・興奮障害 (米国精神医学会、2013)

31) 男性の HSDD 性的欲求低下障害 (米国精神医学会、2013)

32)「現在のセックスのきまりでは、親密さを欠いた性的関係と、性的要素を欠いた親密な関係のどちらも、価値が低いとされている」(Rosenbury & Rothman, 2010)

33) この概念は McIntosh の "White Privilege: Unpacking the Invisible Knapsack" で検証されている。(McIntosh, 1989)

34)「大学と地域社会両方で取ったサンプルにおいて、アセクシュアルに対する著しく強い偏見が明らかになった。ヘテロセクシュアル、そしてホモセクシュアルとバイセクシュアルとさえ比べて、ヘテロセクシュアルの人は、(a) アセクシュアルに対してよりネガティブな気持ち(例:差別感情)を持ち、(b) アセクシュアルの人とのコンタクトを望まず、(c) アパートを貸したり、雇ったりすることを好まない(すなわち差別している)ことがわかっ

た」(MacInnis & Hodson, 2012)
35)「アセクシュアルは、他のどの性的指向グループより、人間特有の特性が著しく低いレベルにあることに起因していた」(MacInnis & Hodson, 2012)
36) 2011年9月から10月にかけてインターネットで行われたある調査によれば、64％が女性だと自認し、14％しか男性だと自認しなかった(残りは「その他」または、なんらかのノンバイナリーだと答えた)。(Asexual Awareness Week, 2011)
37) コミュニティ・センサス (Asexual Awareness Week, 2011)
38) コミュニティ・センサス (Asexual Awareness Week, 2011)
39) Transyada フォーラム：transyada.net/forum/
40)「アセクシュアリティの確率は自閉症スペクトラム診断を受けた人で、より高くなっていた」(Gilmour & Schalomon, 2012)
41)「定型発達児と自閉症スペクトラムの児童を比べた研究によれば、22.1％の自閉症の子どもが『触られることに感情的あるいは攻撃的な反応を見せた』のに対し、定型発達児ではわずか5％であった」(Tomchek & Dunn, 2007)
42)「目に見える」障害や疾病は、目に見える症状があったり、器具を必要とするものであったりするが、「目に見えない」障害や疾病は、自ら発表しなければ明白ではない。それらには、慢性疼痛、精神障害、感情障害、感覚障害や感覚処理障害、医薬品や食事療法や活動の制限によって制御されている医療的疾患、ガンなどの長期的な治療の必要な病気などがある。
43)「ゲイ男性とレズビアン女性のメンタルヘルスについての大規模な調査で、これらの性的マイノリティでは、メンタルヘルスの問題（例：うつ、薬物などの乱用）のある率がヘテロセクシュアルの人より高くなっているというエビデンスが見つかった。（略） アセクシュアルの人も、他の性的マイノリティと同じように、ヘテロセクシュアルのノームに従うべきというプレッシャーを感じているのであれば、メンタルヘルスの問題のある確率も高くなっている可能性があるだろう」(Yule, Brotto & Gorzalka, 2013)
44)"Better Half" テレビ番組 House, M.D. 2012年1月23日放映
45) en.wikipedia.org/wiki/Asexuality (Asexuality, 2002)
46)(Kinsey, 1948)

パート3

アセクシュアリティについての
多くのうそ

どんなうそがあるの？

様々な社会運動や性自認や性体験などが受ける批判を、ビンゴカードの上に書き出してみるポピュラーな方法があります。誤解を受けやすいグループが、いつも同じ批判を繰り返し耳にしていることがよくわかる方法です。アセクシュアリティについての誤解や不適切なコメントを書き入れたビンゴカードを見てみましょう。

あなたセクシーなのにとても残念だわ	試しても嫌いだったなら、それはやり方が間違ってたんだよ	ひどい恋愛をしたんだね	「禁欲」の間違いじゃないのか？	オルガズムを感じたことがないんだね
小さいときに性的虐待を受けたんじゃないの？	セックスを拒絶するなら、セラピーが必要だよ	一時的なものさ。そのうち変わるよ	セクシーな芸能人に誘惑されたらセックスが好きになるよ	誰でもセックスが必要よ。自分の欲望を抑えているだけなんじゃない？
処女を守ってるなんて、すばらしいよ	本当はゲイなのを隠しているんじゃない？	ホルモンを調べてみたら？	きみはソシオパス〔訳注：社会病質者〕かオタクにちがいない	こんなにいいことをしないなんて！
ぴったりの人にまだ会っていないだけさ	アセクシュアリティは醜い人の言い訳さ	本当の愛ならセックスをしたいはずさ	シャイか怖がりなだけさ。それを理由にしてるのさ	みんなより自分がもっと「純粋」だと言いたいわけ？
性体験がなければアセクシュアルかどうかわからないはずだよ	自慰をするならアセクシュアルのはずないじゃないか	でも人類は生殖活動をするためにいるんだよ！	ぼくにチャンスをくれれば治してあげるよ！	それを治す薬があるさ

その「アセクシュアリティ」の使い方
違ってませんか？

「え、それじゃ、自分だけで生殖できるってこと!?」

アセクシュアリティの知識がある人にとって、本当にこんなことを言う人がいるなんて驚きです。アセクシュアルの人を「アメーバ」や「植物」だとからかったり、アセクシュアリティが馬鹿げていると批判する人も確かにいます。「ばかみたい！ 無性生殖できるとでもいうの!?」とアセクシュアルの人を揶揄するのです。

アセクシュアルという言葉は生殖の方法の説明ではありません。性的指向を表す言葉なのです。それなのに、批判的な人はこんなことを言うのです。「そんな考えを受け入れることはできないよ。だって、アセクシュアル・リプロダクション＝無性生殖というのは、れっきとした科学用語じゃないか。それを、きみたちがいい加減な使い方をして、みんなを混乱させて認めさせようとしてるんだ！」

しかし言葉の意味は常に文脈によって変わります。科学でもそうです。例えば科学的な文脈でセオリー（理論）というときと、殺人ミステリーでセオリー（仮説、直観）というときとでは、意味が違うのです。セオリーという言葉は、科学者が科学理論についていうとき以外は、誰も使ってはいけないなんて、そんなこと、あり得ませんよね。アセクシュアリティという言葉は性的指向を指す言葉としても使うことができるのです。本当にそれを誤解する人などいないはずです。アセクシュアルだと聞いても、まさか、その人がクローンで自己再生をしようとしているなんて、誰も思わないでしょう。

「じゃあ、どうして禁欲者とか独身主義とかと言わないの？」と聞く人もいるでしょう。多くのアセクシュアルの人はセックスに興味がないので、確かに禁欲しているともいえます。でも、禁欲は行為ですが、アセクシュアリティは性的指向なのです。ゲイの男性が女性とセックスをすることができても、まだゲイなのと同じように、

性行為と性的体験についてのリサーチ

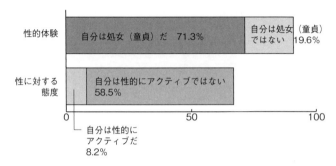

アセクシュアル・スペクトラムだと自認する人に対して 2011 年 9 月から 10 月にネットを通じて行われたリサーチ[1]
注：ネットによるリサーチなので、若い人寄りの結果になっています。年上のアセクシュアルの人たちは、概してもっと性的体験をしていることが多いようです。

アセクシュアルの人はセックスをしたとしても、セックスの相手にも誰にも性的に惹かれることはありません。アセクシュアルの人の中には、過去や現在も性的行為をする人もいるのです。

性的指向に関係なく、誰でも禁欲を選ぶことはできます。指向と行為には明確な違いがあります。それでもなおかつ、「アセクシュアリティという言葉の使い方を間違ってるぞ」と批判して、アセクシュアリティを認めようとしない人がいるのです。これは見当違いです。**アセクシュアリティについて混乱する人がいても、それは言葉自体が招いた混乱ではないでしょう。**

言葉は文脈によって解釈されることの例をもう一つ挙げましょう。レッドという言葉は、赤色（色）、赤身（肉）、赤（ワイン）を指したり、クレヨンのような赤色でなくてもレッドヘッド（赤毛）と呼んだり、海水にプランクトンが発生するのを赤潮と言ったり、アメリカの州をレッドステート（共和党優勢の州）だと言ったりするときにも使われます。「赤という言葉はレッドワインにしか使えない言葉だから」、赤毛の人にレッドヘッド（赤毛）と自称してはいけないなどと言う人はいないでしょう。それに、赤潮や赤身の肉と混同しな

いように、共和党優勢の州をレッドステートと呼ぶべきではない、と言う人もいません。言葉の意味は文脈によって 100％明白です。「混乱する」ことはないのです。

　例えば、「あの人ホットね！」と言っても、のどが渇いているから冷たいものをあげなくてはとは誰も思わないでしょう。生理のことをピリオドと言いますが、それを文の最後に打つピリオドと間違える人もいません。このように、アセクシュアルの人が本当にアセクシュアル・リプルダクション（無性生殖）によって増えていくなどと、思うはずがないのです。ですから、アセクシュアルという言葉の使い方が間違っているという論争にはまるで意味がありません。

　アセクシュアルなんて、でっちあげられた性的指向だし、「新しい」言葉だから、正式で適切な名称として認められないという人もいます。「本当の」性的指向を見つけるまでの「つなぎ」の言葉だと言われることもあります。**このように様々な方法で否定されることがありますが、その中でも最も浅はかなのは、アセクシュアルの人が自らを説明する言葉を使うことを認めないというものです。**アセクシュアリティという性的指向がフェイクだとか、無意味だとか、不条理だと言うために、言葉そのものを揶揄するのは根拠の薄いやり方ですが、それによってアセクシュアリティを馬鹿げた愚かなものだと思わせて対話を封じる効果はあります。自分の性的指向の呼び方や説明の仕方は、アセクシュアルの当事者に決める権限があります。アセクシュアルを支えようとするアライには、言葉尻をとらえるのではなく、アセクシュアルの人たちの使う言葉を覚えてほしいと思います。

ほかのジェンダーを嫌ったり怖がったりしているの？

　アセクシュアルの人が性的関係を避けるのは、ほかのジェンダー

に対してネガティブな感情を持っているからだと非難されることがあります（LGBTQの人も同じような非難を受けます）。アセクシュアルの人は、自分の体験を言っているだけです。ほかのジェンダーをどう思うかは関係のないことだということを理解せず、ほかのジェンダーに対する嫌悪や、以前ひどい経験をして不安になったことが原因で、アセクシュアルになるのだと主張しているのです。

レズビアンの女性が女性に惹かれるのは、男性に反発しているからではないように、**アセクシュアルの人が性的魅力を感じないのは、ほかのジェンダーに対する嫌悪ではないのです**。ゲイの男性が女性を恐れて男性に惹かれるようになったのではないのと同じように、アセクシュアルの人は、親密になることを恐れたりそういう関係を避けたりして、人に性的魅力を感じられなくなったのではありません。もしアセクシュアルの人が特定のジェンダーに対してネガティブなことを言い続けるようなら、そこにはなにか心理的か病理的な問題があるかもしれません。しかし特に根拠がない限り、すぐにその結論に結びつけるべきではないでしょう。ほかのジェンダーに対する嫌悪を口にしたからといって、自動的にそれがその人が魅力を感じない原因だということを意味するわけでもありません。

繰り返しセックスに誘う人や、アセクシュアルをやめさせようとしたり、セックスをしないなんて人生を棒に振るようなものだと言ったり、わざと性的なことを言って怒らせようとしたりする人に対して腹を立てるアセクシュアルの人もいます。そんなときに、アセクシュアルの人がいつも大人しい対応をするとは限りませんから、怒りの相手が特定のジェンダーだと、あたかもそのジェンダー全体を嫌悪しているかのように誤解されることがあります。確かに、とてつもなくひどいハラスメントを受けると、怒りの矛先が誤った憎悪や疑惑へ向くことがないとはいえません。通常そのようなことはありませんが、もしそういう事態になったとしても、（ほかのジェンダーを嫌悪することは）不快な誘惑によって引き起こされた副作用の

ようなもので、嫌悪そのものがアセクシュアリティの原因ではありません。

> 「よくない恋愛関係を続けていたのは、自分がアセクシュアルでアロマンティックだと知らなかったからではないの。でも、もしわかっていたら、もし自分がなんなのか気づいていたら、そして、あんな思いをしたのは女性蔑視のせいではなくて私がアセクシュアリティだったからだとわかっていたら、もっと違った決断をしていたかもしれないわ」（エイダン・セルビー、The Asexual Agenda より）

特にアセクシュアルの女性は、特定のジェンダーへの嫌悪を示すために性行為を拒んでいるのだと言う人もいますが、これはなんともひどい女性蔑視的な考え方です。**魅力を感じないから性行為をしないと言うことは、その相手を嫌悪することにも、相手を恐れることにもつながりません。**アセクシュアルの人の中には、誰かにセックスを求められたら、別に気にせずに無頓着に応じればいいんだと言う人もいます。しかし、どんな性行為をすべきかを他者に（アセクシュアルであってもなくても）強いるべきではありません。

アセクシュアルの人がセックスをしたくないと言うのは、相手やセックスを恐れていることを自動的に示しているのではありません。性行為やセックスを求めてくる人を恐れている場合も一部にはありますが、そういう場合に性的指向を変えてやろうとして、ハラスメントや誘惑を繰り返したり、甘い言葉でつろうとしたりしても、うまくいくはずがありません。セックスに対する気持ちの中に恐怖心があったとしても、それは他者には関係のないことです。不快なことや怖いことを避けるのは少しもおかしなことではありませんし、アセクシュアルの人に「乗り越えさせよう」としつこくプレッシャーをかけるのは、「目を覚まさせる愛のむち」などではありま

せん。いかなる人も、アセクシュアルの人のためという名目で、性行為を無理にさせようとするべきではないのです。

　性的な活動をしない人には助けが必要だ（後々「コーチ」に感謝するようになるはずだ）という誤解がよくありますが、こうしたことは個人が決めることです。どんな理由であれ性交をしたがらない人が、その話も聞かずに、ただ変えてやろうとしつこく誘う人に感謝などするはずはありません。相手に性行為を繰り返し強要する人は、アセクシュアルの人の信頼を失い避けられるようになるだけです。

デートに失敗したからアセクシュアルになったの？

> 「フレンドリーで魅力的な女性が、明らかに、ぼくのことを欲しているようでした。そんなふうに誰かに興味を示されたのは、初めてでした。彼女は何か月も、ぼくを求めていましたが、ぼくはなにもしたくありませんでした。ぼくはただそこに座っていただけでした。これはおかしい、なぜぼくは彼女を欲しないのだろう？　どうしてなんにも感じないのだろう？　なにも感じないのはなぜだろう？　ぼくはどこかおかしいのだろうか？」（トム、Asexuality Archiveより）

　その答えはNO。デートに失敗したからアセクシュアルになったのではありません。アセクシュアルの人も多分これまでにデートをした経験があるでしょう。積極的にデートをする人も、（望めば）恋愛関係を続けている人もいるでしょう。アセクシュアルの人も、似通った特徴の人と同じぐらい、人に好かれることがあるのです。あとで不要な誘惑をされるのを恐れて人との接触を避けている場合は別ですが（さらにいうと、アセクシュアルの人のほとんどは、社交を避けて

いるわけではありません)。でも、人に恋愛感情や性的興味を持たれると、どう応じたらよいのか戸惑って、とても困惑することがあります。どうして恋愛には性的なことが期待されるのかがよくわからないのです。しかしだからといって、アセクシュアルの人はデートに必ず失敗するということではありません。

　アセクシュアリティを認めない人はよく、「(アセクシュアルなのは)誰にも相手にされないからだよ」と言いますが、これは(自分の)失敗を使って決めつける考え方です。ほとんどの人は性的な関係を欲します。そのため、自分に性的魅力がなかったり、性的な関係を築けなかったらどんな気持ちになるだろうと想像し、アセクシュアルの人は絶望的で失望しているに違いないと考えるのです。こういう人は、「独身」と「募集中」が同じ意味ではないということが理解できず、性行為のない幸福なんて信じられないと思っているのでしょう。恋愛をしたり配偶者を持ったりしたくないという気持ちがわからないのです。ですから、アセクシュアルの人(特にデートをしようとしない人)についてや、その人たちが幸福であるという考えが理解できないのです。アセクシュアリティというのは「適当な相手を見つけられなくて困っている人の便利な言い訳だ」と言う方がずっとわかりやすいと思っているのです。

　「生涯を通じてひどく拒絶され続けた人」がアセクシュアルではありません。さらにいえば、「人はアセクシュアルになるのではない」のです。**嫌な体験のせいで、人に性的魅力を感じられなくなったり、パートナーを探すのを「あきらめたり」するようになるのではありません。**デートに関することでフラストレーションを感じる人は大勢いますし、デートをするアセクシュアルの人もその例外ではありません。しかし、デートをするのをあきらめるのと、アセクシュアルなのは、別のことなのです。

　内向的でシャイで社交下手、どこか変、自尊感情が低い、世界に腹を立てている……アセクシュアルの人は、いつもこんなふうに蔑

まれています。しかし先に述べたように、こうしたことはどれもアセクシュアリティの「説明」にはなっていないのです。アセクシュアルの人でなくても、こうした特徴がある場合がありますが、それをヘテロセクシュアルの定義として用いることはありません。アセクシュアリティでも同じです。アセクシュアルの人の理解者なら、このように人間関係の問題に複雑に関わる個人の特質を引き合いに出して、それが性的指向を作っているのなどと言うことはありません。

容姿が悪いからアセクシュアルになるの？

　これも誤りです。自分がいわゆる魅力的なタイプでないから、人に対して性的魅力を感じなくなるのではありません。アセクシュアルの性的指向はパートナーのいるいないには関係ありません。自分自身の傾向なのです。

　容姿について人にどう思われているかは、性的魅力を感じるかどうかには関係ありません。「容姿が悪い」からといって、性欲や性的興味がなくなるわけではありません。アセクシュアリティを認めない人が「どっちみちきみと寝たいとは思わないよ」などと言うことがよくあります。それではまるで、セックスをするのに相応しい相手かどうかのチョイスが、人の「醜さ」を決めるカギになると言わんばかりです。美というのは大変主観的なものですし、セックスができないほど醜いなどと判定する人は、美を客観的なものだととらえているのです。

　太っているアセクシュアルの人もこういうコメントをされることがあります。太った人でパートナーのいる人もたくさんいるのに、残念なことに「太っている」という言葉は、しばしば「好ましくない」とか「醜い」と同義語のように使われることがあります。また、太っている人は（性的指向に関係なく）性的ではないような扱いを受

け、デートやセックスの相手になる資格がないと非道なことを言われたり、ひどい態度を取られることがあります。アセクシュアルで太っている人は、相手になってくれる人がいないからアセクシュアルなのだとか、不健康だから当然だとかと言われ、セックスを求めるには痩せないとならない、などと言われるのです。**もちろん、太っていることと不健康であることは同義語ではありませんし、相手がいないとか、性欲がないということでもないのです。**太っているからアセクシュアルだという憶測がこれほど多いのは残念なことです。

 同じように、アセクシュアルであることと容姿が端麗でないことの因果関係はありません。アセクシュアルの人は比較的、美を追い求めない傾向にあるかもしれませんが、一般的にいって、美的でないことはありません。ほかのほとんどのグループと同様に、アセクシュアルのコミュニティの中でも、容姿に関しては大きな幅があるのです。もちろん少しは、とても容姿端麗とはいえない人もいるでしょうし、素晴らしく美しい人もいるでしょう。多くはその中間です。美のスペクトラムのノーマルな分布には、一般的に見て美しくない人が当然含まれているはずですから。

 アセクシュアルではなくて平均より容姿が悪いグループの人は、セックスや恋愛関係の機会をはく奪されることはありません。「外見がよくない」から皆、相手を見つけたり結婚できないというのではないのです。容姿だけが結婚の資格を決めるのではありません。それに、どんな性的指向の人でも、相手がなかなか見つからなくてイライラすることはあるでしょう。アセクシュアルの人は、容姿のせいで（それがどんなものであっても）アセクシュアルになるのではありません。恋愛感情を持たれたりセックスの誘いを受けたりして、嫌な思いがしたり困惑する人もたくさんいますし、嫌がらせをされる人もいます。誘いを受ければ性的指向が変わるというものでもありません。

パート3 ●アセクシュアリティについての多くのうそ

人が魅力的になりたいと思うのは、性的に注目されたいからだけではありません。アセクシュアルの人にはよく、「相手を探す気がないのなら、なぜ服や髪型に気を使ったり、お化粧をしたりするの？」という質問が投げかけられます。これは明らかに間違った質問です。身づくろいをするのが、セックスや恋愛を誘う意図的なシグナルというわけではないからです。これは誰にでもいえることです。すでにパートナーのいる人も（通常は）まだ素敵な服を着続けるし、お化粧や髪型にも気を使うでしょう。きれいに見せたいと心がけることは、パートナーを惹きつけるためだけではありません。気分がよくなるからきれいにしているのであって、性的に人を惹きつけようとしているとは限りません。美しい人や、きれいになる努力をしていると思われる人が、パートナーを得るため（あるいは性的に相手をじらすため）にしていると決めつけるのは間違っています。

　アセクシュアルの人もみんなと同じようにルックスに気を使いますし、ときには、ボディーイメージやディスモーフィア（異形態症）で悩んだり、摂食障害になったり、容姿のせいで自尊感情が低下したり、メンタル障害を起こすこともあるのです。わざわざ容姿を保ってセックスのパートナーを求める必要がないからといって、アセクシュアルの人が社会の批判を受けない夢の世界に生きているというわけではありません。

　アセクシュアルの人の容姿を（それが相手を惹きつけようと惹きつけまいと）理由にアセクシュアリティという性的指向を否認するべきではありません。

体やホルモンに異常があるの？

　アセクシュアリティはどんな生物学的な病にも障害にも関係がないと考えられています（先に述べたテレビ番組 House, M.D. がどう言おうと！）ほとんどの人が標準的な典型的な肉体と生体機能を持ち[2]、

ホルモンも分泌されています。アセクシュアルでない人と同じように、刺激を受けると性的興奮を覚えます[3]。標準より性衝動が弱いとか、性的興奮をしないという人もいますが、性衝動の強さは性的指向を決めるカギではありません。

健康に気をつかうことは確かに大切です。アセクシュアルの人になにか病気があるのではないかと、当事者や家族や友だちが心配になったら、性的興味の衰えの原因となるような病気がないか診察を受けるとよいでしょう（しかし、繰り返しますが性的興味と性的指向とは同じではありません）。

性的機能や、セックスを求めたり楽しんだりする[4]ことに影響を与えるホルモン疾患[5]や、性衝動／生殖器の病気もありますし、心理的状況が関係していることもあります。例えば、エロトフォビア（性愛恐怖症：セックスや性に関することに対する理屈抜きの恐怖）や、ジェノフォビア（異性恐怖症：性交への恐怖）、セクシュアル・アノレキシア（病理学的な性欲減退や恋愛や親密な関係への恐怖）、アンヘドニア（無快感症：性的快感を含む快感を感じられない）があります。また、性的興味／性衝動障害（性的興味の減退）やHSDD（性的欲求低下障害）などもあります。**しかし、性的関心や性的魅力を感じられないことは、こうした障害の唯一の症状ではありません。**

生物学がいつも性的指向と無関係というわけでもありません。例えば、インターセックス〔男性と女性両方の生殖器や、性別が明瞭でない性器を持って生まれた人〕の人の中にはアセクシュアルと自認する人もいます。インターセックスには多くのタイプがあって、ホルモン分泌や感度／免疫の問題[6]のある場合もあります。ホルモンが不規則なため性成熟期の特徴の一部が得られない場合もあります。またホルモン障害のためにほかの生物学上の症状が出ることもあるので、インターセックスの人は、なんらかのホルモン摂生療法や、代替療法があればそれを受けることもあります。インターセックスの人は「病気」でなくとも、アセクシュアルであることもあります。

誰にとっても、生物学的な状態と性的指向や心理状態は互いに影響し合うものですが、インターセックスの人の生物学的状態を理由に性的指向を否認することはできません。

障害のある人がアセクシュアルと自認することもあります。障害のある人たちは、しばしば性と無関係のように扱われることがあります。障害のあるアセクシュアルの人は抑圧が内在化した結果、性に対してそういう態度を取るようになったのだと、よく言われます。しかし、人はアセクシュアルであると同時に障害を持つこともできるのです[7]。その人の人生には障害を含む様々な要素があって、それはその人の性生活や性的関心や性に対する態度に影響を与えているかもしれません。しかしだからといって、その人のアセクシュアリティが減少するわけではないのです。

身体や精神の病で投薬治療をしていると、薬のせいで性欲が減退したりなくなったりすることもあります[8]。特に薬を必要とする慢性病の場合に、性的関心がなくなってアセクシュアルと自認するようになることがあります。病気の状態や治療が性欲を減退させたり、影響を及ぼしたりしている場合は、それらが一部原因になったり、または関連があるといってもよいのですが、当事者を「本当はアセクシュアルじゃないじゃないか」と決めつけないようにしましょう。**性的指向は複雑です。考え得る全ての複雑な要素が当てはまらない場合にだけアセクシュアルと言える、ということではないのです。**

アセクシュアリティが身体や精神の障害によって起きると推測する前に考えてみてほしいのです。アセクシュアルの人の病歴は自分に関係あるのかどうかと。もし万が一、関係あると言うのなら、アセクシュアルの人の身体的な症状や、性的魅力や性的関心や性的体験が（病によって）著しく変化したかどうか考えてみてください。その答えがNOであれば、なにか病気が原因でないかと探すより、その人が（そもそも）アセクシュアルであることを認める方が適切です。アセクシュアリティについて議論するとき、障害のせいにする

ことは意味もないし、侮辱的でもあります。

　一般的に、他者に「ベストな健康」の追求を押し付けるのは、いらないおせっかいと言えるでしょう。自分で健康管理ができない人の、健康と安全について直接責任がある人は別ですが、他者の医療やライフスタイルの選択は、個人の自由として尊重すべきでしょう。習慣を変えさせようとしたり、不必要かもしれない試験や処置を受けるよう勧めたり、代替療法を取り入れるように言ったりするのは、適切ではありません（それに、テストや処置は高価かもしれないし、ストレスになったり、効果がなかったり、痛みを伴ったりするかもしれません）。

　アセクシュアルとは人に性的に惹かれない人が自分のことを呼ぶ言葉です。人生のなにかほかの要素が、アセクシュアリティの理由の一部や全てになるかどうかは、関係ありません。アセクシュアルにはたくさんのタイプがあります。アセクシュアルとは自分の体験を説明するために自分で選ぶラベルなのです。理由を説明するためのものではありません。

忙しすぎてアセクシュアルになったの？

　アセクシュアルの人は、生活のほかのことに夢中で、「正しい」性的関係を結ぶには忙しすぎるのではないか、という誤解を批判者から受けることもあります。たとえ恋愛や性関係を求めても失敗するだろうから、ほかのことに「身を投じ」情熱を傾けることで、自分をごまかしているというのも、よくある考え方です。こうした考えもまた、他者に自分の対処法を押し付けようとしていることにほかなりません。アセクシュアリティの説明にはなっていないのです。

「自分の選択が正当だと説得するのに、理由を説明する必要なんかないよ。プレッシャーを感じることはないんだ。人に嫌がられるかもしれないことを告白するのはつらいかもしれない。

> でも、いずれにしてもみんなが認めてくれなければ、ずっと嫌な思いをすることになるんだ。『忙しすぎる』とか『仕事が第一』だとか『ぴったりな人を待っている』とか、どんな理由があると言われても、なにしろ私たちはセックスをしたいとは思わないのだから。」（アイリー、Asexy Beast より）

　人間とは情熱を追いかけるものです。もし、パートナーを求めるアセクシュアルの人が、誰かに興味を持ったなら、自分の好む方法で、必要な時間をかけて、相手との関係を育てようとするでしょう。パートナーを求めないアセクシュアルの人の場合は、確かに多くの時間を一人で過ごし、孤独な時間が長いかもしれません。しかしアセクシュアルの多くの人たちは、時間とエネルギーを費やして、活発に社交をしたり、恋愛相手や配偶者ではない人たちとの親しい関係を築いています。ですから忙しすぎて、「なによりも勝る」（性的な恋愛）関係を追求する時間を作り出せないということではないのです。

　大切なものに人は時間とエネルギーを注ぐものです。アセクシュアルの人が、自分の人生の要素に上限を設けて、セックスや恋愛を排除してしまっているということではありません。もし仕事の方が重要だから（セックスや恋愛を）無視しようと望むなら、そういう選択もありでしょう。でも、衝動や感情を無視することがアセクシュアリティではないのです。**性的関係を持つ時間が足りないからアセクシュアルになるのではありません。**

　逆にアセクシュアルの人には自由な時間がありすぎると「責められる」ことがあるのも、おかしなことです。セックスを追いかけないことで生まれたたくさんの時間を、「ノーベル賞を取ったりガンを治す方法を発明したりするほど建設的なことに使っている」に違いない、などと言われるのです。「そうじゃないのなら、いったい毎日、なにをしてるの??」という発言もよく聞かれますが、むしろ

この言い方は、アセクシュアルでない人は生産的でないとか、セックスのことだけをひたすら考えているとかと、侮蔑していることになります。世界の最も生産的な人の多くはアセクシュアルではありませんし、アセクシュアリティは自由時間がたっぷりあることを保証しません。

多くの人は性的関係や恋愛関係を人生の中心と考えているので、そうした関係を望まない人にはきっと「余分の」時間があるに違いないと思うのは、不思議ではありません。時間のかかる（性的）活動にみんなが追い立てられている一方で、そうしたことに携わらない人には、確かにもっと自由な時間があるかもしれません。でもその理屈は、まるである人がバスケットボールのプロになる道を選んだのは、野球のプロになる「代わり」だった、というようなものです。パートナーを求めない人は、パートナーを求めない「代わり」に、なにかほかのことをしているのではないのです。

パートナーのいる性的に活発な人生が普通で、そうでないものは全て逸脱した行為だというのは、まったく正確でも有益でもありませんし、アセクシュアルのアライの取るべき協力的な見解でもありません。

過去のひどいセックス体験のトラウマでセックスが嫌になったの？

これは「逃げ道のない」質問です。性経験がなければ、「試してみるまでわからないだろう」と言われ、過去に性経験があればあったで、それが不快だったのだろうとか、不適切だったのではないかとか、「相手が悪かった」のではないかといって、セックスに対する意見をけなされるのですから。**よく過去のセックス体験のせいにされがちですが、悪いセックスが原因で人に性的魅力を感じられなくなることはありませんので、的外れです**（もちろん、悪いセックスし

アセクシュアル・スペクトラムだと自認する人の性的体験について

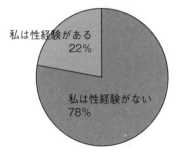

アセクシュアル・スペクトラムだと自認する人に対して 2011 年 9 月から 10 月にネットを通じて行われたリサーチによるもの[9]。インターネットで行われたので、若い人の多い調査となった。3436 人のうち 25 歳以上の回答者は 20％以下で、16 歳から 24 歳が 76％を占めた。一般的に年長の人の方が性体験が多いと考えられる。

か体験したことのない人は、そのうちセックスが嫌になるかもしれません。しかし、そのせいでほかの人に性的魅力を感じられなくなるわけではありません)。

　誰にも性的に惹かれないアセクシュアルの人が、セックスを試してみて、それが悪い体験だったと言うことはあります。なんとかやりすごしたけれど、セックスのどこがいいのかわからなかったと言う人もあるでしょう（こうした反応はもちろんアセクシュアルの人に限られたことではありませんね）。パートナーに性的に惹かれることで、（欲求が高まり衝動が満たされることも含めて）セックスの体験はより素晴らしいものになります。しかしアセクシュアルの人にはそれがないので、実際の性行為をしたとしても、それは単に肉体だけの喜びや、気持ちの悪い不快な体験であるのです。**痒いところがあるからこそ、掻けば気持ちがいいのです。**

　アセクシュアルの人の中には、自分をジャンプスタートさせられるかどうか確かめるために、性行為をすることが「必要だ」と思う人もいます。自分はどこか悪いのではないか、みんなが言うようにセックスをしてみれば「治る」のではないか、と思うのです。これは、アセクシュアリティという言葉を知らない人によくあること

す。性的なことをする気になったり、楽しんだり、少なくとも耐えられるようになれないかと、むなしく努力を続けても、みんなの言うようなことが感じられないとイライラしたり絶望したりするのです（そして当然、パートナーのこともイラつかせたり混乱させたりします。パートナーは自分のどこが悪かったのか理解できず、ただ自分を責めるかもしれませんから）。

性的魅力や性的関心は、吸血鬼に「嚙まれて」うつるようなものではありません。アセクシュアルではない人でまだ性経験のない人は、セックスをしたいことが自分でもわかっていますから問題はありません。でも、みんなが欲しているのに、自分だけが取り残されていると、とても孤独なものです。みんなのようになりたいと、コンフォートゾーンから自分を無理に押し出してみようとするアセクシュアルの人がいるのは、そういうわけです。

> 「ぼくはセックスをしたことがあるよ。妥協したわけじゃない。彼女を喜ばせるためだけでもなかったし、彼女との関係を終わらせたくなかったからでもない。無理やりやらされたわけでもない。自分のためにしたんだ。経験してみたかったんだ。全般的にポジティブな体験だったと思う。気持ちがよかったし、いいと思った。でも……信じ込まされていたような息を飲むすごい体験ではなかった。性的にぼくを目覚めさせることはなかった。それ以来、セックスを始終渇望することはない。突然、彼女やほかの人に性的に惹かれるようにもならなかった。なんだか演技しているみたいだった。これは９年前の出来事で、それ以後ぼくはセックスをしていないし、したいとも思わない」
> （トム、Asexuality Archive より）

アセクシュアルの人がセックスをしてみて、結構いいとか、悪くないとかと思うことはさほど稀ではありません。性的に惹かれてい

ない相手とセックスをすることがそれほど嫌でなければ、肉体的刺激を楽しんだり、感情的な親密さを楽しんだりすることもあるでしょう。それでも性体験によって性的魅力を感じられるようにはならないのです。それに、セックスを試したアセクシュアルの人のほとんどが、楽しめなかったし（そして楽しめなかったことで孤独感を感じたし）セックスを好きになるために別のパートナーを見つけてみようとか、別のセックスのスタイルを試してみようとかという気にはならなかったと言います。何年もの間、セックスを好きになるはずだと周囲から言われ続けてきたのに、実際に好きになれなかったら、もうそれ以上、のんきに経験を続けていこうとは思いません。みんなが言うように、次のセックスはきっともっといいはず、などとは思えないのです。

セックスが楽しくないはずはないと考えるような人が、アセクシュアルはひどいセックスが原因だなどと言うのです。そういう人は、ジェンダーや体つきや年齢がまるで自分の好みではなくて、まったく肉体的に魅力を感じられない相手とセックスをするところを想像してみれば、少しはアセクシュアルの気持ちがわかるようになるかもしれません。セックスが楽しくないなんて信じられないと言うのなら、まったく魅力を感じられない人とセックスをすることを想像してみれば、アセクシュアルの人のセックスに対する気持ちが少しは理解できるでしょう。アセクシュアルの人の多くは、パートナー候補の全ての人に、そう感じるのです。ストレートな男性がほかの男性とのセックスを楽しむなんて想像できないのと同じなのです。やり方が間違っているからではないのです。ただ単に、誰にも性的に惹かれないのです。

アセクシュアリティが嫌な性体験の原因であって、結果ではないのです。過去に悪い性体験をしたかどうかは関係がありません。ストレートの男性が男性とセックスをして、「相手がゲイだと知らなかったから最悪だった」と人に言っても、人は「そんなことはない

よ。たまたまそのゲイセックスがよくなかっただけだよ。もっと試してみろよ」とか「相手が悪かっただけだよ。ほかの男性としてみれば」とは言わないでしょう。最悪だったという気持ちを信じてもらえますよね。アセクシュアルの人も同じように扱われるべきです。

性的虐待のトラウマで苦しんでいるの？

性的虐待やそのほかの虐待は、残念なことに現実に起こることです。性的虐待やセクハラを受けたことのある人は、一時的にセックス嫌いになることがあるでしょう[10]。性的魅力を感じることがノーマルだと考えられているため、アセクシュアルの人の話には耳をかさず、なにか別の原因を作り上げようとするのです。理解できないことがあれば、トラウマだと言えばそれで丸く収まります！そうすれば「全ての人」がセックスを求めるはずだという仮定を、検証し直す必要もありませんから。

アセクシュアルの人が、始終聞かされるのが「きっと虐待されたんだね」という言葉です。こんなことを言う人に伝えたいのは、まず**第一にむやみに会話の中で虐待という言葉を持ち出してはならない**ということです。思慮のないコメントで決着をつけようとする人は、もし虐待が本当であったなら、それがどれほど無神経なことか考えてみるべきです。アセクシュアルの人が暴力や虐待的な体験でひどく心を病み、それでアセクシュアルという性的指向に変わったのだと思うのなら、それはむやみに口に出してはならないことです。性的指向を心理的なトラウマだと片づけることによって、アセクシュアルの人のアイデンティティを潰そうとするより、言ったことが引き金になって相手がつらい反応をするかもしれないということに注意をもっと払うべきです。冗談にしたり、見下したりすることではありません。

しかし、もしそんなつもりで言ったのではないし、アセクシュア

ルの人が本当に虐待されたと信じてもいないと反論したら、どうでしょう？

それならなぜ、そもそもそんなことを言ったのでしょう？ それに相手がどんな体験をしたかなど、どうしてわかるのでしょうか？

非常に強烈な言葉を使って相手を黙らせようとして、こうしたことを言う人がいるのです。これはこう続きます。「きみはアセクシュアルなんかじゃないよ。明らかに虐待のせいだよ。覚えていないのは、まだとても小さいときに起きたことだからだよ」。こうなると反論のしようがありません。虐待によるトラウマがある場合にしかアセクシュアリティを認められないと決めてかかっている人とは、議論にすらなりません。すると、「ほら、やっぱり虐待があったんだ」ということになってしまいます。これはアセクシュアルの人を犠牲にして、アセクシュアリティというものを傷つける陰険で劣ったやり方です。そういうことが人をどれほど傷つけるかに気づかないだけでなく、気にもしないような人が使う手なのです。**どんな性的指向であっても、その根底に虐待があるなどとは、誰も言ってはならないことなのです。**

虐待やトラウマがあったのかな、と疑いの念を抱くことはあるでしょう。もしアセクシュアルの人にそんな質問をしたいと思っても、相手が特にその方向に話を持って行かない限り、こちらからは聞かないのがベストなのです。もしアセクシュアルの人が虐待について有無にかかわらずなにか話し始めたら、まず、個人的な質問をしていいかと尋ねてみるのがよいでしょう。虐待を認めるアセクシュアルの人もいますが、自分から話し出さない限り、こちらからは言わない方がよいのです。こうした情報は、当事者と、その人にとって大切な人や家族や信頼できる友人、それと治療を受けているようならセラピストやメンタルヘルスの専門家との間だけで話し合うのが最もよいと思います。しかし、虐待とアセクシュアルの人の関係について興味のある人も多いでしょうから、ここで少し説明をしま

しょう。

誰にも性的魅力を感じないしセックスも求めないと言うことが、過去に深く傷ついたということを示すわけではありません。子どものときに男性に性的ないたずらをされた人がゲイになるという説や、男性に傷つけられたり落胆させられたりしたからレズビアンになるという説を、今だに広めている人がいます。人間は性的魅力を感じるのが普通なのだから、それ以外の性的指向は治すべきだと考える人がまだいるのです。精神的なトラウマが、魅力を感じる部分をブロックしていると考えているのです。

> 「私がこの質問が嫌いなのは、病気との因果関係を探そうとするものだからだ。ヘテロセクシュアルの性的指向の人に、どうしてそうなったかなんて聞く人はいないだろう？ 個人的なことについて、なぜそうなったのかと原因を尋ねることは、『こんな間違いが起きた原因が自分にはわかってるのか？』そして、『もし原因がわかるのなら、他の人がそうならないように変えることはできないか？』と言っているのと同じことなんだ」
> (M. ルクラーク, Hypomnemata より)

確かに、残念なことに虐待というものは現実に起こるものです。少数のアセクシュアルの人は（性的やほかの）虐待を受けているでしょう。ですがそれは、どんなグループの人でも同じなのです。性的に成熟する前に虐待を受けた場合、それがその人の世界観にどれほど影響を与えたかを見つけ出すのは簡単なことではありません。しかし、成熟期のあとやその最中に、トラウマになる体験をしたり虐待的な状況にあったりした場合は、おそらくそれ以前にすでに自分の性的指向に気づいていたと思います。

また、アセクシュアルの人で「矯正」レイプという虐待を受けた人もいます。これはアセクシュアルであるために虐待されることで、

虐待者は無理強いすれば、セックスが楽しいことをアセクシュアルの人が学んで「考え直す」と信じ込んでいるのです。悲しいことに、こうした「矯正」行為は、しばしばよく知っている人や、ときには恋愛関係にある人によって行われます。性衝動は正常だという社会通念によって、自分を攻撃したり犯したりした人にはセックスを要求する権利があったのではと被害者が感じることがあります。また、セックスレスであればその恋愛関係には意味がないと信じ込まされたりすることもあります。虐待や強姦によってセックスを受け入れさせようというのは、目を覚まさせる行為などではありません。暴力なのです。

たとえ虐待行為が、アセクシュアルの人の性行為や性的なものや性的魅力に対する気持ちになんらかの影響を与えたからといって、その人のアセクシュアリティが偽物だということにはなりません。過去の体験によって自己概念が否定されることなどあってはならないのです。

過去に望まない不快な性体験をしても、まだ性的魅力を感じ続けるという人がたくさんいるということを忘れてはなりません[11]。性的虐待はひどく傷つく体験ですが、通常、被害者が永遠に性的魅力を感じられなくなるというものではありません。トラウマが長引く場合はカウンセリングを受けるとよいのですが、その際、アセクシュアリティを症状として訴えないよう注意することが必要です。トラウマによってセックスを嫌いになるのは恐怖感や嫌悪感によるものです。性的魅力を感じなくなるためではありません。

アセクシュアルの人の中には、過去や現在、ネグレクトや暴力や感情的な虐待を受けている人もいるでしょう。すると、「不健全な関係や、健全な関係が持てないことに対する自然の反応でアセクシュアルになっているだけで、本来はそうではない」と親切ぶって言う人もいます。こんなつらい状況にあると、人と親密になることを恐れることもありますが、それはアセクシュアルの人だけに限ら

れたことではありません。アセクシュアリティという性的指向になったのは、「正しく愛してもらわなかったからだ」とか、「虐待者のせいだ」とか、「過去に受けた暴力のせいで人が怖くなったからだ」と言うのは、間違いなのです。

アセクシュアリティというラベルの下に、トラウマによる恥の気持ちを隠している可能性もあるかもしれません。人はときどきラベルの間違った使い方をしますから。それが意図的な場合も、偶然や無知によるものであることもあります。しかし、ここで強調したいのは、アセクシュアリティを「虐待による症状かもしれない」とか、「きっとそうだ」とかと決めつけてはいけないということなのです。個人の虐待体験について話し合う必要がある場合はわずかですし、セクシュアル・アイデンティティを否定するために虐待体験を持ち出すのは誤りです。

過去になんらかの虐待を受けたアセクシュアルの人がカウンセリングを受けようとすることがありますが、特にそれが性的虐待だった場合、性的興味をなくしたのはトラウマへの反応に違いないという先入観を持つカウンセラーやメンタルヘルス専門家も多くいます。ですから、カウンセリングを受ける前に、その専門家がどれほどアセクシュアリティを受け入れる気持ちを持っているかどうかを調べるとよいでしょう。手始めに、そのセラピストがLGBTの問題を扱ったことがあるかどうかを調べてみれば、ヘテロノーマティブでない性自認を尊重する人かどうかがわかります。トラウマの相談をするアセクシュアルの患者のカウンセリングでは、セックスを受け入れたり好きになったりすることを、セラピーの目標の一つにしてはいけません。

セラピストやカウンセラーに、まず、アセクシュアリティを性的指向として認知しているかどうかを尋ねましょう。アセクシュアリティが性関連の障害ではないことを示しているDSM-5（精神障害の診断と統計マニュアル第5版）を信用できる情報として示したり、最近

のアセクシュアルの人々についての科学的な研究の出ている出版物を見せたりして、アセクシュアリティがこの分野で真面目に受け入れられているのだということを説明し理解を求めましょう。

本当はゲイなのを隠しているんじゃないの？

これは自分がアセクシュアルだと気づく前に、多くの人が自問することでもあります（そして、とりあえずアセクシュアルだと自認したあとも、本当は自分の中のホモセクシュアリティを押さえつけているのではないかと悩み続けることもあります）。

> 「みんなみたいに男性に惹かれないことに気づいたとき、じゃあ私は女性に興味があるのかも、と考えた。それが理屈に合っていると思ったの。でもすぐにそうでないことがわかったわ。女の子を眺めたり、女の子のことを考えても、なんにも感じなかったから」（メアリー・ケイム・ギノザ、Next Step: Cake より）

人は異性を好きになるものだと教えられてきました。ですからヘテロセクシュアルの気持ちになれないと、数ある性的指向を模索して、ゲイしかあり得ないと思うことがあるのです。自分をバイセクシュアル、ポリセクシュアル、パンセクシュアルだと思う場合もあるでしょう。どのジェンダーに対しても同じ気持ちしか持てなくても、アセクシュアリティという選択に気づかないと、なにか自分に合いそうな性的指向を一つ選ぼうとするのです。

アセクシュアルの人は本当はゲイなのに意図的に隠しているのではないかと、聞かれることがあります。ゲイであることを恥じて、禁欲が自分の性的指向だと公表しているのではないか、という意味なのです。

「あなたは多分ゲイね」と言うのが問題なのは、アセクシュアリ

ティもまた、理解されない、軽んじられている性志向だということです。**ゲイであることを隠すためにアセクシュアルのふりをしても、人生が楽になるわけではありません。**ゲイの人の体験とは違いますが、アセクシュアルの人も嫌がらせや尋問を受けることがあります。信じたり尊重したりしてもらえず、攻撃されたり否定されたりし、まるで無視されたような扱いを受けます。ゲイのような扱いは受けないだろうという見方が当たっている場合もありますが（アセクシュアルでLGBTの人は別ですが）、アセクシュアルの人はまた違ったネガティブな体験を余儀なくされます。ですから、性的指向のことでいじめられたくないという理由でアセクシュアリティを選んでも、「楽に」なるわけでも、いじめの回避にもなりません。

ただ宗教上の理由や、非常に保守的な家族や環境の中で、ホモセクシュアリティへの差別がある場合は、ゲイの人たちがアセクシュアルとしてカミングアウトした方が嫌がられずに済むと考えることがあります。確かにそういう場合もあるでしょう。しかし、ゲイの人たちが、周囲からの反動を恐れる場合は、アセクシュアルではなくて、むしろヘテロセクシュアルのふりをすることがほとんどです。冷淡な人々の前でアセクシュアルだと認めることは、また別の反応を引き起こします。それは、ゲイに対するような暴力的な反応というよりも、むしろ混乱といった反応でしょう。アセクシュアリティは「結婚するまで待つ」ということではないということがわかると、今度はそれを批判されたり否定されたり不自然だと言われたりするでしょう。今度は、ゲイであるということでなく、ヘテロセクシュアルでないことが不快な反応を引き起こすのです[12]。

LGBTQの人の中にはアセクシュアリティを認めることは、LGBTQのコミュニティにとって危険だと抗議する人もいます。LGBTQの人は長年にわたって、汚名を着せられ、セックスをするべきでないと貶められてきました。アセクシュアリティが認知されると、アセクシュアリティという新たな選択を「押し付けられる」

ようになって、ホモフォビアによる迫害と抑圧がいっそう強まるのではないかと恐れるのです。しかしこれは誤りです。ホモフォビアの人たちは、LGBTQにヘテロセクシュアルになるか生涯禁欲するかの選択を迫っているわけですが、知識があればアセクシュアリティと禁欲が同じことではないとわかるはずですから〔LGBTQの人にアセクシュアルになれとは言わないでしょう〕。この問題はこの本のパート2に詳しく書かれています。

「きみは多分ゲイだけど恥ずかしいから認めていないんだ」というのは、世界を二分法でしか理解できない人の考え方です。アセクシュアルの人は「ストレート以外」の箱に入れられ、その箱には彼らの頭の中では「ゲイ」というラベルが貼られているのです。

信じてくれない人たちにカミングアウトすることは、気持ちが傷ついてくじけるような経験に自分をさらすことです。アセクシュアリティについて説明することも余儀なくされるでしょう。人々は、ホモセクシュアリティについては理解できます。ゲイの人はカミングアウトして暴力的や否定的な反応を受けることはありますが、「そんな気持ちになる人なんていないよ」と言われることはないし、会う人ごとにホモセクシュアリティについての説明を求められることもないでしょう。

> 「女性が性的な欲望を持たないのは、通常、社会では認められないことよ。アセクシュアルであることを公表したり主張したりすることは、もっと認めてもらえない。女がアセクシュアルであることは、どう考えても理想ではない。不感症という言葉は、決して褒め言葉ではないからね」(シアトリックス、Factor Xより)

アセクシュアリティを、自分が実はストレートではなくクィアであることや、倒錯的性嗜好があることの隠れ蓑にしていると、主張

する人もいます。アセクシュアリティは、よく禁欲と間違えられるため、批判されることがなく、むしろ尊敬されあがめられる高潔な安全地帯だからと言うのです。ゲイであることを隠す人にとって、ストレート・セックスを受け入れずにゲイの汚名から逃れられる唯一の方法だと言うのです。しかし、真実は、**アセクシュアルの人もストレート・セックスをすることを期待されています。それに尊重もされていないし、ほっておいてもらえるわけでもありません。**アセクシュアルの人も、個人生活をほじくられ、性的指向の選択を公表されて言いふらされます。その上、アセクシュアリティの正当性を証明するよう迫られます。人は性活動をすることが当たり前とされています。アセクシュアリティは出口でも逃げ道でもないのです。

さらに、ゲイでアセクシュアルの人には(ヘテロノーマティブでない関係にある人や、そういう傾向のある人も同じです)もっと馬鹿げたことが言われます。まずLGBTQであることで性自認や性的指向についてさんざん痛めつけられ、さらにアセクシュアルだということでもっとハラスメントを受けるのです。

誰にも性的に惹かれない、というのは、文字どおりそういう意味です。アセクシュアルの人が「私は誰にも惹かれません」と言うと、「じゃあ、あなたはゲイなの?」と言われるのは、おかしなことです。性的指向は、二者択一ではありません。「あなたが惹かれるのは誰ですか?」という問いに、「A.同じジェンダー」「B.別のジェンダー」「C.両方のジェンダー」だけでなく、「D.どちらにも惹かれない」という答えのチョイスがあることを認識すべきです。この例はジェンダーを単純化しすぎているかもしれませんが、ここで言いたいのは、「アセクシュアル」は「ヘテロセクシュアルではない」と同時に「ホモセクシュアルでもない」ということなのです。

こうした疑問は、みんななにかに惹かれるはずだという思い込みに基づいています。そして「ストレートでなければゲイだ」という誤解につながっています。それだけではなく、アセクシュアルの人

は、実は密かに動物や無生物に惹かれているのではないかと言う人までいます。とんでもないことです。アセクシュアリティは獣姦や無生物への嗜好を隠しているのではありません。ヘテロセクシュアルでないことを空白ととらえて、その空白に思いつく限りの仮定をはめ込もうとするのは、こっけいですらあります。

ぴったりな人にまだ出会っていないだけじゃないの？

そうでしょうか？ アセクシュアルの人が性的魅力を感じられるようなぴったりな人にまだ出会っていないのかもしれないという理屈なら、ヘテロセクシュアルの人も同じジェンダーのぴったりな人にまだ出会っていないから、自分がストレートでないことに気づいていない、ということにはなりませんか？ 女性の服装とされているものをまだ着たことのない男性は、自分によく合う女性の服に出会っていないから、まだ自分がクロス・ドレッサー〔訳注：異性装者、反対の性の服装をする人〕であることがわからないのですか？ ひき肉が嫌いな人は、まだ正式のハンバーガーを食べたことがないのですか？

これまで誰にも性的魅力を感じなかったのに、ある人に出会って急に性的に惹かれるようになるということは、科学的にはもちろん少しは可能性があるかもしれません。それがほとんど誰にでも起こり得ることなら、まだ体験したことのない人に体験するように勧めることもよいかもしれません。しかし、ストレートでない性的指向の人に向かって「きみだって、いつか変わるかもしれないさ」と言うのは、実際的でも有効でもありません。まるでアセクシュアリティを一過性のものととらえているかのようです。性的指向は、その人のこれまでの人生の体験に基づいたパターンの説明なのです。**セクシュアリティには流動性がありますが、それを理由に、その人**

の性的指向が変わったり、変わるべきだと言うのは理にかなっていません。

　ヘテロセクシュアルの人は異性愛であることを証明する必要はありません。ぴったりのゲイの人と出会えさえすれば、性的指向が変わるなどと言う人はいないでしょう。でもLGBTQの人やアセクシュアルの人にとって、これはよく耳にすることなのです。興味深いのは、アセクシュアルの人は、ヘテロセクシュアルの人だけでなくLGBTQの人にも同じことを言われることがあるということです。

　過去や現在の経験に基づいて、誰に惹かれるかを予測する手段が、性的指向です。その経験が一定したものであれば、将来もきっと変わらないでしょう。「変わるかもしれない」という可能性を、他者の将来の恋愛関係やライフスタイルに課すのは現実的ではありません。

　アセクシュアルの人は、絶対に性的魅力を感じることはないと言い張っているわけではありませんが、性的魅力を感じていない（過去も現在も）と主張する資格は、ほかの人と同じようにあります。きっと将来もそうだと信じています。一生かけて自分を変えてくれる人を探したいというアセクシュアルの人は、まずいないでしょう。アセクシュアルの人が自分を変えたいとか、今変えようとしているとかと思っている（思うべきだ）と、勝手に推測すべきではありません。それにアセクシュアルの人には、寝ているはずの性への関心を「目覚めさせてくれる」パートナーを探す義務もありません。

> 「誰だってある日突然、性的指向が変わるかもしれない。でも『まだぴったりの人に出会ってないからだ』と言われるのにはとても違和感があるよ。今の私がいったいどうだと言いたいのか？　私は現在アセクシュアルだし、これまでもそうだった。（略）でももし明後日、あるいは20年後に自分が実はヘテロセクシュアルだと気づいたとしても、私はアセクシュアルの人たちを支援し続けるわ」（アイリー、Asexy Beastより）

パート3 ●アセクシュアリティについての多くのうそ

「まだぴったりの人に出会ってないんだよ」と言うのは、「ブラッド・ピットならどう？」のように、セクシーなスターなら例外だろうと言っているようなものです（著者注：私の年代は、なぜかセクシーというとブラッド・ピットなのです！）。アセクシュアルの人は、「今月の一押しセクシー・セレブ」に性的魅力を感じることはないのです。

> 「人々に、私を変えたり、強要したり、説得したりできると思われたくない。シャイだとか経験不足だとか（だから手助けが必要だとか）性的に未発達だとも思われたくない」（M. ルクラーク、Hypomnemata より）

　「アセクシュアルの生活にはセクシーな人がいないだけよ。もし誰が見ても素敵な人が現れたら、アセクシュアルの人だって即刻変わるに違いないよ」と言う人もいます。でもそんなことはありません（著者注：私は男らしさに興味がないと、これまで何人もの人に言ってきましたが、いつも『まさかー！　筋骨隆々の〇〇〔スターの名前〕が上半身裸でやってきて、あなたを押し倒そうとしたら、絶対とろけちゃうよ』などと言われるのです。とろけるなんて、あり得ません。実際問題として、見知らぬ男が上半身裸で部屋に入ってきて私が喜ぶなんて、なんと気味の悪いことでしょう！　そんなこと信じられないと世界中が叫ぶかもしれないけど、私は本当に誰にも惹かれないのです。相手がブラッド・ピットであっても！）。

　大切な人や友だちにアセクシュアルの人がいて、理解したいと思うのなら、（セックスを）試し続けるようにと励ますのは見当違いです。アセクシュアリティを自認することは、パートナー探しをあきらめることでも、自分の将来の生き方を決めることでもありません。アセクシュアリティはただの説明なのです。それが自分に合っていると思う限り使い続ければよいラベルです。そして合わなくなればつけるのをやめればよいのですが、たいていの場合は、ずっとそのラベルをつけ続けることでしょう。一過性のつなぎだと考えたり、

そのように扱ったりすべきではありません。

宗教上の選択なの？

　この質問は、禁欲や節制というものが、いかに純潔や美徳と結びつけて考えられているかを物語るものです。一言で言えば、答えはNOです。アセクシュアリティは宗教とは関係ありません。セックスを避けることで俗界の欲望を乗り越えるということは、そもそもはセックスを望んでいたということです。初めから性的欲望のないアセクシュアルの人とは違います。宗教的な誓いを示すために禁欲しているわけではないのです。

　ところが、宗教的な家族や、社会的にとても保守的な環境で育ったアセクシュアルの人は、（セックスの）「誘惑」や「がまん」ということについて困惑したり、孤立感を味わったりすることがあります。なんの問題もなくセックスを慎めることを幸運と思う場合も、そうでない場合もあるでしょう。なぜ周囲の人がセックスを控えることにそれほど苦労するのかわからず、自分との違いに悩む人もいます。禁欲を純潔の象徴だと考える宗教の権威者が、苦しまずに禁欲できた人は聖職者の仲間とは認めないといって軽蔑するということが実際に起きているのです。

　またこのような集団には、結婚をするまでセックスをしないことを強要するところもあって、結婚はしたいけどセックスはしたくないアセクシュアルの人は、宗教で期待されていることにどう応じたらよいのかわからずに混乱することがあります。婚姻前のセックスを罪と教える宗派でも、婚姻後にセックスを拒むことは宗教の期待を裏切るものだと考えます。宗教的な背景を持つアセクシュアルの人が初夜の床に無理やり誘われるのを避けるためには、全てのロマンティックな関係を回避するしか方法がないと感じるかもしれません。

キリスト教の経典の中には、セックスを欲する人には婚姻を認め[13]、セックスを欲しない人は生涯独身を通してもよいとする[14]ものもあります。結婚が（想定される）肉欲の解決と考えられている場合、結婚しているのに禁欲することは受け入れられないという場合があります。イスラム教では、結婚が勧められていますが、結婚しないことも許されていて、その場合に限り禁欲が勧められています[15]。伝統的なユダヤ教では繁殖が最優先されていて[16]、独身主義は子どもを持つという神の命令に従わないので、宗教のおきてを破ることになると言われることもあるのです[17]。

仏教のように、欲望を消し去ることが清廉への道だと考える哲学では、先天的に性の誘惑を感じないことを、悟りの印だと勘違いすることもあります。また逆に、そんなに早く悟れるはずはない、ごまかしているに違いないと思われることもあるのです。自然崇拝主義などの宗教で、特に男女を象徴的にそして実際的に結びつける生殖の儀式をする人々は、セックスを崇高なものと考えていて、セックスを拒んだり性的象徴を使って自己表現をしようとしないアセクシュアルの人の参加を好まない場合もあります。主流の宗教や保守的な宗教や厳格な宗教においても、指導者や宗派にもよりますが、セックスを（婚姻関係にある場合は）崇高なものとし、神から与えられた聖なる表現の恩恵だと考えるところもあります。

保守的な宗教団体は、（少なくとも結婚していないカップルの場合）禁欲を称賛すると一般に信じられています。しかし主流派の指導者がアセクシュアリティを破壊するようなセックスに関する視点を持つ場合もあります。例えば、信仰によってホモセクシュアルを不自然だとする人々は、ヘテロセクシュアルを唯一の自然なセクシュアリティだと自動的に考える傾向があります。そして、ヘテロセクシュアルの性的な生活をしないアセクシュアリティは、宗教的観点により不自然だと見なされ、さらには神からの賜りものを否定するものだと攻撃したり異端視する宗教指導者さえいるのです。アセクシュ

アルであるために伝統的な家族を作らないと非難されたり、実際に(セックスを)拒むことは恥ずべきことだと圧力をかけられることもあります。アセクシュアリティという性的指向は、こうした宗教では、考えられているよりもずっと歓迎されたり好まれたりしていないのです。

しかし宗派によっては、アセクシュアリティを精神の強靭さの表れなどと誤解せずに、(一つの性的指向として)サポートするところもあります。性的指向への偏見のない宗教に参加したい人は、寛容性や、多様性や、個人の性的指向の選択をサポートする宗教団体を探すとよいでしょう。LGBTQを声に出してサポートしたり、近代科学や偏見のない世界観の重要さを強調したりする宗教の信者や指導者や宗派は、信仰心の強いアセクシュアルの人にとって安全で健全な場所となるでしょう。実際、性的指向をとがめない解釈をすることが、ほとんどの宗教において可能なのです。

しかし不幸なことに、アセクシュアルの人は自分たちが優れていると思っていると、アセクシュアルについて耳にするとネガティブな反応を即座に示す人たちもいます。いわゆる動物的な性衝動を超越していると考えているはずだと言うのです。アセクシュアリティは宗教的や道徳的な声明なのではないかと考えているのです。しかしほとんどのアセクシュアルの人は、性行為が人を汚すものとも、自分の性的指向が、自分がほかの人より優れていることを示すための禁欲だとも思っていません。

> 「アセクシュアルが純潔だとしても、特に美徳としてやっているわけじゃない。美徳と考えようと考えまいと、ただ単に純潔でいたいだけなんだ。私は純潔が美徳だと思わないし、私自身は多くのアセクシュアルの人と同じように、純潔ではない。頼んだわけでもないのに、美徳のような価値観を押し付けてくるのは、不愉快だ」(トリスタン・ミラー、Skeptic's Playより)

パート3 ●アセクシュアリティについての多くのうそ　　177

宗教以外の場面でも、結婚まで純潔を守ることは、献身的で名誉なことだと思われることが多く、禁欲が尊敬されることがあります。処女性は特に女性の場合尊重されますが（オールドミスになると逆に性体験のないことをからかわれるものの）、ジェンダーを問わず「貞節を守っているなんて尊敬するよ」と悪意のないコメントを受けることがあるのです。アセクシュアリティは貞節を守る手段ではありません。セックスをしないと、すぐに、特別な関係のために貞節を守っているのだと思われるかもしれません。どんな性的指向の人でも、アセクシュアルの人でも、特別な関係のために貞節を守る人はいるかもしれません。でもそれが「アセクシュアルであると言うこと」のルールではないのです。

　アセクシュアリティは行為ではありません。性的魅力についての考え方や感じ方なのです。アセクシュアルだとカミングアウトした人は禁欲宣言をしたわけではありません。

一時的なものなの？　注目を浴びたいだけなの？

「一時的なものに違いないよ」

　こんなことを言われたり、「ただ流行を追いかけているだけ」と否定されるのは誰でも嫌でしょう。もちろん、自分のことがわかるまでに時間がかかることもあります。一時的に自分がアセクシュアリティだと思うことがあるかもしれません。もしも、当初間違ってアセクシュアリティのラベルを選んでしまった（もしくはその人の性的指向が流動的だとあとからわかった）人に会ったり、そういう人のことを聞いたりしたことがあったとしても、アセクシュアリティを悪いことだと考えるべきではありません。

　ないものは証明できないというのが、アセクシュアリティの問題点でもあります。遅咲きの人を外から見ると、成熟し始めるまでの一時期の間、アセクシュアルに見えるかもしれません。（勘違いされ

たとしても）それはアセクシュアリティが悪いのではありません。特に若いアセクシュアルの人がカミングアウトしたとき、家族や友だちに否定されたり一時的なものだと言われたりするのは、とてもつらいものです。アセクシュアルの10代は、遅咲きだと周囲に思わせられるため、同年代の人よりも自分の性的指向を認識するのが遅いのです。

アセクシュアルの人に「そのうち変わるよ」と言うべきではありません。年齢にかかわらず、自分の性的指向について考えているときは、自分自身をよく見つめるように、そしてあとになってもし性的な感情が起きたときはそれを意図的に潰したり避けたりしないように、という意見がアセクシュアルのコミュニティでは優勢です。コミュニティの多くの人は、性自認を探求し続けることを尊重していますが、迷っている人がいることでアセクシュアルのコミュニティ全体の印象が悪くなるという、エリート志向の人もいます。ほかの10代の友だちが性的魅力を感じ始めているのに、自分はどこかおかしいのではないかと迷う人もいるでしょう。ですから10代の人が自分をアセクシュアルだと言っても、即座に疑うべきではありません。

そのうち「成熟して」よくある性的指向へ変わるはずだと、若い人のアセクシュアリティを否定しても、なんの得にもなりません。自分がアセクシュアルだと思う若い人に、成長したら変わると言ったり、パートナーが見つかればアセクシュアルではなくなると「保証」したりすることには、意味がありません。アセクシュアリティは正当な結論だと若い人が理解することが大切です。友だちと興味が同じでないから自分はどこかおかしいのではないかと思いながら成長するべきではないのです。アセクシュアルの若い人に劣等感を植え付けたくなければ、こうしたことは言うのは避けるべきでしょう。

たまに、自分は昔アセクシュアルだったけど成長して変わったと

か、そういう人を知っているとかと言って批判する人がいますが、これは正しくありません。一人の経験によって、別の人の経験を否定することはできないからです。しかし、自分がアセクシュアルだと思っていたのにそうでないことに気づいたと言う人の話は興味深いものです。例えば、トランスジェンダーの人が性別移行をする前はアセクシュアルだと自認していたのに、性別移行後に性的魅力を感じるようになることがあります。またアセクシュアリティ・コミュニティの助けによって、様々な魅力や親密さの感じ方について調べているうちに、自分はアセクシュアルの枠にはまらないのではないか、と気づく人もいます。

　セックスを試してみなければそれが好きかどうかわからないだろうという批判があります。特に若い人はまだ性経験をしていないから、好きかどうかを理解することができないだろうという憶測なのです。誰でもある年齢までに性体験をするというのが社会の通念なので、アセクシュアルの若い人であっても、そのうち必然的に性体験をするだろうというのです。アセクシュアルの人に、成長してセックスをしたら気が変わるなどと、年齢がいくつであろうと言うべきではありません。

「きみはアセクシュアルなんかじゃないよ。ただ人づきあいが下手なだけだ」

　誰にでも「ぎこちない」時期というのはあるし、それが思春期に起きることがよくあります。しかしほとんどの10代にとって、初めて性的に誰かに惹かれることは強烈な体験なので、たとえぎこちなくても、相手を求めようとするものです。みんなも同じようにぎこちないので、一緒に初体験をすることで安心感を覚えるでしょう。

　確かに人づきあいがうまくできないと、社交や、特に相手を探す機会が限られるかもしれません。しかし、人づきあいを避ける言い訳としてアセクシュアリティだと言う人はいないでしょう。10代

にとってセックスのパートナーがまだ見つからないのにはたくさんの理由があります。アセクシュアルの若者に、「きみは誰も欲しくないのではなくて、誰も見つけることができないんだ」と性自認を否定しても、ぎこちなさがなくなるわけではありません。自信を持ってアプローチすれば、人とのよい関係を作ったり、つながりを持ったりすることはできるようになるでしょう。しかし、アセクシュアリティは行動を指しているのではありません。感じ方なのです。

「自分が特別だって言いたいわけ？」
　こう言って、人の注意を引くためにアセクシュアルだと言っているのではないかと批判する人もよくいます。しかし、アセクシュアルに対する注目はたいていネガティブなものですから、本当に特別だと称賛されたい人はアセクシュアルというラベルを長く使うことはないでしょう。「特別だと思われたいのだろう？」と言うのは、多くのアセクシュアルの人にとって特に悔しいコメントなのです。ほとんどの人が、特別なステータスを得ようとしているわけではありません。ただ自分の気持ちを聞いてもらって、理解してもらい、哀れみや嫌がらせを受けずに、自分の人生を歩ませてほしいだけなのです。打ち明けたことで、注目されたりうそつき呼ばわりされると、これからはもう自分のことは話したくないと思ってしまいます。

　不誠実な理由でアセクシュアルだと自認する人もいます。自分の性的指向（どんな性的指向でも）を注目を浴びるために使っているのです。しかし、それをほかの人に当てはめるべきではありません。注目を浴びたいだけだと批判する人は、アセクシュアルの人の信用を失うでしょう。

　アセクシュアリティを認知させようという運動が批判を受けることもあります。アセクシュアリティに「勧誘されること」を恐れるからです。特に、軽蔑的な権威者、きちんとリサーチをしないセッ

クス・セラピスト、他者に共感できない人などに、アセクシュアリティの認知を危険視する人が見られます。まるで流行のように火がついて、性的な気持ちを無視したり、禁欲をあがめるようになるのではないかと恐れるのです。また、自分の倒錯的な性的指向やヘテロノーマティブでない性の悩みに対処する代わりに、自分をアセクシュアルだと言うようになるのではないかと危惧するのです[18)]。

こういう人たちは、アセクシュアリティの認識が広まると、早まって自分にそのラベルを当てはめ、「本当の」性的指向を探すのをやめてしまう人がいるのではないかと考えてもいます。しかしそれは、アセクシュアリティが認知されないことで傷つくかもしれない（そして実際に傷ついている）人がいることを無視しています。自分に誤りのラベルを貼って苦しんだり混乱したりする人が出ないためにアセクシュアリティを認知すべきでないという人たちは、片方の（アセクシュアルではない人の）痛みしか心配していないことになります。アセクシュアリティという言葉も知らず知識もない人が、自分に合わないラベルを選ばされ、それに合うように惨めな努力をしていることには、同情すら与えてもらえないのです。

アセクシュアリティというオプションがあると聞いても、即座に自分がそうだと決めるわけではありません。自分の気持ちを表す言葉を探していてピンと来る言葉が見つかると、心から感謝し安心するものです。**概してアセクシュアルの人は、自分のどこがおかしいのだろうかとか、ほかにも同じ気持ちになる人がいるのだろうかと、何年も悩み続けます。**アセクシュアルのコミュニティに入れば、いろいろな親密さや関わり方についてデリケートな話し合いができるようになるでしょう。そこでは自分探しをやめるように勧められることはありません。むしろ、自分のことや、人との関係をもっと理解するために性自認をさらに探求し、それについて語ることが奨励されます。

> 「私はACE（アセクシュアル）のコミュニティに入ってから、自分の性的指向（あるいはそれを『性的指向のないこと』と呼ぶ人もいますが）について、本当によく考えるようになりました。それまでの20年間で考えていたよりもずっと」（クィニー、The Asexual Agendaより）

　アセクシュアルのコミュニティでは、恋愛、セックス、対人関係、様々な魅力の感じ方、などについてとても細かく話し合いますから、人生をシンプルにしたいという理由でアセクシュアリティに安易に走ることはあり得ません。「ネットに影響されたんだね」「それが今の流行りなの？」というような言葉でアセクシュアリティを否定されると、孤立し傷つきます。特に、やっとネットでコミュニティを見つけて、自分は一人ではないと思ったときであればなおさらです。やっと見つけたことを否定されると、傷ついたり落胆したりするものです。

　ほとんどのアセクシュアルの人はコミュニティを見つけるまで、自分を理解するのに苦しんでいました。数が少ないのでアセクシュアルの人とネット以外のところで知り合えることはまずありません。自分と同じような人たちとつながりたいと思ったら、ネットしか方法のないことが多いのです。でもそれは、「ネットを見たからアセクシュアルになった」というのではありません。「ネットでポルノを見たからセックスというものをしたいと思った」のではないのと同じことです。

　アセクシュアリティという言葉があってもなくても、アセクシュアルの人はアセクシュアルなのです。アセクシュアリティが認知されるようになると、早まって自分にそういうラベルを貼る人が出てくるかもしれません。それでも、認知を進めるための努力はとても重要なのです（著者注：私がまだ若かったころ、自分は「ノンセクシュアル：無性」だというエッセイを書いてネットに乗せたことがあります。AVEN

を取り巻く多くのアセクシュアルのネットワークができるよりも、ずっと前のことでした。ほかのアセクシュアルの人に出会えるようになる前に、自分を説明する言葉を作り出していた人はほかにもたくさんいます)。

> 「アセクシュアルであることを前向きにとらえられるようになっても、いつだってアセクシュアリティを証明することが課せられるんだ。(略)アセクシュアリティという性的指向は複雑すぎるし珍しすぎて、理解する価値がないと言われることがある。それに同調したり、アセクシュアリティがこれほど困難なのは、なにかそれ自体に、すなわちアセクシュアルの人自身に問題があるのではないかと思うことは簡単かもしれない」
> (アイリー、Asexy Beast より)

反対に、アセクシュアルの人たちが突然、自分たちを知ってもらおうと懸命に努力し始めたけれどそんな努力は必要ないと思う人もいます。「なぜそこまでするの? アセクシュアル叩きをされているわけでもないのに」と言うのです。確かに、「矯正」レイプを除いては、アセクシュアルであることで身体的な攻撃を受けることは通常ありません(それはありがたいことです)。しかし、暴力を受けないためという理由だけで、認知運動を行うのではありません。

アセクシュアルの人が望んでいるのは、カミングアウトしても、長々と時間をかけて自分の性的指向が存在することを説明したり弁護したりしなくてもいいようになりたいということです。「治すべきだ」と言われないようにしたいのです。**認知活動の理由はたくさんあります。この問題は取るに足らないもので自分には関わりがないと思う人もいるでしょう。それでも、アセクシュアルの問題について啓蒙が必要だということを否定するべきではありません。**

一生孤独じゃないの？

これもまた思い込みです。「私がパートナーがいなくて孤独だというのなら、パートナーのいない人は全て孤独なの？ たとえ本人がそうではないと言っても！」

ほとんどの人が、性的な関係だけが意味のある人間関係だとは思っていません。確かに男女一組のカップルというのは、どこにおいても、家族や社会を作る基本単位だと考えられています。そしてほとんどの人が、配偶者を人生で最も大切な人や最高の友だと思っていますし、それにはなにも問題ありません。だからといって、アセクシュアルの人には（デートをしない人であっても）、人生で最も大切な人やベストフレンドがいないとはいえません。

ほとんどの人は、誰かとなんらかの方法でつながっていたいと思っています。そしてそれにはいろいろな方法があるのです。自分と違う方法で相手を求めたり、違うつながり方をしたりする人のことが理解できず、そんな関係は中身がないとか、人生の重要なものが欠けているとか、本当はこっそり普通の関係を望んでいるのではないかなどと、言う人もいます。「セックスをしない？ なんて憂鬱なんだろう！ そんなの、惨めで空っぽの人生だよ」しかし、ラッキーなことに、アセクシュアルの人はそんなふうには感じていないのです。

> 「私はデートや恋愛はどうでもいいけど、人間だから感情的に親密になりたいと、すごく願ってるの。もしデートをしなければ、なにか別の方法でこんなつながりを作らなくてはならない。もしデートをするのなら、難しいけど、同じアセクシュアルの人とつながりを持つ方法を探すか、そうでなければ恋愛に性関係を持ち込まないという取り決めをしなくてはならないんだ」
> （シアトリックス、The Asexual Agenda より）

アセクシュアルの人の多くは、自分にとって最も重要な関係を作ったり保ったりする努力を厭いません。彼らのパートナーとの関係は他とは少し違っていますし、パートナーを求めない人は仲間との別の相互関係を大切にします。誰でもときには寂しくなることがありますが、アセクシュアルの人は、絶対に埋められない空っぽの気持ちを抱えているわけではありません。社交に積極的で、様々なタイプの満足のいく親密な関係を作っている人がたくさんいるのです。

　特に内気な人は一人でいることが多いと「寂しそう」に見えるかもしれませんが、孤独を好むのは、寂しいということとは違うのです。人とは感情的に違うものを求めていて、親密な関係や特に感情的な関係を（作ることが期待されていても）他者と作ろうとしない人もいます。アロマンティックでアセクシュアルで、一人でいることが多くても病気ではありません。社会にうまく適応している人の中には、一人でいることに満足していて、社交の場で注目されたり、わざわざ人と時間を過ごそうとしたりしない人がたくさんいます。これも一つの、まったく正当な生き方なのです。

「じゃあネコに囲まれて人生を終わるのね」

　いいえ、そんなことはありません。

　特に女性でパートナーを欲しがらない人を「ネコおばさん」と呼ぶことがあります。アセクシュアルの人の中にはパートナー（セックスをしない相手でも）を欲する人がたくさんいることはさておいても、独身でいたい人を「ネコおばさん」と呼ぶのは、寂しさを紛らわすためにネコを集める悲しい独身者だと、勝手に決めつけるようなものです（ネコを愛することにはなんの問題もありませんが！）。一生寂しい運命を嘆きながら暮らすんだなどと、他者に決められるのは愉快なことではありません。それにもし本当にその人が寂しがっているとしたら、それをからかうべきではありませんよね。

性的指向の選択によって、やっかいで絶望的な人生を送るはめになるなんて、誰も言ってはいけないことです。アセクシュアルの人は、そんなことを言った人を信用できなくなったり、避けたりするようになることも多いのです。ひどい一生を送るぞと、何度も繰り返し言われているうちに、悲観的になって人目を気にするようになってしまうこともあります。

　また、アセクシュアルの人は性的関係や恋愛をしないので、うつなのではないかと思われることがあります。うつ病や治療薬のせいで性的興味や性衝動が低下することもありますが[19]、その逆ではありません。セックスを求めたり楽しんだりしないから、自動的に感情障害になるのではないのです。**アセクシュアルでうつ病の人も確かにいますが、うつ病の治療によって性的魅力を感じるようになることはありません。**

欲求不満、退屈、それとも情熱がないの？

「でも、いったい毎日なにをしてるの？」

　性的なことやそこから派生する関係こそが生活の中心だと信じて、それに対して多大な時間と注意を払っている人が、こういうことを言うのです。性的なことが中心ではない人生が想像できないから、アセクシュアルの人は空虚だと思うのです。情熱はほとんど誰にでもあります。そしてそれを情熱的に追い求めます。セックスや性的な関係に興味があれば多くの時間をかけて集中するでしょう。アセクシュアルの人にいったい毎日なにをしているのかと聞くことは、尊大で誤解を招くものです。

　性への情熱を追い求めそれを楽しむことだけが、人生の欲望ではありません。アセクシュアルの人は「人生の楽しいこと」を意図的に犠牲にしたり回避したりしていたり、性行為への欲望を自分でも気づかない心の奥深くに隠していたりするのではないかと疑われま

す。自制のための（なにか高い目標のための）禁欲とアセクシュアリティとを混同する人もいて、アセクシュアルの人は楽しみ方を知らないと思っているのです。セックスというものが拒絶などできない最高なものだと思う人にとって、セックスに魅力を感じないなんて想像すらできないでしょう。**自分にとってセックスが魅力的だから、セックスは客観的にも魅力のあるもので、セックスを求めない人は不満足に違いないと主張するのです**。そういう人にとって、セックスやほかの情熱をあきらめるのは、犠牲を払うことになるし、喪失感も生じます。ですから、性的に人に惹かれない人がセックスをしないことは、まったく自然なライフスタイルだということが理解できません。そこでアセクシュアルの人を、退屈なストレート・エッヂ〔訳注：「喫煙しない」「麻薬を使用しない」「アルコールを摂取しない」「快楽目的のみのセックスをしない」というのが基本的な理念。それまでのロックの価値観であった「セックス、ドラッグ、ロックンロール」という享楽的な生き方に対するアンチテーゼととらえられている：ウィキペディア出典〕だとか、抑圧されたつまらない人だと決めつけてしまう方が楽なのです。

> 「性的な満足を求めないアセクシュアルの人は、セクシュアルな人間になって性的関係を持ちたいと思っているわけではないんだ。ありのままの自分を愛してくれて尊重してくれる関係が欲しいだけなんだ。でも悲しいかな、それはなかなか見つけられない。その理由の一つは、この性自認が認められないこと、そして、この性自認で世の中を実際に渡っていくことが困難だということなんだ」（M. ルクラーク、Hypomnemata より）

　性的興味がないことは、人生がないに等しいと思う人もいるでしょう。性への関心を、食べることや息をすることへの関心に例える人もいます。アセクシュアリティをわかってほしいと言っても、活力のないゾンビのような姿しか浮かばないし、恐ろしくて理解で

きないものとしか思えないのです。**性的魅力が人生を活性化するための中心的かつ不可欠な力だと信じ、それがアセクシュアルの人にはないと思う人にとって、アセクシュアリティを理解するのは困難でしょう。**

しかし性欲や性的興味のないことは、ほかの欲望がないことではありません。アセクシュアルだということは、やる気やエネルギーや活力の源がないということではないのです。アセクシュアルの人をゾンビかロボットのように見る人は、人間としてではなく概念として見ているのです。

逆の意味で興味深いのは、アセクシュアルの人は「たくさん時間を持て余しているから」実に多くのことができるのではないか、という質問です。先に述べたように、人は好きなことに時間をかけるものです。それはアセクシュアルの人でも同じです。人生を円グラフで表してみると、世界中の人の円グラフに「恋愛とセックス」という領域があるけれど、アセクシュアルやアロマンティックの人にはその領域がない。だから、ほかの領域を有利に広げることができるはずだという考えなのです。しかし、必死にほかのアクティビティで埋めなくてはならない空っぽの領域などないし、自分の情熱を傾けるための動機となる要素がないわけでもありません。アセクシュアルのグループ全体を見たとき、ほかの人より人生における欲望が少ないとはいえません。

すごく利己的で、じらしているだけなんじゃない？

「もったいない」

性的関係を求めないと、こんなふうに言われることがよくあります。セックスのパートナーになり得る人が寝室の体験を共有できないアセクシュアルの人を、「無駄」だと言う人がいるのです。セッ

クスのできる魅力的な体を持っているのに、それを無駄にしているのだと。アセクシュアルという個人的な好みや望みのために、「欲しがってくれる人に魅力的な体を与えないなんて、なんてやっかいなやつ！」というわけです。

　ちょっと大げさに言いましたが、こういう意味のことがしばしば言われるのです。馬鹿げていると思うかもしれませんが（実際にばかばかしいことですが）これはとてもよくある反応です。それがどれほどアセクシュアルの人の人間性を奪うひどいコメントかも考えずに、うっかり口走ってしまうのです。セックスをしない人は、可能なセックスを避けているからといって、「無駄」ではないのです。努力と練習によってオリンピック選手になれる体を持った人はたくさんいます。それなのに、オリンピックを目指さない人は無駄ですか？　容姿端麗な人は皆モデルにならなければ無駄でしょうか？

　自分の思うとおりに生きようとするアセクシュアルの人は、まったく利己的などではありません。**アセクシュアルの人が性的な恋愛関係にならないことを利己的と呼ぶのは、人格を否定することです。**性行為のできる体があるというだけで、人とセックスをする義務があると言っているのです。当人の気持ちに反してセックスを強要する方が、よほど「利己的」です。

「アセクシュアリティは、男性支配社会においてなんの逃げ道にもならないわ。（略）私は魅力的ではありたいけど、人を惹きつけたいからではないし、誰にも魅力を感じるわけでもないの。でもそれを人は『じらしてる』と決めつける。まったく理屈に合わないカテゴリーにはめ込もうとするのよ。男性という観客のためでなく自分のためになにかをしようとする何百万人もの女性たちも同じことを言われるわ」（アイダン・セルビー、The Asexual Agenda より）

アセクシュアルの人を好きになってセックスに応じてもらえないと、「じらしている」とか「からかっている」とかと非難されることがあります。これはアセクシュアルに限ったことではありませんよね。相手の恋愛感情や性的な関心に応じることができず、興味がないと言って断った経験のある人も多いでしょう。このような場合、興味に応じなかったことがまるで悪いことだったように責められることがあります。相手のせいでアセクシュアルになると誤解されることがありますが、そうではないのです。

「なんて冷淡なやつなんだ！」

　どんな理由であれ、相手の性的要求に応えることができないとき、特に女性に、こうした言葉が投げかけられることがよくあります。アセクシュアルの人にもよく言われることです。でも、冷淡でも冷たいのでも不感症なのでも（先に述べたように）そうする義務があるわけでもないのです。これは、恋愛関係にあるのにセックスに応じなかったり、相手が希望するほど頻繁にしようとしない場合に言われることもあります。

「落ちないふりをして楽しんでるだけじゃなの？」

　ゲーム感覚で「私アセクシュアルだから」と言っているのではないかと解釈する人がいることも否めません。アセクシュアルの人が性的魅力を感じないことを、「『手に入れる』ことを目指すゲーム」と同一視して、「Yes」は「Yes」だけど、「No」は「もっと押して」だというわけです。しかし、Noと言われたら尊重してまともに受け取るべきなのです。

　特にロマンティック指向のアセクシュアルの人が「なんて利己的なんだ！」と言われることが多いのは、もちろんです。セックスレスな恋愛関係にあると、相手に当然の権利があるにもかかわらずセックスに応じない残忍な行為をしていると思われるのです。「彼

(彼女)のために、本当のパートナーになってあげようとは思わないの？」と言われることもよくあります。価値ある恋愛関係にはセックスが不可欠だと信じていて、セックスをしない恋愛関係と友情の区別がつかないような人がよく口にするコメントです。

恋愛関係がうまくいかないことは誰にでもあります。パートナーからセックスを求められて、うまくいかなくなったと言う人もいるでしょう。逆にパートナーがセックスをしたがらない（あるいは、少ししかしたがらない）ことが原因だったと言う人もいるでしょう。し かし、**性的魅力を感じる全ての人にとってセックスレスが別れの理由というのではありません。アセクシュアルの人をセックスに参加させなくても満足な性生活を送る方法があるのですから。**アセクシュアルの人がセックスを拒むのを残酷だと言うのなら、セックスを要求する側も残酷だと言えるでしょう。そのどちらもが本当に妥協できなければ、別れるしかないでしょう。でも、自分たちでそれを乗り越えることだってできるのです。外部の人は、アセクシュアルの人が関係をだめにしていると非難するのではなくて、もっと当事者たちを信頼すべきでしょう。

「アセクシュアルなのに、とてもセクシーなのは、人を『からかっている』だけ？　セックスをしたくないのなら、なぜ偽りの宣伝をする必要があるの？　魅力的に見せようとするなんて、おかしくない？　誘われても断るのに、**素敵な服を着たりおしゃれをしたりするのはなぜ？　それって、すごく残酷なことじゃないの？**」

それでは、結婚や真剣な恋愛をしている人でモノガモスの人（すなわち『募集中』ではない人）は即刻、醜くなる努力をしなくてはならないのですか？　セックスに関係なく、美的で好ましい外見を保つことには、社会的な意味もたくさんあります。外見がきちんとしていると自分でも気分がよいものですし、外見にさほどこだわらない人でも、清潔にすることには気を使っているものです。外見をよく

することは相手を見つけるためだけの機能ではありませんし、相手を見つける必要のない人が誤解を招くサインを送っているというわけでもないのです。

　社会的に好ましい外見でいようとするのは、相手を惹きつけたり、配偶者を喜ばせるためだけではありません。パートナー候補者や配偶者に会わないからと、清潔にしたり素敵な服を着たりする必要がないと意識する人はあまりいないでしょう。人は外見によって判断されます。性的な関心以外にもいろいろな理由があるのです。

　ほかのジェンダーよりも、女性や女性らしく見える人によく向けられる、ときとして侮辱的ですらある批判があります。魅力的だと思われたくなければ、わざわざその人を回避する努力をしたり、魅惑的な服装や化粧を避けるべきだ。そうしないのなら、魅力を感じてきた相手に対してなんらかの責任を負うべきだ、と言うのです。避ける努力をしないのに、興味がないと返答するのは、暗黙の契約に反していると見られても仕方ないと言うのです。素敵な人がセックスを拒んでも、別にずるくもないし矛盾しているわけでもありません。

でも生殖活動をしなくてもいいの？

「それならあなたの人生の目的はいったいなんなの？」
　パートナーや結婚生活や子育てのない人生に、なにか意味や情熱を見出すことなんて想像すらできないと言う人もいます。子どもを作ることに興味がなければ人生の目的がないなどと言うのは、軽蔑的で無礼なことです。

「でもみんながあなたのような人なら、子どもがもう生まれなくなるよね」
　生殖活動とアセクシュアリティとは、完全に別の問題です。アセ

クシュアルの人でも子どもを作りたい（そして作ることができる）人もいます。それは別としても、アセクシュアルの人は、みんなもアセクシュアルに「転換」するように主張しているわけではないのです。生殖活動としてのセックスは、もちろん子どもをこの世にもたらす最もポピュラーな方法です。しかし、地球上の全ての人が子どもを持たなくてはならないということではありません。

一般的に避妊は社会に認められていて、避妊する人が不自然だと責められることはありません。子どもを作れない年齢になった人のセックスも不自然ではありません。生まれつき生殖力のない人や、避妊手術を受けた人がセックスをし続けていることも不自然とは言われません。もっとも、それを不健全だとか、避妊手術を受ける前に子どもを作るべきだと言う人もいますが。でもアセクシュアルの人は、年中「不自然だ！」と言われているのです。たとえ赤ん坊がこの問題の原因でなくても、人々はアセクシュアルがどこか本質的におかしいと言いたいときに、赤ん坊の件を声高に持ち出すのです。子どもを作らないと理性的な決断をしたあとでも、体はまだ子どもを欲しがっているというのでしょうか？　それが生きていることの証明なのですか？

出生率が下がったからといって人類が滅びるわけではありません。生殖活動が種の保存に大切だということが、子どもを作ることのできないアセクシュアルの人を責める理由にはなりません。どんな種にもバリアント〔訳注：生物学で多様体の意味〕の存在が認められていて、種の破壊につながらない限りバリアントは出現し続けてきました。生物学的な非常に狭い視点からいえば、成長して生殖のできない個体は有益ではありません。しかし、種の総合的な有益性は生殖だけで決められるものではありません。種のほかの個体を育て守ることも、（その個体が生殖できるかどうかにかかわらず）種の保存にとって必要なことです。したがって、アセクシュアルの人が生殖できないことを、あたかも種の反逆者であるかのように非難する必要はな

いのです。

> 「母であることは全女性にとって、自然なことでも『素晴らしいこと』でも不可欠なことでもないと思う。男性はほかにも創造の手段がある。小説、音楽、科学の発明など。そして女性でもそれは同じだと思うんだ。私にとって、生物学的に自分の子どもを持つことは、別にとんでもないことではない。もし子どもを持とうと決めたら、身体的な苦痛の方が、権威者から受ける（精神的な）苦しみより、よほど楽かもしれない。なぜ人は『自分の血を引いた子ども』をそれほど重要だと思うのかも、わかるような気がする。でも感情的には理解できないし、わかる日がくることもないかもしれない。でも、それでいいんだと思っている」（アイリー、Asexy Beast より）

子どもの欲しいアセクシュアルの人もたくさんいます。そんなときには、配偶者間で子どもができない人や、生殖したり妊娠したりできない人やしたくない人のためのものと同じような方法を選びます。子どもを作るためにセックスをするのを厭わないアセクシュアルの人もいます。妊娠するための体外受精のプロセスを楽しむ必要がないのと同じように、セックスをするために性的に惹かれる必要はありません。セックスへの無関心や拒絶する気持ちよりも、子どもを欲しいという気持ちの方が大きい場合もあるのです。

つまりこういうことです。A）「セックスは赤ちゃんを作るためよ！」というのは、セックスを強要する理由にも、アセクシュアルの人を非難する理由にもなりません。B）アセクシュアルの人は他者の生殖行為を脅かすわけではありません。C）世界の人口をこれ以上押し上げる必要はありません。D）アセクシュアルの人でも妊娠したいと思えばすることができます。

セックスやセックスをする人を憎んでいるの？

　ほかの人のことを動物的で劣った生き物だなんて思っていません。ほかの人たちや、その行為をおぞましいと思っているわけでもありません。アセクシュアルであると自認することは、性的行為への道徳的な批判ではないのです。自分の方が優れていると言いたくてアセクシュアルだと言うのではありません。

　ほとんどのアセクシュアルの人は、自分たちがセックスをしないことが受け入れられている限り、ほかの人が責任を持って好きなようにセックスを求める自由をサポートします。ネガティブな感情を持つとしたら、それはアセクシュアルの人に世界中の他の多くの人たちのようにセックスを求めたり重視したりするように強要したり、嫌がらせを続けたりする人に対してです。アセクシュアルの人を「助けて」いるつもりの批評家がいることもわかっています。しかしときに、そうした批評家たちや批評そのものに対するアセクシュアルの人の苛立ちが、アセクシュアルでない人やセックス自体への嫌悪と誤解されることがあるのです。でも違うのです。

　ときたまアセクシュアルのコミュニティには、セックスに対する他者の考え方や行為を見下すような人もいます。しかしそういう人は、アセクシュアルではない人の中にもいて、自分とは違うセックスのチョイスをする人を批判することもあります。セックスをする人やセックスが好きな人や性的魅力を感じる人を貶めようという考えは、アセクシュアルの人の「ライフスタイル」本来のものではありません。**みんなの言う性衝動というものが理解できないことが多くても、ネガティブに批判するわけではありません。**

　実際に、セックスを進んで行うアセクシュアルの人もいます。性的に魅力を感じなくても、セックスに参加することがあるのです。性やヌードをテーマにした小説を書いたり、アート作品を作ったりする人もいます。性的な内容の番組を見ても平気なアセクシュアル

の人もいます。自分が人に性的魅力を感じられなくても、性的関係についての表現を理解したり想像したりすることができるのです。

　例えばアセクシュアルのアーティストが、あからさまに性的な作品を作ると、説明が困難な場合があります。人はそれを、隠れた性への欲望なのかどうか知りたがるからです。またアセクシュアルの人には、こうした作品を作る資格がないと思う人もいます。個人的な体験もしていないのによい作品が作れるはずがない、というわけです。**アーティストがどんな作品を作るかを決めることと、実際に惹かれるものや、どんな体験を望んでいるかとは、なんら関係がありません。**アートは個人的な欲望を表すのに使われることもありますが、しかし、個人的な欲望と正反対の体験を描いたり作品にしたりしても、それが実際の欲望を表していると決めつけることはできません。その人の作ったアートや文章を理由にして、その人の性的指向を否定することはできないのです。

　アセクシュアルのアーティストは、セックスと関係のない作品しか作ってはいけないなどと限定するのはよくありません。ほとんどの人が性的魅力を感じるということを知っているので、現実味のある小説や映画の人物像を作ろうとすると、ある程度は性に関する側面が必要になってきます。

　アセクシュアルの人の中には、性的に露骨なことを言ったり、「嫌らしい」ことを考えたり、性的ジョークを聞いて笑ったりする人もいます。すると、「ちょっと待てよ。きみはアセクシュアルじゃないか。セックスは汚くて嫌なものだと考えているはずだろう？　あんなジョークで笑ったり、あんな映画を見たりするなら、どうしてアセクシュアルだなんて、言えるのか？」と戸惑わせることがあります。しかし、ジョークや性的な言葉や、性的内容を面白がることと、脳が性的魅力を感じるかどうかとは、別のことなのです。こうした点において、アセクシュアルの人は、世間一般の人たちと同じように実に多様です。性的なユーモアを理解したり、自分

でもセックスジョークを言ったり、性的なニュアンスを解釈したりするからといって、その人のアセクシュアリティを偽物にするわけではないのです。

同じように、アセクシュアルの人の前では、性的なことを言ってはいけないと自粛する必要もありません。もし誰かが（アセクシュアルであってもなくても）、特定の話題を避けてほしいと言えば、それは尊重すべきです。しかし、性についての軽い話が、アセクシュアルの友人や家族の気分を害すことはまずありません。性的に露骨なことについては、相手が誰であっても、まず許可を取ってから話すべきです。アセクシュアルの人は、ほかの人がセックスをすることで（皆がではないですが基本的には）むかつくことはありません。清らかな耳を汚さないように言葉にフィルターをかけてほしいとも思っていません。アセクシュアルの人がこうしたことについてどう思うかが知りたければ、憶測するのではなく、直接尋ねてほしいのです。アセクシュアルの人がぞっとするに違いないと思い込むのは、「子どもの前で話すことではないね」というような、恩着せがましいことだと思われるかもしれません。

セックス礼賛の運動に誇りを持って参加するアセクシュアルの人もいる一方で、セックスを憎みはしないものの、セックス礼賛できないという人も多くいることを、理解してください。セックスに関わったり、セックスに関することを見聞きしたりしたくないと思うアセクシュアルの人もいます。この性的な文化に批判的な人は、アセクシュアルではない人にも大勢います。そうした考えも評価されるべきです。社会には性的なことがらが蔓延し、危険なメッセージがしばしば家庭を攻撃します。こうしたことに（批判的な）目を向けるのは傲慢でも軽蔑でもありません。性に関することにまったく関わりたくない人もいます。性を礼賛すべきだと言われることに腹を立てる人もいるのです。

性についてニュートラルで中立的な考えの人や、性を嫌う人も世

の中にはいます。あまりにも性的な社会や、セックス礼賛のレトリックや呼びかけに馴染むことができません（もしくは少なくとも自動的にサポートすることはできません）。しかしそれは性的なものに反対することでも、傲慢なわけでもありません。個人的にセックス礼賛に関わりたくないだけなのです。そして、反対していないのなら礼賛すべきだと強制されるのは、嫌なのです。

　ときたま、特にアセクシュアルだと自認をしたばかりの人に、アセクシュアリティの間違ったとらえ方をする人があります。セックスや性的指向や性衝動を見下したり、無差別なセックスや、性産業を侮辱したりすることがあるのです。自分を痛めつけた社会への仕返しとしてこういう態度を取ることもあります。無理やり押し付けられたセクシュアリティに従えなくて社会から受けた屈辱に反発し、道徳的な主張でもってプライドを「取り戻そう」とする人がいます。ほとんどの場合、これは一時的なものです。ほとんどの人が、自分の性的指向を受け入れてもらうためにセックスそのものを攻撃する必要はないということに、次第に気づいていきます。

　しかし、アセクシュアリティの裏にこうした怒りや選民意識が隠れていると解釈する人もいます。アセクシュアルの人はただセックスに対して腹を立てているんだ、置いてけぼりを食ったことを怒っているんだと言うのです。アセクシュアリティが苛立ちや憎しみの隠れ蓑となっていて、怒ることをやめさえすれば、もっと普通の方法で性的魅力を感じられるようになるはず、という考えです。しかし、セックスに順応できないから性に無関心になるということが本当だとしたら、アセクシュアリティを一つの性的指向としてとらえることができなくなります。すると、これもまたアセクシュアリティを否定することにつながっていきます。

　怒りと選民意識とセックスへの軽蔑に満ちたアセクシュアルの人も存在しますが、彼らの態度はアセクシュアリティ・コミュニティを代表するものでも、アセクシュアルの定義でもありません。アセ

クシュアルのコミュニティ内でも、しばしばこうした選民意識や性を侮辱する人に対して抗議をすることがあるのです。

セラピーで治してもらったら？

「だってオルガズムは素晴らしいのよ！」「妻とセックスするとすごい絆を感じるんだ！」「大きなチャンスを逃してるのよ！」「好奇心もないし試してみたいとも思わないなんて、信じられない！」「世界一素晴らしいことに興味がないのなら、本当に治療が必要なんじゃない？」

アセクシュアルの人の中には、様々な方法でオルガズムを求めて楽しむ人もいます。それでも、性的魅力を感じて性衝動が起きたり性的行為をしたりしているわけではないので、自分をアセクシュアルと認識しています。こんなこともよく耳にします。「こいつにはほんとに苦労してるけど、でもわかるだろ、ぼく（私）は本当に性的な人間なんだ！」そして、いかにセックスが素晴らしいかという話へと続くのです。**アセクシュアルの人にセックスがいかに素晴らしいかを話すのは、素晴らしさを知らない哀れな人を、言葉で言い負かそうとしているのです。**

これに対抗して、アセクシュアルの人が、アセクシュアリティの素晴らしさで報復しようとすることはほとんどありません。性的なことに惑わされない人生がいかに素晴らしいかを、禁欲的なアセクシュアルの人が何時間も語ることも、パートナーを求めないアセクシュアルの人が浮き沈みの激しいデートゲームに悩まされずに日々を過ごす快適さについて語ることも、しようと思えばできるでしょう。そんなアセクシュアルの人たちに対して「この素晴らしいものが体験できるようになるために、セラピーを受けるべきだよ」と勧めるのは正しいことではありません。

「でもあなたに幸せになってほしいだけなのよ」

　自分の欲望を他者の意志に関係なく押し付けるのは、決して相手を幸福にすることにはならないと、誰にでもわかっているはずです。こうしたことをしたり言ったりする人は、アセクシュアルの人は幸福がなにかわからず、したがって満足することができないと言っているのです。人は誰でも、他者の語る気持ちは真面目に受け止めるべきです。自分の気持ちを押し付けてはなりません。アセクシュアルの人は治療が必要だと言われると、悲しみとストレスを感じます。

　禁欲的なアセクシュアルの人に、性体験に対し「オープン」になってみるように勧めることがいかに間違っているか、それがわからない人は、自分がまったく興味のないことをしてみるようにしつこく勧められたらどんな気持ちになるかを考えてみるとよいでしょう。レストランのウェイターが、客の注文したものではなくて、自分がおいしいと思うものを繰り返し勧め、ついには自分のお勧め料理を供してお金を取るというようなものなのです。**アセクシュアルの人に、幸福になるためには変わるべきだと繰り返ししつこく言うべきではありません。アセクシュアルであることに満足している人を変えようとする人は、アセクシュアルの人に対してというより、(変わろうとしない) 状況に腹を立てていることが多いのです。**

　アセクシュアルの人は、性に関するカウンセリングを受けて「治して」もらうべきなのでしょうか？　まず第一に、相手をよく知りもしない人が相手のメンタルヘルスについて軽々しく口にすることは、控えるべきだと思います。第二に、これはアセクシュアルの人のどこかが「おかしい」のだから、それを見つけてセックスを望んだりセックスに耐えられるように「治して」もらって「ノーマル」になるように、と言っていることと同じです。ストレートでない人たちもこうした問題に直面することがあります。しかし最近では、ゲイ、あるいはバイセクシュアル、ポリセクシュアル、パンセクシュアルの人がメンタルヘルスの専門家のところに行っても、即座

に「なぜストレートでないのかを見つけて、治しましょう」ということにはなりません。

しかし、残念なことに、アセクシュアルの表面的な「症状」は、今でも Diagnostic and Statistical Manual of Mental Disorders（DSM）[20]によって、メンタル障害と診断される場合があります。アセクシュアリティとまったく関連のないことで治療を受けていても、アセクシュアリティが症状だと見なされることがあるのです。**もし医師やメンタルヘルスの専門家がアセクシュアリティについての正しい知識を持っていなければ、簡単に誤診してしまうでしょう。すると患者を助けられないどころか、最悪の場合は患者をひどく傷つけてしまうことになるのです**（アセクシュアルの人の時間とお金と健康を犠牲にして）。

「でも助けようとしているだけなのに！」

自分の理屈を人に押し付けることは「助ける」ことではありません。ある人がアセクシュアルだと公表したら、おそらくその人はその状態に満足しています。誰かに心配されて「変わる」ようにそそのかされても、応じることはないでしょう。「助けよう」とそそのかす人が、アセクシュアルの部分だけに注目して、その他の健康状態については別に詮索しないような場合は、特に要注意です。自分のセックスライフと比較してアセクシュアルの人の健康と幸福を純粋に心配しているのなら、ほかの健康状態について尋ねて来ないのはおかしいですよね。本気で健康状態を心配しているのなら、今日お通じがあったかとか、水分を十分に摂っているか、といったことも聞くべきでしょう（とはいっても、こうした医学的なことを医療の現場にいる医療専門家でもないのに聞くのは変ですから、やめてください！）。

「本当にアセクシュアルなの？　診断受けたの？」

医師の証明がなければアセクシュアルではないと思う人もいます。

医師の診断があれば、唯一、普通でないことでも本当だと受け入れられるのです。しかし、性的指向は医師によって診断されるものではありません。ストレートだと診断された人はいません。血液検査や脳スキャンによってわかることではありません。主観的なことなのです。

医療についてさらにいえば、アセクシュアリティを治す薬などありません。勃起障害のための薬や、性欲増進のための医療治療は存在していますが、性衝動は先にも述べたように、性的魅力を感じるかどうかではありません。アセクシュアルの人をサポートするのなら、治すために薬の治療を受けるべきだなどと言ってはならないのです。

診断可能な障害としてHSDD性欲低下障害というのがありますが、これは表面的にはアセクシュアリティに似ているように見えるかもしれません。この障害は「性的／性欲を刺激するような考えや妄想や性行為への欲求の欠損が、持続的に繰り返し見られる」[21]と定義されています。現在のDSMによれば、この診断が下されるためには、患者が症状に苦しんでいることが必然です。しかしDSMの以前の版では、「対人関係の困難」があればこの診断を下してもよいとされていて、パートナーとの間にあつれきが生じていれば、それは「明白な苦悩」であるという意見もありました。このことにより、DSMのHSDD性欲低下障害の定義は批判を受け（ほかにもいくつかの批判がありましたが）、DSM第5版では、アセクシュアリティが性的指向として認められるようになりました[22]。第5版では、アセクシュアリティの場合は除外されると、特記されています。メンタルヘルス専門家も、専門家のふりをして「診断」しようとする素人も、この改訂についてしっかり知っておくべきでしょう。

アセクシュアルの人を支えたいと思うなら、性的指向や恋愛関係について別の方法を探ってみるように勧めることは避けるべきです。もし自分の状態に不満足なら自分で変えればよいのです。頼まれも

しない助言は必要ありません。

しかし、もし本人がセラピーや心理カウンセリングを求めるのなら、効果が得られることもあります。もし性的指向を伝える必要のある相談内容なら、セラピストやカウンセラーがどの程度の知識を持っているかを事前に調べてみましょう。彼らを啓蒙する心構えも必要です。LGBTQやジェンダーのカウンセリングの経験のある人の方が、アセクシュアリティを性的指向として受け入れやすいでしょう。しかし残念なことにこの分野でも、まだアセクシュアリティの知識がないことや、アセクシュアルの人が否定されていることが大変一般的なのです。事前に調べてから行くことをお勧めします。

セラピストが、アセクシュアリティをなにかの症状や治療すべき病気としてではなくて、セクシュアル・アイデンティティとして認知していると、セラピーを気持ちよく受けることができます。セラピストにDSM第5版を示して、性衝動や性欲に関する障害からアセクシュアリティが除外されていることを説明しましょう。また最近の科学調査の記事などをセラピストに見せるのもよいでしょう（本書のパート6にこうした調査へのリンクが記されています）。こうすることによって、ほかの医療専門家がアセクシュアリティを真面目にとらえており、独自で研究することにより、アセクシュアルの患者をもっと効果的に治療することができるようになりたいと考えていることがわかってもらえるでしょう。

セラピーやカウンセリングを受けることは合意の上でなくてはなりません。アセクシュアルの人に、専門家のところに行って「治してこい」という要求を押し付けてはなりません。

セックスレスの生活はシンプルでいいわね。

ここまで読んできておわかりのように、アセクシュアルの人の生

活は単調などというものでは決してありません。性的関係やパートナーとの恋愛は確かに生活を複雑化しストレスにもなり得ます。そのストレスがあまり大きくなりすぎると、アセクシュアルの人にはこうしたプレッシャーがなくて理想的だと思えるかもしれません。牧歌的でのんびりしていて、大人の性関係の問題やプレッシャーに押し潰されることなく、まるで「子どものように悩みのない毎日でいいわね」と思うかもしれませんが、そんなことはありません！

　パートナーを求めるアセクシュアルの人は、とてもシンプルとはいえない非典型的な関係を築くために、たくさんの障害を乗り越えなくてはなりません。アセクシュアルではないパートナーと妥協するのでなければ、希少なアセクシュアルのパートナーを探さなくてはなりません。

　一方、パートナーを求めないアセクシュアルの人は、「独身でも幸福になれるなんて、常軌を逸した不自然でおかしな考えだ」と言われ、しばしば無理やり恋愛や性的関係を受け入れるように強要（ときに暴力によって）されることもあるのです。アロマンティックでパートナーを求めないアセクシュアルの人は、どこかとても具合の悪いところがあるかのように扱われます。そして近づいて来る人に、まだ「誰のものにもなっていない」しパートナーもいないのだから、募集中でないはずはないと思われたりします。友情を最も重要な関係だと思っていたのに、相手が配偶者を得ると、とたんに相手にとっての優先順位が変わってしまうこともあります。すると自分は誰にとっても重要ではないんだと悩んだりします。

　社会は、アセクシュアルの人の求める親密さは異型と見なしてひどい扱いをすることがあります。(周囲に) **信じてもらえなかったり、取り調べや診断やリハビリが必要だと思われたりする状況の中では、どんな関係でもうまくやっていくのはとても困難なのです。**

「長い間自分はアロマンティックだと思っていたんだ。一般的

> な恋愛を見て『自分の望んでいるものとは違う』と感じてた。でもしばらく経って、自分はディナーデートや映画館でのキスのような恋愛は欲しくないけど、まったくなにも欲しくないわけではないことに気づいた。そして自分を、いってみれば、プログラミングし直したんだ。こうでなくてはいけないというのではなくて、自分にとってのロマンスや恋愛関係というものを作り直した」(オーデイシャス・エース、Asexuality Unabashed より)

アセクシュアルの人もそうでない人と同じように、デリケートな感情を持ち、生活も充実しています。大人が子どもより複雑で成熟しているというのは、ロマンスや恋愛やセックス面だけのことではありません。それでも、恋愛関係に多大な時間と注意を注ぐべきだと思う人が多いのです。しかし時間がかかりすぎると疲れるし、フラストレーションが多い割には見返りが少ないと感じる人もいます。アセクシュアルの人は、こうしたことにまったく関わらなかったり、違った関わり方をしているように見えるので、(恋愛に) 疲れた人は、無邪気に「私もアセクシュアルならもっと楽だったのに」などと言うことがあるのです。それがなにを意味するのか、わかっていないのですね。

アセクシュアルの人はたいてい、自分たちは誤解を受けている少数派だと感じています。「自分もアセクシュアルだといいのになあ」などと言う人は、それがどんなことを意味しているのかわかっていないのです。もし万が一アセクシュアルの人が、アセクシュアルでなくなればいいなと望んで性的魅力を人に感じ始めたとすると、たくさんの新しい問題が起きることでしょう。予測してなかったような恋愛にまつわる困難が押し寄せてくるのです。逆もまた真なりです。

アセクシュアルの人もまた人間関係を違った方法で進めていかな

くてはなりません。それに、自分には理解できない性中心の社会の中で生きていかなくてはなりません。アセクシュアルではない人がわざとらしく「悩みから解放されるためにアセクシュアルになりたい」などと言えるのは、それがどのような問題をもたらすかがわかっていないからです。アセクシュアリティの賛否について率直でフレンドリーに話し合うことは確かによいかもしれません。しかしアセクシュアルだから無邪気でのんきだと思われることは、子ども扱いされていると感じる人もいます。

どうすれば「アセクシュアルになれるか」と聞かれることさえあります。これはアセクシュアリティと性衝動が同じことだと思っているのです。性衝動は面倒で悩ましいし、心臓麻痺や間違った判断の原因になるかもしれないから（アセクシュアルになりたい）などと考えているのでしょう。しかし、性的魅力の感じ方や性欲を変えることは、アセクシュアルの人にはできませんし、もしたとえ変えることができたとしても、それで人生が楽になるとは限らないのです。「転換」したとしても、例えば、誤解されながら生きなくてはならないというような、また別の問題が起きるのです！

興味深いことに、「アセクシュアルの人生は本当にシンプルでいいね」とよく言われますが、ロマンティック指向や魅力の多様なタイプについて説明し始めると、「どうしてそんなに分析しすぎなくてはいけないの？　複雑にしなくてもいいじゃない？」と今度は逆のことを言われることがよくあるのです。一言で言い表すことができれば、確かにシンプルでしょう。でもほかのことと同様、アセクシュアリティにもいくつもの層があって、よく考えてみれば、ほかのどの性的指向と同じように複雑だということがわかります。

セックスの上手な人に変えてもらえば？

アセクシュアルの人はセックスを試したことがない、あるいは試

したけれどセックスの相手が悪かった、そして、セックスのよいパートナーと出会えれば、「転換」できるというのが、最も困る一般的な誤解なのです。こう主張する人のほとんどが、自分こそがその実験を行う適任者だと思っているのは、なんとも興味深いことではありませんか！「ちょっと試してみても」損はないよね？というわけでしょう。こんな執拗な人の思いを変えることはできないのでしょうか。その注意を誰かほかの人に向けてほしいものです。

> 「セックスを（正しい状況下で）試せば、好きになれるかもしれないというのが正しいとしても、試してみるまではアセクシュアルかどうかわからないと言うのは、どうかと思うよ。特にアセクシュアルだとカミングアウトした人に対してそういうことを言うのは、どんなものだろう。セックスをしないとノーマルではないと思わされることは、あってはならない。決してあってはならない。セックスをしたくない人は、しなくてもいいんだ。アセクシュアリティはセックスが好きではないということではない。性的に誰にも惹かれないということなんだ。セックスが好きかどうかは、してみないとわからないかもしれないけど、性的魅力を感じるかどうかは試してみなくてもわかるさ」
> （アンドリュー・ハインデリター、Asexual Explorations より）

セックスを試してみたことのあるアセクシュアルの人もいます。一方、試したいと思わない人もいます。それは、ヘテロセクシュアルの人が本当に自分はストレートなのか見極めるために、同じジェンダーの人とのセックスを義務付けられないのと同じことです。セックスが嫌いだと確信するために試す必要はないのです。他者に惹かれるかどうかが、アセクシュアルかどうかの根底です。多くの場合、誰に惹かれるかということが、ベッドを共にする相手を決める大きな要因になります。**たいてい人は、実際に体験するよりずっ**

と前からセックスをしたいと感じ始めるものです。ですから、誰かとよいセックスをしたとたんに、ほかの人にも性的魅力を感じ始めるとは考えにくいのです。

　上手なパートナーとのセックスで、アセクシュアルの人に性的魅力のスイッチが入るということは、あり得ません。その道の達人だと自負する人と「試してみる」のを拒絶したからといって、頭が固いわけでもありません。男性にオーラルセックスされることに「興味」のないストレートな男性であれば、アセクシュアルの人にも「試してみれば」とは言えないはずです。単に、セックスに興奮したり興味を持ったりしないだけではなく、セックスを拒絶する人もいるのです（もし同じジェンダーの人とのセックスしかこの世に存在しなくても、多くのヘテロセクシュアルの人がそれを拒絶するのと同じことです）。親切に自己探求を勧めるかのように、アセクシュアルの人にセックスを試すように言うべきではありません。そして、アセクシュアルの人がそれを拒否しても、その人の態度に問題があるわけではありません。

　残念なことに、「本当に本当に」嫌なのに、試さなくてはならないとプレッシャーを感じている人が多くいます。性交とは、値打ちがあって、満足をもたらす、美しいものなのだと、そしてそれは試してみるまで「わかりっこない」のだと繰り返し言われ続けているからです。でも試してみてもまだ人に性的魅力を感じられなくて、初めと同じだということになったら、どうでしょう？　本当にアセクシュアルであることを確信するためにやるべきことは全てやったのだから、アセクシュアルという性的指向が確かに存在することを、やっと認めてもらえるのでしょうか？

　もちろんそんなことはありません。今度は、「一度試してもだめなら、もう一度やってみなさい！　やり方が間違っていたり、相手が悪かったのに違いない！　ちゃんと試さなかったんじゃないの？」と言われるのです。

「魅力を感じない人とのセックスはしたくないから、楽しめなかったんだ」と言っても通じません。理解できないのです。

悪い体験だったから、もう絶対二度とセックスはやる価値がないと思ったのではないかと言う人がいます。第一の問題は、通常、性的魅力というものは、初体験をするより以前から感じ始めるもので、そしてそれがまだ気持ちのいいことだと知らなくても、性的魅力を感じることを証明したり、セックスをしたいという考えに「スイッチを入れる」必要はないということです。そんなことをしなくても性的に惹きつけられるのです。でもアセクシュアルの人はそうではありません。試してみたからといって、性的魅力を感じられるように変わることはありません。ただ、試してみることによって、自分の性行為の許容範囲が理解できるようになるかもしれません。

第二の問題は、「もう一度」試しても、まだ十分だと言ってもらえないということです。二度、三度、四度、試してもまだセックスが好きになれなかったら、今度は違う人とやってみるべきだとか、別のジェンダーはどうかとか、違う体位はどうかとか、月のうちのどの日がいいとか、なにしろ好きになるまでやってみろと攻撃が続くのです。これはまったく馬鹿げたことです。何度も言うように、ないものを証明することはできませんから。

セックスに無関心な人やゲイの人にさえも、ヘテロノーマティブなセックスの素晴らしさを教えたいという考えに浮かれる人も大勢います。そしてもちろん、「転換」した人は「転換させてくれた」人に、目を開かせてくれたことを深く感謝するというわけです。自分はセックスがうまいので興味のなかった人までも性の虜にすることができる、と思いたがる人がいるのです。これもまた、エゴではありませんか？　こうした**「実験」はアセクシュアルの人のためではなく、それを提案する人の自尊心を満たしたり達成感を得たりするためのものであると同時に、彼らの浅い考えの正当性を確信するものにほかなりません。彼ら自身のためであって、アセクシュアル**

の人のためなどではないのです。

　アセクシュアルの人にとって、自分の体験は自分のためのものであってほしいのです。

注

1) コミュニティ・センサス（Asexual Awareness Week, 2011）
2) アセクシュアルとそうでないグループに映画を見せながら、（身体の）機能を測定したところ、「両グループがエロティックな映画を見たときのVPA（Vaginal Pulse Amplitude 膣パルス振幅）上昇率と自己申告の性的興奮の度合いには顕著な差は見られなかった」（Brotto & Yule, "Physiological and Subjective Sexual Arousal in Self-Identified Asexual Women," 2011）
3) 「この結果は、アセクシュアルの女性の主観的及び生理学的な性的衝動の能力がノーマルであることを示し、アセクシュアリティを性機能不全だと見なす意見に疑問を投げかけるものである」（Brotto & Yule, "Physiological and Subjective Sexual Arousal in Self-Identified Asexual Women," 2011）
4) 「性交痛障害には、性交疼痛と膣痙が含まれる」（Phillips, 2000）
5) テストステロン、アンドロステンジオン、デヒドロエピアンドロステロンなどの男性ホルモン（アンドロゲン）、そして、エストラディオール、エストロン、エストリオールなどのエストロゲン（女性ホルモン）といった様々なホルモンのアンバランス、欠如、あるいは敏感さ／免疫性が性欲に影響を与えることがある。（Regan, 1999）
6) インターセックスには、染色体の、ホルモンの、そして解剖学に関連した状態が様々に含まれる。詳しいリストはisna.org参照。（Intersex Society of North America, 2008）
7) 「アセクシュアリティは障害のある人に課せられた有害な神話であるという批判が繰り返されてきたが、障害のある人で自分を性的だと思わない人（の存在）は、正常さとセクシュアリティに切り離すことのできない重なりがあることを強調するものだ」（Kim, 2011）
8) 「一般的な薬の多くが、男女両方の性的機能を妨げることがあり、性欲減少、男性の勃起や射精障害、女性のオルガズムを遅らせたり妨げたりすることがある」（Medical Letter on Drugs and Therapeutics, 1992）

9) コミュニティ・センサス（Asexual Awareness Week, 2011）
10)「性嫌悪障害には多くの、しばしば相互関係の見られる原因がある。近親相姦、性的いたずら、レイプ、心理的虐待などが、しばしば女性が肉体的な親密さをまったく避けたり、性的な接触をするという考えを拒絶したりすることにつながっている」（Banner, Whipple & Graziottin, 2006）
11)「レイプを受けると即座に社会的な機能や性的機能が非常に妨げられ、数か月後にはレイプ以前の状態に戻るが、性的満足感は 18 か月過ぎまで低下したままである」（Stekette & Foa, 1987）
12)「ホモセクシュアルやバイセクシュアルを好きな（嫌いな）人は、同じようにアセクシュアルが好き（嫌い）である」（MacInnis & Hodson, 2012）
13) 独身を貫いたパウロがなぜセックスを欲する者には結婚を勧めたのか。「このことは、譲歩のつもりで言うのであって、命令するのではない。私としては、皆が私のようになってほしい。しかし、一人ひとり神からそれぞれの賜物をいただいているのだ。ある人はこれを、他の人はあれを」（NIV：1 コリントの使徒への手紙 7：6-7）
14)「次に、未婚者たちとやもめたちに言うが、私のように、一人でおれば、それが一番よい。しかし、もし自制することができないなら、結婚するがよい。情の燃えるよりは、結婚する方が、よいからである」（NIV：1 コリントの使徒への手紙 7：8-9）
15)「もし、その人の健康状態や精神の高潔さや魂の平和が独身であることに宿るのなら、その人にとってはその方がよい。なぜならこれらは結婚に期待されるものである。結婚せずにこれらに到達できれば、独身であることはなんら害を及ぼさないからである」（The Sustenance of the Hearts（Qut al-qulub）- Abu Talib al-Makki）
16)「産めよ増やせよ地に満ちよ」（創世記 1：28）
17)「全ての男は女と婚姻して繁殖する義務がある。子どもを持たないものは殺人者のようである」（Shulhan Arukh, Even Ha'Ezer 1：1）
18)「外からはごまかしのように見える。私が 13 年ほどセックスライフについて人にアドバイスをしてきた経験からいえることは、性欲について精神的葛藤を抱えた人がとても多いということ、そして多くの人が自分の性的指向について葛藤を抱えているということ、そしてそういう人の多くは性的指向などというものがない方が楽だと思っているということだ。『私はゲイではない、レズビアンでもない、バイでもない、でも倒錯的嗜好があれこれあるから、ヘテロセクシュアルだというのもすごく不安だ。だから私はただアセクシュアルなんだ。なにものでもないんだ』と言うのは、逃げ道以外のなにも

のでもない」(ドキュメンタリー (A) sexual からの Dan Savage の言葉の引用)
(Tucker, 2011)
19)「多くの抗うつ薬の副作用として性機能不全が起こり得るのに加えて、うつと性欲減退の間に関連があることが研究で示された」(Miller & Hunt, 2003)
20) HSDD 性的欲求低下障害:性的空想と性的活動に対する欲求の持続的または、反復的不足(または欠如)(米国精神医学会、2013)
21) 診断基準 302.71(米国精神医学会、2013)
22)「アセクシュアリティは、性欲の問題を定義する上で『個人的な苦痛』の役割についての問題を提起するものだ」(Prause & Graham, 2007)

パート4

もしあなたがアセクシュアルなら
(または、そうかもしれないと思ったら)

私はアセクシュアルなの？

あなたは誰かに性的に惹かれることがありますか？ あなたの人生にセックスは必要ですか？ 恋愛関係に性行為を取り入れたいと思いますか？ もし一つでも答えが NO ならば、あなたは**アセクシュアル**かもしれません。それは専門家が「診断」するものではなく、自分にしかわからないことです。

しかし自分の複雑な状況を理解するのが困難だと言う人も多いでしょう。Yes か No では決められない、ずっと微妙なものかもしれません。そこで、こんな基本的な質問を自分にしてみましょう。**性的魅力を人に感じますか？ アセクシュアリティという言葉が自分の気持ちを説明するのに役立つと思いますか？** アセクシュアルではない人は自分が性的魅力を人に感じるかどうかはよくわかるでしょう。でも反対に、アセクシュアルの人が感じていないものについて知ろうとするのは、容易ではありませんね。下記に役立つ方法をいくつか挙げましょう。

自分はどんな気持ち？

- 誰かほかの人をセクシーだと思いますか？ 誰かに対して性欲や性的興奮を感じたり、もしその人とセックスや性的なタッチをしたら嬉しいと思いますか（実際にするかどうかにかかわりなく）？ そんな気持ちにならなければ、あなたは**アセクシュアル**かもしれません。
- ときおり性的魅力を感じることはあるけれど、それを追求したり実現したりしても、本質的な達成感を感じませんか？ こういう場合も、**アセクシュアル**だと言う人もいます。
- セックスという考えやセックスをすること自体は問題ないけれど、それは特に楽しくないとか重要でないと思いますか？ してもしなくてもいいし、むしろしない方が便利で好ましい

と思いますか？　それを**アセクシュアル**という場合もあります。

- ほんのたまにしか性的魅力を感じなければ、あなたは**グレイセクシュアル**＊かもしれません。アセクシュアルとの共通部分がたくさんあります。
- 知らない人やスターやただの知り合いに性的魅力を感じることはないけど、大切な関係をすでに築いている相手にならときたま性的魅力を感じる、と言うあなたは**デミセクシュアル**＊かもしれません。アセクシュアルの人と共通していることが多くあります。

＊グレイとデミは、「アセクシュアリティのスペクトラム」上に位置していると考えられます。スペクトラムには中間にとても多くのタイプがあるのです！　ロマンティック指向、アセクシュアルのタイプ、中間のエリアなどについては、パート2で詳しく説明してあります。

　アセクシュアリティの啓蒙家や教育者に年中寄せられる質問に、「私は○○なのですが、アセクシュアルでしょうか？」というものがあります。上のリストは広い定義ですが、もう少し詳しく見てみましょう。次に挙げる定義が決定的というわけではありませんが、アセクシュアルの人に共通した気持ちです。これらに当てはまらなくても、もしあなたが、自分はアセクシュアルかもしれないと感じているということは、なにか一般的ではないセクシュアル・アイデンティティに当てはまるのかもしれません。アセクシュアリティ・スペクトラム上のどこかに、しっくりいくところが見つかるかもしれませんね。

■ 気持ちとアイデンティティについて

- セックスに興味を持ったことのない人間は、世界で自分一人だけかもしれないと、疎外感を持つことがある。

大げさに話しているのだろうと思ったことがある。
- 人の容姿の美しさに惹かれても、それ以上の気持ちになれない自分はいったいなんなのだろうと不思議に思うことがある。
- 反対の性やジェンダーに魅力を感じないから、自分はゲイなのかと思ったことがあるが、そちらにも魅力を感じなかった。
- なぜ「性的なこと」に興味がないのか理由を見つけようとして、過去の不快な体験を全て思い出そうとしたことがある。
- 性的魅力を感じられない自分には、人を正しく愛すことができないのかもしれないと思ったことがある。
- ほかの人の究極的な妄想にセックスが含まれていることが理解できない。自分の場合は、もし3つの願いが叶うとしても、あるいは死ぬまでにしたいことが叶うとしても、そこにセックスは含まれない。地球最後の日が来たとしても、セックスをしたいとは思わない。

■ 恋愛関係について [1]
- 自分もデートをしてもいいとは思うけど、なぜ人は恋愛をしていないとそれほど不満なのかが理解できない。
- デートにまったく興味がなくて、周囲の人に「どうしてセックスもパートナーもなくて耐えられるのか」と聞かれて困惑することがある。
- 恋愛やデートについての話がとても退屈で、自分の人生には関係ないと思う。
- 結婚はしたいけど、ほかのカップルのような関係よりも、もっと友情の関係でありたいと思う。
- 自分はロマンティックで情熱的だけど、人に性的魅力を感

じることはない。こんなにロマンティックなのにそれでもアセクシュアルなのだろうかと不思議に思うことがある。
- シングルでいることがハッピーかどうか自信はないけど、周囲の人に、相手を探すようにしつこく言われるとイラつく。
- すでに結婚相手や恋人がいるけれど性欲がわかない。それは愛していないということではないと、相手になかなかわかってもらえなくてつらいことがある。
- 誰かにモーションをかけられても気づかなかったり、自分がなんとも思わずにしたことを「誘った」と誤解されることがある。
- パートナーと一緒にいるのは、「勝ち組」と思われたいし、そうすることを期待されているからだけど、本当はそれを本質的には楽しんではいない。

■ セックスについて
- 自分はセックスについて考えないし、どうしてみんなが考えているのかが理解できない。
- 性的なジョークについていけない。自分には自然に性衝動が起きないので、どうして人にそれが起きるのかが理解できない。
- セックスアピールについての話についていけないことがよくある。特に自分について言われているとなおさらだ。
- 性的な会話がとても退屈で奇妙に思える。どうしてみんなはこんなことをいつまでも話していられるのかと、理解に苦しむ。
- セックスに対する知的な興味はあるし、社会学的な側面も面白いと思うが、自分も参加しようとは思わない。
- 人がセックスを渇望するのを聞いて、最悪だと思ったり、

困惑したり、疎外感を味わったりする。自分にはなくても構わないものを、なぜ人がそんなに欲しがるのかわからない。
- セックスの夢を見ることがない。あるいは、セックスの夢を見ても、そこに自分は登場しないし、ファンタジーのような快い夢でもない。
- 小説や映画のセックス描写は、どうでもいいし退屈だ。セックスシーンは飛ばしてもいいと思う。
- セクシーだと言われるような服装を見ても、実用的でないし、とても変だと思う。
- 性的に倒錯的なことは好むけれど、そこにセックスを含めたくない。
- 自慰はするけれど、それだけで十分で、パートナーとしたいとは思わない。
- 自慰をすることはあっても、したいという「衝動」でしているのではないし、いつでもやめられる。
- 自慰をしたいと思わないし、これからも決してしないだろう。
- セックスをしてみないとどう思うかわからないのではないかと不安に思う。でもほかの人は、性体験がなくても、セックスをしたいことがもうわかっているみたいだ。
- 友だちが誰かのことをセクシーだと言ってもピンと来ない。また、その辺で見かけた人と「やってみたいな」などと思ったこともない。

■ **接触について**（性的なものと、性行為以前のものを含む）
- パートナーやパートナー候補者が性的な触り方をしてくると、不快になる。
- キスや抱擁は楽しめるし、官能的だと思うが、それ以上エ

スカレートしてほしくない。
- セックスはしてもよいと思うが、自分から始めたり誘ったりすることはない。
- セックスそのものは楽しむが、パートナーに対して性的魅力を感じることはない。自分は「セックスが好きなのにアセクシュアルなのかな」と疑問に思う。
- セックスを今しているか、過去にしたことがあるが、素晴らしいこととは思えない。セックスを楽しめたとしても「みんながあんなに興奮するようなことだろうか？」と不思議に思う。
- セックスをしたり、する直前までいったことがあるが、その体験は、不安で最悪で気持ちが悪くて不自然で不快だった。「そんな気持ちを乗り越えなくては健全ではない」と人に講釈されると余計に腹が立つ。
- 性的な興奮からではなくて、セックスに対する知的な興味からセックスをしたことがある。
- 相手がどうしてほしいのかがわからないし、自分も興味がないので、相手を喜ばせることができない。
- 罪の意識にかられたり、相手を傷つけたくなかったり、興味のない自分が恥ずかしくて、相手の体を触ったり性行為をしたことがある。

　こうした体験に共通しているのは、アセクシュアルの人はセックスということに関しては自分が部外者であると感じていることです。感じ方は人によって大きく違います。自分が部外者であっても、まるで問題ないと思う人もいます。一方、みんなにとってそれほど大切なことに自分が参加できず疎外されていることを、つらくて嘆かわしいと思う人もいます。そのようなときにこそ自分の性的指向を認識すれば、新しい不安や疑問が起きても、アセクシュアルのコ

ミュニティとつながることができて気持ちが解放されるものです。

　自分がいったいなんなのか、それがやっとわかればとても安堵できるでしょう！　でも、**自分のラベルを見つけられれば視界が開けますが、それが絶対に必要というわけではありません。**自分をどう呼ぶかをすぐ決めなくてもいいのです。アセクシュアルの人たちの言っていることに共感できて、ほかの友だちのような性的興味や魅力が感じられないのなら、アセクシュアリティについての記事を読んでみたり、フォーラムに参加してみたり、ビデオを見たりして、自分がどう感じるか考えてみるとよいでしょう。自分に合うと思う呼び方が見つかったら、それがどれほど自分に適合しているかを試してみるとよいのです。

　忘れないでほしいのは、アセクシュアリティは人によって診断されるものではないということです。それに自分がアセクシュアリティだと決めても、あとで変えてもいいということも忘れないでください。最終決定でなくてもいいのです。ラベルを変える必要があれば変えればいいのです！　アセクシュアリティは気持ちの説明です。髪の色のようなものです。髪を染めれば、自分の色の説明も変わります。自分に合うと思うラベルに変えればいいのです。あとになってアセクシュアルではなかったと思ったとしても、そのとき自分に合っていたのなら、害はありません。

　でも、もしアセクシュアリティのラベルが今のあなたにぴったりなら、ようこそアセクシュアリティのコミュニティへ！　ここはとても多様でフレンドリーなところです。みんなもあなたのように、混乱したりつらい思いをしてきました。あなたの問題がスムーズに解決できるようになって、劣等感や疎外感を持たずに人生を送ることができれば、こんなよいことはありません。

でも、それで全てが変わってしまうかも！

　自分と多くの友人や家族との間には、とても重要な点において基本的な違いがあるということに気づくと困惑することもあるでしょう。これまでの人生に対する考えが、間違いだったことになってしまうかもしれません！　自分を理解してもらい受け入れてもらうための苦しい戦いがここから始まるとしたら、どうでしょう？

　不安になるのも無理はありません。当惑したり自分が信じられなかったり、ここからどう進んでいけばよいのか、わからなくなるかもしれません。人生はこうあるべきだと教えられてきたことが、なにもかも不確かになりました。恋愛関係が複雑になったり、あるいは恋愛をしたくないと思ったりするかもしれません。もう恋愛は必要ないという気持ちに気づき始めたかもしれません。それが人生においてどんな意味を持つのかわかりません。こうしたショックを感じたり、落ち込んだり、嘆き悲しんだりする時期を経るのは、よくあることです。同時に、目まぐるしさを感じたり、感謝や安堵の気持ちを持ったり、自分のような人とつながりたいという気持ちが押し寄せてくることもあるでしょう。そんなの大したことじゃないと思う人にはわからないかもしれませんが、自分の性自認に気づいたばかりのアセクシュアルの人にとっては、世界がひっくり返るようなことなのです。

　でもご安心。アセクシュアルのコミュニティから多くの情報や助けを得ることができるし、あなたと同じ体験をした人もたくさんいます。

　次のようなことをいつも忘れずにいてほしいのです。

忘れないで！
- アセクシュアリティは病気でも障害でもありません。
- アセクシュアルの人も、したければ恋愛をすることができま

す。恋愛相手を求めても求めなくてもいいのです。
- アセクシュアルの人にもほかの人と同じ気持ちがたくさんあります。周囲の人も次第に、アセクシュアルの友だちや家族が自分とそんなに違うわけではないことに気づけるようになるでしょう。
- アセクシュアルの人も、様々な恋愛関係を築くことができます。
- キスや抱擁や親密なタッチを好む人も好まない人もいます。
- セックスをするつもりがないのなら、恋愛相手に愛される資格がないと言われることがありますが、そんなことはありません。どんな恋愛関係にもコミュニケーションや妥協は必要ですから。
- どのジェンダーの人にもアセクシュアルの人がいます。アセクシュアルの男性もいるのです。「男は誰でも生物学的にセックスを望むようにできている」というのはよくある誤解です。
- アセクシュアリティを「証明」するために不必要なセラピーや医療テストを受ける必要はありません。アセクシュアリティは診断ではないのです。
- アセクシュアルの人の中には、虐待の経験や精神疾患や障害や疾病のある人もいます。また投薬治療を受けている人や、自閉症スペクトラムの人もいます。しかし、それらによってアセクシュアルの真性が減少することはありません。こうしたことと重なることによって、アセクシュアリティが本物でなくなることはありません。
- アセクシュアルの人はひと目ぼれや結婚をする場合も、しない場合もありますし、子どもを持つ人も持たない人もいます。
- 自己刺激をする人もしない人もいます。
- アセクシュアルの人は処女／童貞である必要はありません。

> 過去や現在性的関係を持っていたとしても、アセクシュアルでなくなるわけはないのです。誰とベッドを共にするかが、性的指向を決めるのではありません。
> - パートナーに性的魅力を感じなくても、セックス自体を楽しむことはできます。一方、セックスを拒絶する人や、その中間の人もいます。セックスを楽しむアセクシュアルの人もいるのです。性的魅力を感じるかどうかということと、性的行為をするかどうかは、同じことではないのです。

カミングアウトするべき？

> 「アセクシュアルだとカミングアウトして啓蒙活動に携わったことで、このセクシュアルな世界の中にも、自分の居場所を見つけられるという自信を得ました。アウトサイダーとしてどう社会に適応したらよいのか不安に思っていた私に、自分の場所を作り出す力を与えてくれたのです。私たちがカミングアウトしていけば、社会はアセクシュアルのための場所を作らざるを得なくなるでしょう」(オーデイシャス・エース、Asexuality Unabashed より)

　カミングアウトするかどうかは、あなた次第です。あなたが、ヘテロセクシュアルやゲイやバイセクシュアルやポリセクシュアルやパンセクシュアルだったら、そのことを両親や、大切な人や、友だちや、同僚や、先生や、ネット上の友だちなどに伝えたいと思いますか？　多くの人は、性的指向は自分の人生にとって大切なことなので、大事な人たちに知ってほしいと思うようです。アセクシュアルだとカミングアウトすることが自己肯定になり、公表することによってアセクシュアリティの可視化に貢献していると感じる人もい

ます。でも、**まだ準備ができていないと思ったり、安心してカミングアウトできないと感じたら、する必要はないのです。**この本を読んでわかるように、アセクシュアリティはまだ多数派の人たちには理解されていないので、つらい思いをすることがあります。誤解や激しい非難攻撃を受けることになるでしょう。

　抑圧や非難を受けることに耐えられないし、そういう事態を招きたくないと思ったら、無理をしないことです。いつかカミングアウトの準備ができるまで待てばいいのです。そして信頼できる人たちだけにカミングアウトすればよいでしょう。特定の友人や親せきが、どう受け止めるか不安なら、その人にはカミングアウトすることはありません。

　どんな反応をされるか心配なら、事前にテストしてみることもできます。例えばアセクシュアリティについての記事を送ってどう思うか尋ねてみたり、自分がそうであることはまだ言わないで、それとなく話題にしてみたり。あなたにとって大切な人たちが、新しい考えをまったく受け付けなくてがっかりするかもしれませんが、逆に耳を傾けようとしてくれる人もいるかもしれません。

　自分の性的指向を伝えたいと強く思っても、どうすればスムーズに切り出せるかわからない人もいます。そんなときは、アセクシュアリティ関係のTシャツやピンを身に着けると、会話のきっかけになるかもしれません（Tシャツやピンには、ずばりアセクシュアルのメッセージが書かれているものも、旗をあしらったデザイン的なものもあります）。また、アセクシュアルのウェブサイトを見ていると言ったり、アセクシュアル認知週間にカミングアウトしてもいいでしょう。年に一度のアセクシュアル認知週間のときには、メディアや地域社会からも多くの情報が得られますので、カミングアウトのよい機会になるかもしれません。こうした方法を利用すれば、わざわざ面と向かって話し合おうとしなくても、相手の方から話し始めてくれるかもしれません。

> 「ゲイの人は、現在や以前のパートナーのジェンダーをさりげなく会話に組み込むだけで、わりとうまくカミングアウトできてうらやましいと思うことがあるよ。そのうらやましい気持ちを自分なりにポジティブな方向へ向けてみたんだ。カミングアウトしてもすぐアセクシュアリティの基本的な説明をしなくても済むような（説明したい場合は別だけど）、気軽であっさりしたカミングアウトの方法を考えてみた。アセクシュアリティの基礎講座をするのは決して嫌ではないけど、社交の場で相手のことをもっと知ろうとしているときには、したくない場合もあるからね」（シアトリックス、Writing from Factor X より）

アセクシュアルのコミュニティの中には、私たちの人数がとても少ないので、誰もが代弁者となって声を上げるべきだと思う人がいます。**でもただ黙ってアセクシュアルでいたいだけという人もいて、それはそれでよいのです。**周囲からの質問に答える用意ができているのはよいことです。でも自分の人生は自分のものだから、人にあれこれ言われたくないと思う人もいます（特に、大勢の人の前や居心地の悪い状況で、突然「自慰はするの？」などとパーソナルな質問をする興味本位の人もいますから）。人の興味を引かない方法もあります。無知な全ての人を啓蒙しないからといって、あなたは悪い人ではありません。

もしアセクシュアルという言葉は使いたくないけれど、ほかの性的指向のふりもしたくないという場合には、「性的な興味を誰にも持ったことがないけど、今はそれでいいと思っている」という方法が役立ちます。あなたが独身でいたり性的関心を示さないでいると、寂しいのではないかと同僚や家族が勘違いして、親切心から縁結びをしようとしたり、いろいろと尋ねてきたりすることがあるかもしれません。こんなときあなたには、やめてほしいと言う権利があるのです。言い訳をする必要はありません。アセクシュアルの人の中

には、こんな問題の対処法として偽りの結婚指輪をはめたり、パートナーがいるふりをしたり、ほかの性的指向だと言って誘惑を回避しようとする人もいます。本当のことを告げたり、あるいは言わないでも伝わるのならベストですが、暴力や暴力的な行為から身を守るために、うそをつく方が安全であれば、気に病むことはありません。

非難されたら？

　カミングアウトすると拒絶されたり、挑戦的な質問を受けるのではないかと恐れる人もいます。こういうことをする人は必ずいますから、不安に思うのももっともです。カミングアウトする相手や状況によっては、生殖機能について露骨な質問をされたり、性玩具を使うことを勧められたりすることもあるでしょう。過去の恋愛について話すように催促され、虐待や性的いたずらをされたのではないかとからかわれ、侮辱するように、あるいはそう認めないのがおかしいと言わんばかりに、ゲイではないかとあざけられたりすることもあります。そして、今まであなたの健康状態に一切関心を示さなかった人たちが「心配して」、医者にかかるようにと親切ぶって勧めたりするのです。カミングアウトは容易なことではありません。

　ひどい話だと思うかもしれませんが。それが現実なのです。でもあなたは、そんなひどい目にあう必要はありません！　**あまりにも個人的な質問をされて不愉快なら、答えなくていいのです。**他人の肉体構造や性生活、自慰の習慣やトラウマなどについて、立ち入った個人的な質問をすることなど、誰にも許されるものではありません。あなたにそんなことが起きて、それが適切でないと感じたら、きっぱりした態度を取るべきです。そんな質問はとても失礼だとはっきり言いましょう。

　皮肉っぽく答えるのも一つの方法です。「知り合ったばかりの私

の性器のことを聞くなんて、あなたってなんて上品なんでしょう」と言ったり、「もし私がアセクシュアルでなかったら、ディルド（淫具）を使うかなんて私に尋ねるのかしら？」と正面きって説明を求めてもいいでしょう。特に、あなたの過去に虐待的な体験があったかどうか詳しいことを知りたがるような人には、（実際に虐待があったかどうかにはかかわらず）それが恐ろしく不適切な質問であると言ってもよいのです。

> 「たいていの場合、率直に言うのがベストだと思う。『言っとくけど、私（ぼく）、アセクシュアルなんだ』ってね。ほら、別にどうってことないだろう！　大げさにしたり、相手に認めてもらいたいような印象を与えたりしなければ、そんなにつらい思いをしなくても済むと思うよ」（クィニー、Concept Awesome より）

こうした質問に対処するのが嫌なら、例えばこの本のような情報源について教えるとよいでしょう。また個人的な質問には一般論で答えるのがとても役に立ちます。例えば、「あなたは自慰をするの？」と聞かれて、回避したくないけど、そのことについて話すのは嫌だという場合は「する人もいるししない人もいるよ。アセクシュアリティは行為ではなくて、魅力の感じ方なんだ」と答えればどうでしょう。「きみの性器はちゃんと機能するの？」と聞かれたら、「アセクシュアルの人のほとんどは、性的な興奮を感じることができるんだ。性器が機能しないわけではない。ただ人に性的魅力を感じられないんだ。肛門科の医師の指に性的興奮を覚えないのと同じことさ」とかわせばいいのです。

しかし不幸にも、あなたを追い詰めて詰問する人が家族や大切な人やパートナーや長年の友人であることも多いのです。彼らは、あなたとの付き合いが長いという理屈から、立ち入った質問も許され

ると考えるのです。親が心配したり、親友があなたを守ろうとして、アセクシュアリティを障害だと決めてかかり、あなたを説得しようとしたら、どうしていいかわからなくなるかもしれませんね。これはあなたにとって屈辱的で恐ろしいことかもしれません。あなたを心配して助けているのだと勘違いしている人がいたら、次のことを思い出してください。彼らの心配がどこから来ているのかが理解できるかもしれません。

- 彼らはあなたの健康状態を心配しているのでしょう。そして、健康な人は誰でも性的魅力を感じてパートナーを欲しがるものだと信じているのでしょう。
- アセクシュアリティは自分で決めることで、説得すれば変えさせることができると信じているのかもしれません。
- あなたを変える以外に解決方法がないと思っているのかもしれません。
- 自分たちの考えを試してほしいと思っていますが、あなたの考えを聞き入れる気はないようです。
- 恋愛相手やセックスのパートナーがいなかったり、結婚しなかったり、子どもを持つ予定がなかったりすることは、とても悲しいことだろうと思っているので、そうした関係や人生経験を持てないアセクシュアルの人のことが心配なのでしょう。
- アセクシュアリティを「治す」ことであなたを助けられると、本気で信じているのかもしれません。

こんな心配の大合唱で嫌がらせをしているのだと、あなたはうんざりするかもしれませんが[2]、**通常、親しい友人や家族からのこうした「介入」は、あなたへの心配**(明らかに誤解による)**から来るものなのです。**あなたが孤独な一生を送ろうと決めているのではない

かと心配しているのです。あなたが絶望からこんな決断をしたのではないか、あるいは混乱して助けを求めているのではないか、と考えているのかもしれません。彼らは共感力が低くて、(あなたがアロマンティックなら)独身でも幸福なことや、(あなたがセックスに無関心なら)禁欲でもうまく社会に適応できることや、(あなたがパートナーとどんなことをするかにはかかわりなく)性的魅力を感じなくてもまったく満足していることなど、想像もつかないのです。ですから、こうした「心配から来る会話」を攻撃だと思う前に、相手の考え方も視野に入れるとよいでしょう。彼らは多分あなたをただ助けたいだけなのですから、今あなたがすべきことは、どんな「助け」が適切で、どんな「助け」が不適切かをきちんと理解してもらうようにすることです。

でも過酷な質問で問い詰められたら、どうすればいいでしょうか？ まず礼儀正しく答えることが大切です。でも事実だとわかっていることについては恐れずに、相手と対決してもよいのです。もし相手があなたを侮辱したり、あなたの人生についてめちゃくちゃな解釈をしたり、うそを言ったり、あなたを貶めるような非現実的な推測をしたり、いわれもないことであなたを非難したり、さらには、あなたにはデートやセックスをする義務があると説得しようとしたら、そんなときはためらわずに、それがいかに馬鹿げたことであるかと指摘したり、話を打ち切りにしたりしてもいいのです。

あなたは尊重されるべきです。アセクシュアリティについて弁解しなくてはならないわけではありません。自分の気持ちを証明する必要もないのです。気持ちをうまく説明できなくても、周囲の批判が正しいかもしれないと思わなくていいのです。そして、アセクシュアリティについて相手を啓蒙する責任を感じる必要もないのです。

次のヒントを役立ててください。

話の相手がかなり丁寧で礼儀をわきまえているようなら、こんな方法や言い方を使ってみましょう。

- 一人だけと話すようにしましょう。大勢の相手に一斉にうなずかれたり抗議されたりするような状況で反論を求められても、「戦う」のは大変困難です。いつも一人だけを相手にできるとは限りませんが、以前にもこのことで話をしたことのある相手なら、なおさら一人だけと話すようにしましょう。
- 以前からアセクシュアリティを問題視している人が相手のときや、今まさにあなたが誰かにカミングアウトしているときも、自分の方から先に話し始めるのがよいでしょう。なにを言うか前もって準備しておきましょう。多分相手はアセクシュアリティについてよく考えたことがないでしょう。でもあなたは十分に準備することができるのです。
- アセクシュアルなのはあなた一人ではないと指摘しましょう。リサーチや記事、さらにはインタビューやドキュメンタリーなども行われていることによってちゃんとしたアセクシュアルのコミュニティがあることがわかると、自分の主張を引っ込める人もいます。あなたがたった一人の「セックスをしたがらない」変わり者ではないことがわかれば、あなたにアセクシュアリティについての弁解を求めるより、むしろ自分のアセクシュアリティについての無知を弁解するようになるかもしれません。
- 情報を与えましょう。白熱した議論のときにも効果をなすことがあります。リンクを送ったり、パンフレットや参照リンク集を渡したり、検索するための用語を教えたり、ネットで読める記事のタイトルを教えたり、動画を示したり、アセクシュアルのコミュニティの存在を知らせたり、

(A)scxualというドキュメンタリーを見ることを勧めたりしましょう。そんなものは見たくないと拒否するようなら、**自分の主張を聞くことを私に強いるのなら、なぜそのことについて学ぼうとしないのか**と尋ねてみましょう。

- 相手の批判を受け止めて、話に割って入らずに最後までよく聞きましょう。そして「あなたがそう言うのはわかります。でも……」と相手が混乱しているところや、用語の間違いや、誤った推測や、誇張していることや、解釈が間違っていることについて説明しましょう。でも、相手の言うことにも快くうなずいたり、耳を傾けることも大切です。

- アセクシュアルになろうと「決めたのではない」し、周囲が理詰めでやめさせようと説得してもできないものだと伝えましょう。アセクシュアルとは、自分の気持ちの説明だということ、そしてこのラベルが自分に合う限りは、アセクシュアルと自認し続けるということを伝えましょう。将来変わる可能性があると聞いて安心する人もいますが、多分変わることはないと強調しておくのも忘れないで。「決して」という言葉を「まだ」だと受け止める人もいますから。

- 相手に質問してみましょう。通常こうした議論では、アセクシュアリティを正当化することを強く要求されますが、逆に相手に聞いてみるのもいいでしょう。「なぜアセクシュアルが存在するはずないと思うの？」「アセクシュアリティの意味がわかる？」このように逆に相手を防御する立場に立たせれば、相手の答えの間違いを訂正するよい機会になります。

- 質問するように相手を促しましょう。相手の質問にオープンに答えながら議論の主導権を握ることができれば、自分が責められているとか追い詰められているとかと思わずに

済みます。あなたは、相手の好奇心に自発的に答えているのですから。
- 必要であれば、リスペクトしてほしいと相手に伝えましょう。意地悪な質問や非常にパーソナルなことを聞かれたときや、話が主旨からそれ始めたら、そのことを指摘して、礼儀をわきまえて話してくれれば、あなたの気持ちを説明することができると言いましょう。たいていの場合、人は無礼な態度を取ろうとしているわけではないので、指摘されれば改めるでしょう。
- うんざりして嫌になったら、質問に忍耐強く答えてくれる、たくさんいるアセクシュアルのブロガーを紹介しましょう。そうすればあなたのプレッシャーが減ります。

一方、議論が白熱化したり、戦闘的や攻撃的になったり、対立が起こりそうになったり、わざと口汚くなったり、怒鳴り声を上げ始めたりしたら、次のヒントを使ってみましょう。あなたが実際に感じている気持ちなのに、そんなはずはないと貶めているのです。あなたにはそういう発言は正しくないと強く訂正する権利があるのです。

もし相手が無礼で下品な態度を取るようなら、次のような言い方や方法を取り入れてみましょう。

- 相手があなたをリスペクトしようとしないことは残念だと、自分の気持ちを伝えましょう。卑屈な嫌味を言う必要はありませんが、相手にあなたの話を聞くように気づかせることができるかもしれません。「あなたは新しいことを知ろうとしないのね？」「あなたは、どうも人の話を聞くのが苦手みたいだから、コミュニケーションのクラスでもとっ

てみたら？」と言うのもいいでしょう。相手があなたの考えを受け入れようとしないのなら、あなただって相手に合わせる必要はないのです。ときどきこうして、相手に礼儀を思い出させることで、丁寧な議論に戻すことができるかもしれません。

- なぜあなたのセックスライフにそれほど固執するのか、相手に説明を要求してみましょう。大勢で話していてリーダー格の人がわざとあなたを困らせようとするようなときに、こう言ってみると効果があります。「この人は私のセックスライフによほど興味があるのね」と反撃すれば、相手が引き下がるでしょう。また、私に性的関心があるから、こんなひどいねじ込み方をするんじゃないの、と言えば、相手は逆に受け身になります。

- あなたを否定する動機や必要性はなになのか、尋ねてみましょう。「本当に私を攻撃したいの？　それともただ理解できないだけなの？」「非難することで気が済むのか」「無知でいる方が楽なのか」と聞いてみましょう。他人が本人以上に人のセックスライフを心配することがいかに不適切かを指摘すれば、引き下がるかもしれません。

- 味方のふりをして心配するようなら、「私の毎日のトレーニングや摂食状態のリストをプリントして渡そうか？」と言ってみましょう。あなたの「健康」についてそれほど心配しているのなら、全体像も知っておきたいはずですよね？　あなたのセクシュアリティにしか興味がないのは変ですよね。

- 相手にあなたの言うこともきちんと聞くように要求し、公平な議論をすべきだと強調しましょう。あなたに向かって主張するばかりで、こちらの話を聞こうとしないのはとても残念だという態度を示しましょう。こちらの話も一定時

間ちゃんと聞くことに同意させましょう。それが守れないようなら怒ってもいいのです。

- 何百回も言い古されたことであなたを打ち負かそうとしてきたら、「そういう間違いをする人がとても多いんだ」と言いましょう。もっと有効なのは、相手がまだ指摘していないことを逆にこちらから言う方法です。こういう人たちは自分の主張がとても独創的だと思っていますから、それが言い古されたものだと言われるのが嫌なのです。あなたのことをゲイだと言ったり、不快なセックスをしたのではないかなどと言ってきたら、「おや、言い忘れていることがいくつかあるね。ホルモンを調べた方がいいとか、子どものときに虐待されたとかって、聞かなくていいのか？普通、ゲイかって聞く前にホルモンと虐待の話が出るものだけどね」こう言えば、すでにこうしたことは考えていること、そしてあなたがある日突然「セックスをしないと決めた」わけではないことを、相手に伝えることができるでしょう。

- ヘテロセクシュアルの人が、性経験のないアセクシュアルの人は「セックスを試してみるべきだ」と言うようなら、ゲイになるのを「試す」気があるかと逆に尋ねてみましょう。なぜ相手と違う基準に縛られなければならないのか、つまり、どうして相手はいろいろなタイプのセックスをしなくてもゲイではないとわかるのに、したくないとわかっているのにセックスを試さなくてはならないのはなぜか、ということを指摘しましょう。これは相手がバイセクシュアルやゲイの場合は効力がありません。というのは彼らはすでに様々なセックスを試そうとしたり、すでに試してみたかもしれないからです。しかしヘテロセクシュアルの人は通常、セクシュアリティについて「こうであるべき」だ

と最も頑固に思っていますから、この方法はよい攻撃手法になるでしょう。
- 卑劣な質問をされたら、し返しましょう。ネットで流行っているからアセクシュアルになったのではないかと聞く人には、「ネットでポルノを見たからセックスをすることにしたのか」と聞き返しましょう。「トラウマのせいでアセクシュアルになったのか？」と聞かれたら「あなたを嫌う人からなにかひどいことをされたから、あなたはびくびくしているの？」と切り返しましょう。「運命の人と出会っていないからだよ」と言われたら、「すごくかわいい女の子を紹介してあげたら、あなたはストレートになるのかしら？」（必要に応じて、女の子を男の子に入れ替えましょう）と返しましょう。ああ、それから、もし相手がすでにゲイセックスを試してみて、それで自分がストレートだと確信したと言ったら、「ゲイセックスによってストレートを『治療』できなかったのなら、どうしてアセクシュアリティがセックスで治るなんて思うのか？」と尋ねればいいのです。また、「アセクシュアルかどうかは、何人もの人とセックスをしてみないとわからない」と言われたら「あなたも何人ものゲイの人とセックスをしてみなくては本当にストレートかどうかわからないのか？」と言えばよいでしょう。

※同じことを繰り返し言うようなら、それにはすでに答えていると言って話を終わらせてもいいのです。あなたの話は無視して彼らが話をする場ではありませんから。

　批判的な人を味方に変える思いもよらない方法もあるかもしれません。正しい指摘をしただけで事態がよい方向に回り始めることもあるのです。無知、無礼、あるいは軽蔑的だったことが目に見えにくい性的指向のマイノリティの人たちを生きづらくしていることに

気がついてくれるかもしれません。誰も無神経な嫌われ者にはなりたくないはずです。それに気づいてくれるようにリードすることができます。ただ、うまくなだめないと、あなたに話す機会すら与えてくれないような人もいます。性についての一定の考え方が社会にすっかり浸透していて、考えを変えられない人も多いので、それに対抗するのは大変な戦いになってしまうこともあるのです。

アセクシュアリティをすんなり理解してくれる人がいて驚かされることもあるでしょうし、逆に、サポートしてくれない人もいて、とても落胆することもあるでしょう。話がまったく通じない人との関係はつらくて耐え難いでしょう。もし相手が常にあなたの性的指向を否定したり、からかったり、ハラスメントをするなら、できれば距離を置く方がよいのです。あるいは、その人がその話題を持ち出さないように、周辺の人に頼んでおくのもいいでしょう（その人との関係を一切絶つことも必要かもしれません）

全ての人に理解してもらおうとする必要はまったくありません。ストレスになったり、感情的につらかったり、意味がないと思うのなら、アセクシュアリティについて啓蒙する責任はあなたにはありません。**あなたがよいと思えば、手始めによく知らない人にカミングアウトするという方法もあります。そうすれば相手がどんなことを聞いてくるかがわかるし、言葉に出してカミングアウトするよい経験にもなります。**

面と向かって言ったり、話すのが苦手なら、手紙にしてもよいでしょう。手助けがあれば安心するのなら、手紙を送るのならパンフレットを同封したり、メールなら情報へのリンクをつけたりするとよいでしょう。

アセクシュアル・コミュニティやブログで、カミングアウトの体験談を読んでみましょう！　あなた自身の体験もネットでシェアしたいと思うようになるかもしれません。また、ネットの向こう側に、あなたと同じような体験をしてカミングアウトした人がいることを

知って自信がつくかもしれません。

10代の場合はどうしたらいい？ 皆から「奥手」と言われます。

本書で述べてきたように、ほとんどの人は10代のうちに自分のセクシュアリティに気づくものです。10代の多くが性的関心や性的関係を持ち始めたころに、アセクシュアルの10代は、自分は友人たちとどこか違うと気づき始めます。そして信頼できる大人に相談しても信じてもらえなかったり、上から目線で言われることがあります。アセクシュアルを一時的なものだとか、作り事だとか、奥手だとか、まだ自己認識ができていないと考える大人がいるためです。

> 「『奥手なんだよ』とか『待っていれば性的関心が出てくるよ』とかとよく言われるけど、いったいどれだけ待てば、自分が奥手なんかじゃないって『わかる』というんだ！ 16歳？ 26歳？ 62歳？ いつかそのうち性的関心が『花開く』ことを一生待ち続けてなくてはならないのか？」（アンドリュー・ヒンデライター、Asexual Explorations より）

アセクシュアルの10代がカミングアウトすると、特に親やほかの大人から、まだ若すぎてなにが欲しいのか自分でもわからないのだと言われることがよくあります。それは間違っています。確かに性的指向が流動的に変わる人もいます。流動的な性的指向であれば、後に変わることもあるでしょう。また、後の経験によって自認が変わることも可能です。でも今のあなたは、みんなのような性的魅力を感じないので、アセクシュアルという言葉がぴったりくると思うのでしょう。

「そんなふうに人に惹かれたことがないから、なにかが変わるまでは、自分をアセクシュアルだと思うことにするよ」と大人に説明すればよいかもしれません。過去と現在が、将来の最もよい予測になります。でも、「将来はどうなるかわからない」と大人に言うことによって、あなたは未熟ではないし自己認識もできていると思ってもらえるでしょう（大人にだって将来はわからないものです）。このことで大人と口論しても、信じてもらえないし、無駄だと思うことがよくあります。一時的なものだと言われたり、もっと成熟したら「本当の」セクシュアリティが見つかると言われるばかりで、共感したり話を聞いてくれたりしないかもしれません。そんなことを言う大人は、あなたのことをまだ未熟で自分のことがよくわかっていないと思っていますから、「でも自分はもう大人だよ」と言い張ったとしても、もっとがっかりしたり、つらい気持ちになったりするだけでしょう。

　若いアセクシュアルの人がカミングアウトすると、セックスそのものに反対宣言をして、生涯セックスをしないと誓っているかのように受け止めて、不当な反応をする大人もいます。そんなとき、アセクシュアリティは説明であって、決断ではないと話してみれば、大人や大切な人からよく受け止めてもらえるかもしれません。

　あなたがまだ子どもだと言って意見をまともに聞いてくれない人がいたら、事前に十分に準備してからカミングアウトするか、あるいは今のところは、そういう人にカミングアウトしないようにしてもいいのです。カミングアウトは必須ではありません。公表しない方が安全でハッピーだと思うのなら、もっと（大人として）尊重されるようになるまで待ってもいいのです。それにわかってくれそうもない人には、永遠にカミングアウトしなくても構わないのです。

　アセクシュアルの10代にも、自分のことを理解する能力が十分にあります。あなたが10代で、アセクシュアルかもしれないと思ったら、勇気を持ちましょう。大きくなってアセクシュアルだと

自認した人たちの多くは、10代のころにすでにそうだとわかっていましたから。自分をどう説明したらよいか迷ったり、わかってくれる人と話したいと思ったら、ネットには多くのフォーラムやウェブサイトがあります。本書のパート6を参考にして見つけてください。

恋愛をしたいと思ったり、すでに恋愛関係にある場合、相手にどう伝えればいいの？

　自分と同じアセクシュアルな人だけをパートナーとして選ぶのが、シンプルで充実した方法だと言う人もいます。確かにこの方法はパートナーとの関係を続けていくよい方法の一つです。でも、パート2のアセクシュアルの恋愛のところで述べたように、自分に合うアセクシュアルの人はなかなか見つかるものではありません。あなたがそうしたければ、アセクシュアルのSNS（本書のパート6に詳しくあります）を通じて探すことも可能ですが、通常は、アセクシュアルでない相手と話し合いながら関係を作っていくことが多いのです。

　特に長年付き合ったり、結婚したりしたあとで自分がアセクシュアルだと気づいた場合は、パートナーとの関係が特に問題になってきます。恋愛関係でセックスが前提とされていることから、恋愛相手と性関係を望まないと、どこかおかしいのではないかと思われてしまうのです。

　あなたもすでに恋愛関係で、ちょっとした問題に出くわしているかもしれませんね。プレッシャーを感じたり、セックスするのが当たり前と教えられてきたので、したくないのにセックスをしたかもしれません。そして相手ほど興奮できなかった自分のことを不思議に思ったかもしれません。相手をセックスに誘ったり、声を出してセックスを楽しんだりしないことを相手にとがめられたりしたかもしれません。あなたのパートナーは、セックスを拒否されたり、あ

なたが興奮しないことで、傷ついたと言ったかもしれません。でも、こうした恋愛関係における不一致の原因がアセクシュアリティであることに気がつけば、対処することができるのです。人の欲しがることを欲しいと思わない「自分がおかしい」のだと悩み続ける必要はありません。そして、あなたよりも性行為をしたがるパートナーの方にも、おかしいところがあるわけではないのです。

　恋愛関係がうまくいくために最も重要なのは妥協とコミュニケーションです。「妥協」はアセクシュアルの側だけがする必要はありません。多くの人が、恋愛関係（特に結婚）には性的要素が不可欠だと思っていることは、あなたにもわかっているし、多分、直接そう言われた経験もあるでしょう。でも、**相手が誰であっても、どんな理由があっても、セックスすることは義務ではありません**。セックスが相手への100％の愛情を表す唯一の方法だと考えるように教えられてきたなら、こんな考えを捨て去るのには時間がかかるものです。人は愛情をいろいろな方法で表します。あなたも自分にとって本当だと思う愛情の示し方を身に着けることに集中していけばよいのです。

　性行為をすることが相手にとって愛情の条件で、あなたにセックスを強要したり、罪悪感からセックスをさせたりしているなら、それは虐待です。愛情の表し方にはいろいろあるということ、そしてあなたがセックスを愛情表現として選ばなかったからといって「愛が十分でない」わけではないと、相手が気づくべきなのです。あなたのことを本当に愛しているのかもしれませんが、だからといって愛されるためにあなたが虐待に耐えることはないのです。

　「私を心から愛していないのね」「ぼくはこんなにきみのために尽くしているのに、どうしてこんな簡単なことをしてくれないんだ？」「こんなことが続くなら、よそで処理してくるしかないよ」といった巧みな言葉で操作されたり、罪の意識を持たされたりすることもあるでしょう。パートナーがあなたに、罪悪感からセックス

をさせようとしたり、セックスをしないあなたを不当だと言ったりしたら、真剣に話し合うべきです。あるいは、別れるべきかどうかをしっかり考えなくてはなりません。誰もあなたにセックスを強要することはできないのですから。もしあなたの置かれている状況が虐待的だと思ったら、相談できるところがあります[3]。パートナーから脅されたり虐待を受けて危険な状態なら、DVのホットライン[4]に相談すれば、すぐ身の安全を確保することや自分を守る方法を教えてくれます。

　ほとんどの場合、パートナーや、友人や、あなたを気遣ってくれる人や、セラピストは、アセクシュアルのあなたを「治す」ことで関係を改善しようとします。「どうすればアセクシュアルの人にもっとセックスをさせることができるだろう？」「セックスを必要としている配偶者が十分にセックスができて、みんなが幸福になるにはどうすればいいのだろう」と考えるのです。責められるのはアセクシュアルの人だけ、不公平ですよね。平和で幸福な関係を築くには、双方が同じだけ責任を負うべきです。まず、そういう人たち、特にパートナーに、セックスを求めすぎだとか拒否しすぎだとかお互いを責めるべきではなく、ただ単に性的欲求が不一致だということを理解することをわかってもらいましょう。

　恋愛相手にカミングアウトしたら、まず相手が腹を立てても思いやる努力をしましょう。相手に、怒りの気持ちを表してもいいのだと伝えて安心させましょう。そしてこの次の話し合いで、お互いが幸せになれるよう一緒に考えていきたいと提案しましょう。もし相手が理解を見せて、すぐに解決策を話し合いたいと言ったら、お互いにとって、絶対に必要なこと、絶対に嫌なこと、そして妥協してもいいことをリストにしてみましょう。ざっくばらんに話し合って、お互いの気持ちや希望にそってリストを作りましょう。話し合いに役立つチェックリストもあります[5]。

　あなた自身が本当はセックスについてどう思っているかも見直し

ましょう。したいとは思わないけどときどきはセックスを楽しめるのか、あるいはパートナーと親密になれる行為ならいいと思うのなら、「たまにしてもいい」とか「定期的にしてもいい」と、「妥協してもいいこと」欄に書きこみます。でも、あなたが完全にセックスを拒否して、絶対に二度としたくないのであれば、「たまにはセックスをしなくてはならない」というのを、「絶対に嫌なこと」欄に書きこみましょう。どんなセックスや親密な行為なら好ましい、あるいはしてもいいと思うのか、どんなことをしたくてどんなことはしたくないのかをリストにします。キスはいいのか？　ネッキング(愛撫)は？　ペッティングは？　前戯は？　抱き合うのは？　BDSMは？　性玩具は？　フェチは？　官能的なマッサージはどうでしょう？　同じベッドで眠るのは？　などなどについて、考えていきましょう。

　恋愛関係についてどんな妥協ができるかも考えましょう。オープンな関係を試してみてもいいと思いますか？　すでにオープンな関係なら続けますか？　ポリアモリーやノンモノガミー[6)]はどうでしょう？　また、性玩具や、挿入しないセックスや、指での刺激や、お互いに自慰をし合うことや、相手が玩具を使うのを見るとかはどうですか？　こうした方法で、あなたが一線を越えなくても、パートナーが満足することはできるでしょうか？　あなたのパートナーは、こうした方法を使うより自分一人で処理したり、セックスをがまんしたりする方がいいでしょうか？　アセクシュアルではない人には、セックスは好きだけど要求はしないと言う人もいて、人それぞれです。セックス以外の面であなたと築いたポジティブな経験を、性の不一致(性欲、性的魅力、セックスをしたいという気持ち)という理由で失いたくないという人もいるのです。

　セックスを拒否するパートナーのために、アセクシュアルではない人がセックスを一切あきらめることは、そんなにあることではありませんが、そうする人もいます。その場合は、率直に話し合うこ

とが重要です。「セックスはしなくてもいいよ。自分の性衝動は自分で処理するから」と言ったとしても、現実はなかなか難しく、こっそり浮気をしたり、イライラしたり苦い気持ちになったりすることがあるからです。もしあなたのアセクシュアルでないパートナーが、代償や妥協なしにただ単にセックスをあきらめると言ったら、後日もう一度、相手が満足しているかハッピーなのかを話し合いましょう。そのときは妥協の余地を残しておきましょう。同じように、合意したことであなたがつらい気持ちになっていないか、いつでもオープンに話せるようにしておくとよいでしょう。話し合うときは、相手の行為についてではなく自分の気持ちについて述べるのがいい方法です（「あなたは、私がセックスを拒んでいると愛してくれない」ではなく「セックスをしないことで私たちは親密になれないように、私には感じられる」のように）。こういう話法を使えば、対話が非難めいたりとげとげしくなったりしません。

　話し合えば、セックスに代わる性的や親密な行為がいくつも見つかるでしょう。アセクシュアルの人が望まないセックスをし続けたり、アセクシュアルではない人がセックスをあきらめたりしなくても済む方法がたくさんあるのです。でも、これまでずっと自分に性的魅力を感じてくれていたと信じていたのに、本当はまったく違っていたことを知って裏切られたと思うパートナーもいるかもしれません。そうでなければ性関係や恋愛関係が保たれてきたはずがない、と思うのです。そして、あなたが自分と同じように感じていないのなら、もう親密な行為はしたくないと思うかもしれません。しかし、多くのアセクシュアルの人は自分の感じ方が普通と違うことをただ知らなかっただけなので、性的関心のないことを恥じて、口に出してはいけないと思っていたかもしれません。ですから、相手を意図的に操作していたのではないと強調して説明するようにしましょう。

　あなたが相手に性的に惹かれないのならもう無理だ、と相手が言うのなら仕方がないでしょう。また、相手がどうしても理解してく

れなかったり、あなたが嫌でも依然としてセックスを求めてきたりするようなら、お互いの合意の上で関係を解消してもいいのです(長年続いた関係や結婚の場合は、それほど簡単ではないでしょうが、調整がうまくできないのなら別れた方がよいのです。どちらかが常にイライラしたり、虐待を受けたりするような関係を続けていくことはありません)。

　誰がなんと言おうと、アセクシュアルの人はそうでない人と恋愛関係が築けないということはありません。特に別れ話の最中などにそういうことを言う人がいるかもしれません。「この関係は絶対にうまくいかない、以上」というのは誤解ですし、真実ではありません。人のことがわかるはずありません。ですから、アセクシュアルの人が相手でなければ恋愛は絶望的だなどと誰かに言われても信じることはありません。人それぞれでいいのです。恋愛をするときに、自分のできることと妥協できることをしっかり知って準備すればいいのですから。

　恋愛セラピーやセックスセラピーを一緒に受けようと決めるなら、全ての専門家がアセクシュアリティを認めているとは限らないことを、パートナーにも知っておいてもらうことが大切です。アセクシュアルの人だけに問題があるという扱いを受けることがよくあるのです。もし、セックスを求める側を満足させるためにあなたがもっとセックスを受け入れたり自ら誘ったりさせようとするなら、そのセラピーを受けるのはやめるべきです。**なぜなら、したくないセックスを強要してセックスを好きになるように命じるのは虐待だからです。**もしあなたが、性的な喜びや性欲を高めたり、セックスを上達させたいと考えて、そうしたセラピーを進んで受けるのでないのなら、あなただけを変えようとするセラピーは間違っています。あなたの考えも信じてくれる別のセラピストのところへ行くべきです。

これからどうすればいいの？

　アセクシュアルだと自認したら、カミングアウトと恋愛関係以外に、これからどんなことが起こるのでしょう？　不安なあなたに必要なのは、理解とコミュニティです。ネットのアセクシュアルのコミュニティに参加することを強くお勧めします。自分の体験を話したり、カミングアウトを実際に体験した人からアドバイスしてもらったり、アセクシュアルの友だちを作ったり、より多くのアセクシュアリティの情報を得ることができます。自分と同じ苦労をしてきた人たちと出会えれば、安心と喜びを得られるでしょう。パート6のアセクシュアルのコミュニティのリストを参考にしてください。

　アセクシュアルの人を受け入れるLGBTQのグループもありますから、地域のLGBTQコミュニティに参加してもいいでしょう。すでにアセクシュアルの人を受け入れているか、あるいは、あなたを歓迎してアセクシュアルの視点を得ようとしてくれるかどうかを調べるとよいでしょう（もしあなたがアセクシュアル・プラスそれ以外のクィアの場合〔例えば同じジェンダーの人にロマンティックに惹かれるとかトランスジェンダーであるとか〕は、アセクシュアルであるかどうかは問われないでしょう。もしあなたが、シスジェンダーでヘテロロマンティックやアロマンティックであれば、歓迎してくれないグループもあるかもしれません。でもその場合でも、アライとしてなら受け入れてくれると思います）。

　アセクシュアルだけのミートアップ・グループ〔趣味を同じくする人たちのグループで、ネット上で始まることが多いが、実際に出会うイベントなども開催する〕も多くなってきました。asexuality.orgのような団体やグループによって、イベントも開催されるようになりました。同じアセクシュアルの人とパートナーになりたければ、デートサービスもあります。ネットには「自分がアセクシュアルだとわかったとき」というようなテーマの実話がフォーラムやブログにたくさん出ています。自分の体験ととてもよく似ていて驚くほどです。わから

ないことを聞くこともできます[7]。匿名でもいいのです。自分の体験とほかの人の体験を比べてみましょう。ネットのコミュニティへの参加をしり込みしたり、わかりにくいとか混乱していて自分の助けになりそうもないと思う人もいるでしょうが、ネットを活用すれば、関連団体を探したり、ネット上ではなく実際にアセクシュアルの人と出会う方法を見つけることができます。

あなたが安心して自分の性的指向を受け入れ、周囲にも受け入れられる日が近いことを願っています。

注
....

1) これらの多くはアセクシュアリティではなくて、アロマンティシズムを指すものだが、ときどき、アロマンティックでアセクシュアルの人が、自分のロマンティック指向に気づいたことがアセクシュアルだと認識する早期のサインだったと述べている。
2) その人のためを思うふりをして、その人の立場や考えを密かに傷つけることを指す。例えばアセクシュアルの人の健康や幸福などを心配していると言うが、実はアセクシュアリティという性的指向を否定することばかりを言っているのだ。
3) 虐待的な関係かどうかの判断に役立つウェブサイト Love is Respect（www.loveisrespect.org）で質問に答えたり、虐待のいろいろなタイプについての情報を見たり、そのほかの情報へアクセスすることができる。
4) アメリカでは National Domestic Violence Hotline（アメリカ家庭内暴力ホットライン）が無料電話 800-799-7233、もしくはウェブサイト（www.thehotline.org）を通じて、秘密を守りながらカウンセリングやアドバイスをしてくれる。ウェブサイトでチャットもできる。また助けになる地域の団体のリストも掲載されている。また、National Coalition Against Domestic Violence（家庭内暴力に反対する連合）（www.ncadv.org/resources/InternationalOrganizationResources.php）ではアメリカ国外の情報源のリストを掲載している。
5) 下記のサイトのチェックリストを使ったり、修正したりして使うとよい。Scarleteen（www.scarleteen.com/article/advice/yes_no_maybe_so_a_sexual_inventory_stocklist）or SmartHotFun（smarthotfun.com/wantwillwontchart）

6）ポリアモリーに関心のある人は、下記のアセクシュアルに役立つウェブサイトを利用するとよい。Franklin Veaux's website More Than Two：www.morethantwo.com.
7）asexualadvice.tumblr.com/ というブログ（Asexual Advice）は Tumblr アカウントか匿名で書きこむことができる。

パート5

知っている人がアセクシュアルか、
そうかもしれないと思ったら

アセクシュアルでない人に伝えたいこと

まず、この本を読んでくださっていることに感謝します。

あなたがアセクシュアルのコミュニティのためにできることは、アセクシュアリティの全体像や詳しい情報を知ってくれることです。あなたの周囲にアセクシュアルの人がいなくても、アセクシュアリティの問題や体験について知ってくれることで、世界がアセクシュアルの人たちをもっとやさしく受け入れてくれるようになるでしょう。

私たちを理解してくれようという努力に感謝し、この本が少しでもその理解への旅をスムーズにしてくれることを願っています。

アセクシュアルっていったいどういうこと？

大切な人や周りの人がアセクシュアルだとカミングアウトして、あなたは心配しているのかもしれません。いったいどういうことだろうと興味深く思っているかもしれませんね。カミングアウトした人を祝福したり誇りに思っているかもしれません。あるいは、その人はどこかおかしいのではないか、どんなことを考えているのだろうか、素敵な恋愛をしたり子どもを持つことができないのはかわいそう、治療の方法はないのだろうか、などと思っているかもしれません。

もしアセクシュアルについて当事者と話したいと思うなら、二つのことを覚えていてほしいのです。一つ目は、アセクシュアルについて話したり質問したりする前に、まず相手の考えをよく聞いてほしいということです。二つ目は、アセクシュアリティについて学んでほしいということです。本書の終わりの章を参考にしてください。自ら知識を得ようとしてくれれば、あなたのそばのアセクシュアルの人はとても喜ぶでしょう。その人からだけ、主な知識を得ようとすることはありません。もしあなたの得た知識とその人の体験が

違っていても、そのことで相手を否定しないでください。

この本のこれまでの章でアセクシュアリティについてや、アセクシュアルの生き方について、そして数々の誤解について述べてあります。でもこの章から読み始めた人のために、要点を下記にまとめました。

アセクシュアリティとは：誰にも性的に惹かれない人の性的指向（禁欲のような行為を指すのではなく、ゲイ、ストレート、バイセクシュアルと同じように性的指向を指す言葉です）。

アセクシュアリティへの誤解：病気や精神障害ではありません。独身主義のことではありません。虐待を受けたことの証明でもないし、病気やネガティブな体験が「原因」でもありません。「乗り越える」べき障害ではありません。性欲が低いのではありません。性体験のない人を指すものでも、生涯セックスをしないと誓った人のことでもありません。不快な性体験が原因で二度とセックスをしたくなくなったのではありません。セックスをする人や一般の人を憎むことはありませんし、運命の人に出会えなかっただけでもありません。隠れた同性愛者でも、宗教的な決心でもありません。一時的なものでもないし、診断されるものでもありません。人に注目されたいのではありません。セラピーを必要とするわけでもありません。容姿が悪いとか社交下手だとか孤独だと言うのでもありません。

びっくりするかもしれませんがこんなアセクシュアルの人がいます：ロマンティックな関係を築いたり、望めば結婚することもあります。性的な関係を望めば行える人もいます。子どもを持ちたい人もいます。性的でない魅力を他者に感じる人もいます。自慰をする人もいます。科学的調査がアセクシュアリティ

> を性的指向と認識しました。どのジェンダー、性別、人種、宗教、国籍の人にもアセクシュアルの人はいます。アセクシュアルのせいで偏見や差別を受けることがあります。障害のある人、精神疾患や体の病気のある人、投薬治療を受けている人、虐待を受けたことのある人、自閉症の人で、アセクシュアルの人もいますが、それらが相互の「原因」となっているのではありません。また、それらのことによって、アセクシュアリティの信ぴょう性が下がるわけではありません。ほとんどのアセクシュアルの人は「治したい」とは思っていません。

まだ尋ねたいことがあったり、上記についてもっと詳しく知りたいと思ったら、あなたのそばのアセクシュアルの人に尋ねる前に、この本の残りの章を読んでみてください。パート4はアセクシュアルの当事者について、パート6は、関連記事、科学的調査、個人の考察などの参考資料がまとめられています。事前にこうした知識をつければ、聞きづらいことを聞かずに済みます。例えば、自慰、セクシュアリティ、性行為を試すこと、ジェンダー、医療との関係、虐待などについて知りたいと思うのは自然なことかもしれませんが、意図せずにアセクシュアルの人の気分を害してしまうかもしれません。ですから、その人のアセクシュアリティについて知りたいときは、前もって少し知識を得ておけば、その人の信頼を失わずに済みます。

この章は、アセクシュアルの人のアライになってサポートしてくれる読者を想定して書かれたものです。**アセクシュアルのコミュニティはあなたのような理解者をとても求めています。**読者の中にはアセクシュアリティは一過性なものや治療できる病気だと信じていて、性的指向として認められないと言う人もいるかもしれません。この本を開いた動機はそれぞれ違っていても、オープンな気持ちで、アセクシュアリティを前向きに理解するための提案を受け止めてい

ただきたいと願っています。特にもしあなたがアセクシュアルの人にとって非常に身近な存在なら、あなたの受け止め方が最も重要なのです。

アセクシュアルの人はどうしてほしいの？
どうすれば受け入れられたと思ってもらえるの？

存在を認めてほしいというのが、アセクシュアルの人に最も多い回答です。

簡単に思えるかもしれませんが、アセクシュアルの人は実際、ほとんど存在が認知されていないのです。特に目につく差別があるわけでもないし、意図的な抑圧を受けることもあまりありません。しかし、アセクシュアルの人は、自分の人生の中心ともいえるアセクシュアリティをほとんど、あるいはまったく認知されずに毎日を生きているのです。暴力的な抑圧や、よほどひどい差別を受けているというわけではありませんが、それは確かに不利な環境ではあります（「ほかのマイノリティはもっと大きな問題を抱えているじゃないか」とよく言われますが、そうした比較には意味がないと思います。誰が最も差別されているかとか、どのグループが一番恵まれないかというようなことを比べようとしているのではありませんから）。

私たちが言いたいのは、アセクシュアリティが性的指向の一つに加えられたら大きな喜びとなる、一つの生き方として受け入れられたいということなのです。

それでは、どう認めればいいの？

アセクシュアルだと告げられて「そうなんだね！　あなたの存在を認めるよ！」と喜びの声を上げるのは、ちょっと変かもしれませんよね。それでは、どうすれば認めていることが伝わるのでしょうか？

まず、セクシュアリティ一般についてあなたが普段どんな話をするかに注意を払ってほしいと思います。性欲の低い人は人間性が低いとか、「みんな誰でも」セックスが必要でセックスに動かされているなどという話題になったときは、特に留意してほしいのです。あなたが学術的な論文や調査を作成したり発表したりするときは、アセクシュアリティを性的指向の一つとして扱ってほしいのです。それから、独身者は全て出会いを求めているのではないことも理解してください（実際に、アセクシュアルの人以外にも配偶者を求めていない人がたくさんいますから）。アセクシュアルの人が性的指向を話題にしたら、あなたなりの方法で認めてくれればいいのです。「**そうでないことが証明されない限り、全ての人は性的魅力を人に感じるものだ**」と思い込まずに人と接してほしいのです。

　つまるところ、あなたの出会う人全てが性的魅力を感じたり性に関心があるわけではないと考えてくれればよいでしょう。当事者がいないところでも、アセクシュアルの人を受け入れる意識を持ってくれれば、アセクシュアリティの存在が社会の共通意識になる手助けとなるでしょう。

　あなたのそばのアセクシュアルの人をどうサポートするかは、その人との関わり方によって大きく違ってくるでしょう。でも通常は、アセクシュアルの人があなたにカミングアウトして理解を求めてきたら、その人の話をよく聞くのがベストな方法です。

> 「現状では、カミングアウトするということは、重要なことを打ち明けるのが怖くてたまらない一人の人間であると同時に、アセクシュアリティの啓蒙者や代表者にもなるということなんだ。（私は怖いそぶりは見せないようにしてるけど）　重要な秘密を告げて（周囲が）パニックになるようなときに、啓蒙する役割まで担わなくてはならないのは、とてもつらいことだよ！」（シアトリックス、Writing From Factor X より）

あなたにカミングアウトしたのは、あなたを信頼しているからです。たとえあなたがアセクシュアリティに疑いを持っていたり、アセクシュアリティがどういうことなのか理解できなかったりしても、その人の言葉に耳を傾け、少なくとも理解しようと努力してくれなければ、カミングアウトという微妙なときにあなたの言う、アセクシュアリティに反するようなことのせいで、相手は心を閉ざしてしまったり、あなたを避けるようになるかもしれません。あなたに正直に言おうとしたことを後悔するかもしれません。そして、あなたが心を開かない限りいかなる対話にも応じないとすっかり気持ちを閉ざしてしまうかもしれません。私たちに話させてください。そして反射的に批判せず、考えてほしいのです。それだけでも十分なのです。

また質問をする前に相手を受け入れる姿勢を見せ、サポートし大切に思っているとまず伝えてくれれば、間違いないでしょう。

もし友だちや家族にアセクシュアルかもしれない人がいるけれど、相手がまだなにも言い出さないという場合は、状況が違います。あなたはその人がアセクシュアルかどうかを知ろうとしているのですか？　それとも、その人はまだ自分の性自認のことで混乱していて、自分の体験や気持ちを遠回しに述べていても、アセクシュアリティという言葉をまだ知らないのかもしれません。そういう場合、もしあなたの方からアセクシュアリティについて話したいと思うのなら、いくつか方法があります。

「あなたはアセクシュアルなの？」と直接尋ねることはお勧めしません。また、相手が自分のことで特にあなたにアドバイスを求めているのでなければ、「多分あなたはアセクシュアルだよ」と言うのも控えた方がよいと思います。その人が自分の性自認を見つける手助けをしたいのであれば、それとなくアセクシュアリティについて話してみてもよいでしょう。でもアセクシュアルだと認めさせたり否定させたりするようなプレッシャーは与えないようにしてくだ

さい。さりげなく話題にするベストな方法は、あなたが見た記事やビデオやニュースについて話して、アセクシュアリティをサポートしていることを伝えることです。アセクシュアルの人たちが声を上げられるようになったり、自分に合ったことをするようになったのはよいことだと思うと伝えましょう。アセクシュアリティの可視化をサポートすることでアセクシュアルの人に信頼されるようになるでしょう。また自分の性自認について不安を持っていた人が、アセクシュアリティだと自認する手助けにもなるかもしれません。あなたが、アライとして知識を増やすことで、アセクシュアルの人にコミュニティを見つけてあげることが実際にできるかもしれません。

どんなことを言ったりしたりしてはいけないの？

　私たちをサポートしようとしているのに、誤ってこんなことを言ってしまう人がいるという話をよく耳にします（アセクシュアリティを否定するような発言についてのより詳しいことはパート3を参照してください）。言っている本人は、それがどんな反発を引き起こしているかまったく気づかない場合もあります。どんなコメントが私たちを嫌な気持ちにさせるのか、いくつか例を挙げましょう。

　アセクシュアリティは実は隠れたホモセクシュアリティだとか、過去のトラウマが抑圧されたものだとか、障害だとかと言わないでください。こうしたことで確かに性への関心が低下することはあるでしょう。しかし、このような別の可能性全てが当てはまらないことを証明して最後に残った手段がアセクシュアリティというのではありません。

「セックスがなによりも価値があるかのように思われている世界で、アセクシュアルでいるのって、簡単なことだと思う？　アセクシュアルのためのメディアがあると思う？　周りを見て

> ごらん。ほとんどがアセクシュアリティの存在すら知らない。私をよく知りもしない人から、病気じゃないかとか不感症じゃないかとか、怖がっているだけじゃないか、と言われることもよくあるよ。(略)そう、初めにも言ったけど、マイノリティの性的指向でいることは、簡単なんかじゃないよ」(ジョー・クアルマン、A Life Unexamined より)

「私もときどきアセクシュアルになるよ」や「自分もアセクシュアルだといいのに」というようなことを同情しようとして言ったり、「自分も性衝動があまり感じられないときがあるから、よく理解できる」と言ったり、「アセクシュアリティには、こんな利点もある」と数え上げたりしないでください。私たちは慰めてほしいのではありません。また、以前アセクシュアルだと思っていたけどあとにそうでないことがわかったという人の話も、興味深いことではありますが、それはまた別の話です。

アセクシュアルだと楽な面もありますが、「私もそうだといいのに！」とか「ラッキーだね！」などと言われると、上から目線で子ども扱いされていると思ってしまいます。複雑な欲望を持っている人は賢い大人だけど、アセクシュアルの人生は子どものように単純だと、見下されているように感じるかもしれません（同情的なことを言う人の全てが、自分の人生の方が困難だと言っているわけではないと思いますが、アライになりたいのなら、こうした解釈もされ得るということを知っておいてほしいと思います）。

ところで、「自分もアセクシュアルだといいのに」と言う人は、自分の性衝動を不快でじれったく思っていることが多いようです。しかし、それと「誰にも性的に魅力を感じないといいのに」と言うことには大きな違いがあるのです。**善意だとしても、自分も軽んじられるマイノリティでありたいと言うことは、アセクシュアルの人たちの苦労を矮小化することにも受け取られかねません。**アセク

シュアルの私たちも、あなたたちのようになりたいと思うこともありますが、それが実際にどういうことなのかは誰にもわからないのです。ですから、少なくとも相手の体験や考えがよくわかるまでは、対話の初めに、こうしたことは言わない方がよいでしょう。

アセクシュアリティをサポートするつもりでも、適当な憶測でアセクシュアリティのことを語らないでください（例えば、「自分を大切にしているのは素晴らしいね！」とか「きっとあなたは精神的な人なのね！」とか）。

子どもを作らないから利己的だとか、劣っているとかと言わないでください。あなたの友人や家族がアセクシュアルだと自認すると、それなら子どもを持たないのだろうとあなたは結論づけてしまうかもしれません。そしてそのことでつらい気持ちになるとあなたに言われると、子孫を作るかどうかで私たちの価値が決まるのかと思ってしまいます。アセクシュアルだとカミングアウトすることは自分自身に関することなのです。もしあなたがアセクシュアルの人の親や祖父母で、子どもを持たないことを心配しているのなら、別個の話として生殖についてだけ慎重に話し合うべきです。がっかりさせられたとか、自分は被害者だとかという態度でアセクシュアルの人と向き合わないでほしいのです。あなたを傷つけようとしているわけではありませんし、子どもを持つアセクシュアルの人もいるのです。子どもを欲しいと思えば、生物学的にも養子縁組を通じてでも、まったく可能なことなのです。

「どうしてアセクシュアルになったの？」と聞いたり、別のものになる「努力」をしてみたら、と言わないでください。LGBTQ もアセクシュアルも本人の決断によるものだという誤解がよくあります。「アセクシュアルだと言う前にどこも悪いところがないか調べてみたらどうか」と言われたり、「なにしろセックスを試してみれば変わるかもしれない、試してみるのはなんでもないことだ」と言われることもしょっちゅうです。

私たちの考えはこうです。あなたがヘテロセクシュアルだとします。あなたが常に、周りの人から「どうしてもっと広い心で、同じジェンダーの人とセックスを試してみないんだ？」と言われたらどう思うでしょうか？　試さないのはもったいないと言われ、試すのが嫌だと言ってもまともに受け取ってもらえないとしたらどうでしょう。これは不適切な要求だとは思いませんか？　心を開いて同じジェンダーとセックスするべきだと、ヘテロセクシュアルの人を説得するなんて、まずあり得ませんよね。

　セックスなんて大げさに考えることじゃないとあなたは思うかもしれませんが、性的魅力を感じられない人にとって「ただ試してみる」のは、あまりにも大きな要求なのです（それに、試してみたけど依然として好きになれないと言えば、やり方や相手が悪かっただけだと言われてしまいます）。「ただ試してみればいいのに」は、私たちの多くにとっては不合理なことなのです。セックスに価値を置きセックスを求める人に「セックスをやめるのは大したことじゃないよ」と言うのと同じことです。セックスをするアセクシュアルの人もいます。そしてそれには多くの理由があります（パート2に詳しくあります）。しかしたいていの場合、セックスへの欲求は、相手に性的に魅せられることから始まります。ですから、誰にも性的魅力を感じないことは、セックスの相手を探そうとしないことに大きく関与しているのです。

> 「人の性的指向を認める前に、やりたくないセックスをするように勧めるのは、社会的弾圧ですらあります。したくないセックスをするようにプレッシャーを与え、それがレイプを許容する文化へとつながるのです」（エイダン・セルビー、The Asexual Agendaより）

　（ジェンダーや年齢や容姿の面で）性的に魅力を感じない相手とセッ

クスをすることが想像できなければ、セックスを試すように言われるアセクシュアルの気持ちもわかるはずです。あなたが魅力を感じない人とセックスをしたくないように、アセクシュアルの人は、誰ともセックスをしたくないのかもしれないのです。ですから、そんなにこだわらずに「試してみるべき」などと言われるとあなたをアライと思えなくなります。**私たちにはアセクシュアルでなくなる努力をする義務はありません。私たちと話すときはそのことを忘れないでほしいのです。**通常、自分の性的指向を信じてもらうために、まずいろいろなタイプの人や別のジェンダーの人とセックスをしてみなくてはならないなどとは思わないでしょう。それなのに、全ての可能性を試さなければ、私たちがアセクシュアルだと自認することができないと言うのは、ダブルスタンダードではありませんか？全てを試してみなければアセクシュアルだと認めないと言う人は、私たちにとってアライではないのです。

恋愛をしているアセクシュアルの人もいます。でもパートナーがセックスが下手だから、アセクシュアルになったのではありません。あなたがそのパートナーで大切な人で、最近相手にアセクシュアルだと告げられたなら、これはとても重要なことです。それはあなたのセックスに落胆したとか、愛情がないとか、あなたが恋人として相応しくないから「アセクシュアルになった」とかではないのです（誰にも性的指向が変えられないのと同様、誰かのせいでアセクシュアルになることなど、あり得ません）。ですから、あなたの相手がアセクシュアルだと最終決定をしても、あなたがしたことのせいではないし、今なにかをすれば阻止できるわけでもなく、過去のなにかで阻止できたわけでもないのです。

アセクシュアルの人を「信じる」のに条件をつけないでください。例えば、デートしてみても嫌だったら信じるとか、1年後にもまだセックスをしたくないと思っていたらアセクシュアルの「証明」にしようとか、25歳になってもまだそうなら信じるとかという具合

に条件をつけないでください。友だちや家族があなたに性的指向を告げても、あなたの干渉や助言を求めているわけではありません。あなたもアセクシュアルになるように誘っているのでもありません。ただ、理解を求めているのです。**あなたにアセクシュアルの人の靴を履いてみてほしい（その立場に立ってほしい）というのではないのです。人の足はそれぞれ違うので違う靴を履くのでいいのだとわかってほしいのです。**

　セックスをしないのはセックスの相手がいないからという理由だけしか、あなたに考えられないのなら、したくないからしないということを、なかなか理解できないかもしれません。アセクシュアルの人生はセックスがないからといって空っぽではありません。でもあなたにはそうとしか考えられなくて、そんな人生はわびしくて退屈で恐ろしいと思うのなら、アセクシュアルの人の状況は理解できないでしょう。自分自身を嫌な状況に置いて考えています。アセクシュアルの人にとってはこれが「ノーマル」であるということを受け入れるまでは前向きな反応をすることはできないでしょう。

　アセクシュアリティの認知を高める必要などないと言わないでください。アセクシュアリティの認知を求めたり、LGBTのパレードやイベントに参加するのは馬鹿げているという意見をときどき耳にします[1]。「セックスがしたくないんでしょ？　それがどうしたっていうの？　どうでもいいじゃない？」と、軽くあしらわれることもよくあります。しかし、この本にも書いたように、「セックスをしたくない」というのは、アセクシュアリティをあまりにも単純化した不正確な解釈です。それに周囲が「どうでもいいじゃない」などと思っていないことは、私たちの多くが経験済みです。あまりにも多くの、誤った干渉、攻撃的な質問、からかい（特に初めの反応）があるので、アセクシュアリティについての啓蒙が必要だと思います。

　アセクシュアリティについての用語やアイデンティティが「複雑

すぎる」と言わないでください。前にも述べたように、人々はアセクシュアリティがとても単純な概念だと思いがちですが、詳しい説明を聞くと、非常に微妙でいくつもの層があることがわかります。例えば「グレイ・ポリロマンティック・デミセクシュアル」という性自認を理解するのはまったく無理だと思うかもしれません。しかし、アセクシュアリティは複雑であってよいのです。マジョリティのセクシュアリティが複雑でないように見えるのは、ただ私たちが慣れているからだけで、子どものころからそうした関係について聞かされて理解してきたものだからなのです。アセクシュアルの人が、特に聞いたことのない用語をたくさん使うと理解できないかもしれません。それでもいいのです。あなたがそうした言葉を学ぼうとしてくれるのはとてもよいことですが、そうでなければ、なにも言わないでくれる方がむしろありがたいのです。「その性的指向はややこしすぎて分別のある人には到底理解できない」などと言われるのは、決して嬉しいことではありません。

アセクシュアルだと言われて即座に疑わないでください（特に「でもパートナーがいるじゃないか！」とか「でも子どもが欲しいんでしょう／いるじゃないか！」と言って疑わないでほしいのです）。また、**アセクシュアリティの正当性を証明しろとも言わないでください**。こういうときに、「ほかの性的指向になれるように、もっと努力したらどうか」という提案もよくありません。

なぜその人がアセクシュアルなのか、アセクシュアルとはどんな気持ちなのか、どうしても理解できなくてもいいのです。私たちも、性的魅力を感じるというのがどういうことかがわかりませんから。アセクシュアルということが、実に異様なことに思えると言ったり、アセクシュアルの人が孤立するのではないかと言う必要はありません。そして、自分はセックスがなければ死んでしまうというような冗談を言ったり、自分の人生にとってセックスやセクシュアリティがどれほど重要かを強調したりする必要もありません。アセクシュ

アリティを理解できなくてもいいのです。わからない人はたくさんいます。ただ、尊重してほしいのです。あなたが好きな食べ物を嫌いだと言う人のことも尊重すべきなのと同じことなのです。

　私たちの人生についてあなたに打ち明けたら、認知はしてほしいと思いますが、**他の人の前や一対一のときにも、しょっちゅうそのことを持ち出さないでほしいのです。**するとまるで私たちがあなたにとって「アセクシュアルの人間」という認識しかもたれていないように感じてしまいますから。重要なこととして認知はしてほしくても、それは私たちという人間の一面でしかありません。あなたと話すときに、まずあなたの性的指向を考えることはありませんよね。また、周囲の人にもカミングアウトしているかどうかを尋ねてください。当事者の意思に反して、他の人に告げてしまうと、お互いにとって最悪の事態になりかねません。

誰かに自分はアセクシュアルだと言われたらどうすればいい？

　こうした場合の反応は、そういうつもりでなくても、残念なことにネガティブに聞こえることことが多いのです。「本当にそう思うの？」「あとで後悔しない？」といった反応や、笑い飛ばされたり（「ハハハ！　あり得ないだろう！」のように）することもあります。また信じてもらえないことや、ぞっとされることもあるのです。

　誰かにカミングアウトされて、なんて言ったらいいかわからないときは、次のヒントを参考にして一つ選んでみてください。

- 信用して教えてくれたことを感謝して、ほかにもっと言いたいことがあるかどうか尋ねてください。
- 相手が話してくれるようなら、どうしてそれに気づいたのかを尋ねてみましょう。そして居心地悪い気持ちにさせな

いで聞けるようなら、相手のロマンティック指向やどんな言葉やラベルが合うのかも聞いてみましょう。
- アセクシュアリティという概念をサポートするという意味のことを言ってください。例えば、聞いたことがあるとか、アセクシュアルの人が歴史上いたことを認めるとか、世界にアセクシュアルの人がいることは理にかなっていることだと思う、というように。アセクシュアリティもまた、一つの標準であると認めてくれれば、嬉しいのです。

カミングアウトされたときは、アセクシュアルの人に会話をリードさせましょう。何か月も前から考えてきたことかもしれないし、カミングアウトはとても緊張することだったかもしれません。どう言うか準備してきたかもしれません。あなたが相手に選ばれたということは、あなたの反応がとても重要だということです。よい反応をしてください。

すでに後悔するようなことを言ってしまっていたら？

無理もないかもしれません。アセクシュアリティということはあなたにとって驚くようなことかもしれないし、アセクシュアルの人がいるということにも、とてもまごついているかもしれません。それに、あなたの友人や家族にとってアセクシュアルであることがどんな意味を持つのか、反射的に不安になったりすることもあるでしょう。でも、この本を手に取ってくれているということは、あなたがアセクシュアリティを理解して、その人の人生に関わっていこうとしていることですから、よい出発点だと思います。

アセクシュアルの人に対して、後悔するようなことをうっかり言ってしまったのなら、適切な状況であれば、そのことを詫びま

しょう。そして、調べてみたらアセクシュアリティについて多くの情報があることや、アセクシュアルの人がたくさんいることがわかったということも、付け加えてくれれば、きっとうまくいくでしょう。あなたが当初言ったりしたりしたことは反射的な反応だったことや、アセクシュアリティの知識がまだ社会に浸透していないため、典型的な反応をしてしまったと認めましょう。ただし言い訳がましくならないように。

　今までアセクシュアリティについて教えられたことがなかったことや、だからこそ啓蒙の努力が重要だと思うと、言ってもよいでしょう。アセクシュアリティの現実についてもっと多くの人が知るべきだと言えば、そのときからあなたはアセクシュアルのアライとなるのです。傷つけたかもしれないアセクシュアルの人に謝って「学校の性教育に組み込まれていれば」と言ってくれれば、その人にとってなにより嬉しいことです。そうなのです！　少しでも多くのアセクシュアルでない人が私たちを援護してくれるようになれば、いつの日か性教育の授業や教科書にアセクシュアルのことが組み込まれるようになるでしょう。

　あなたに理解されなかったと思って、アセクシュアルの人が無礼な態度を取ったり、あなたをひどい人のように扱ったり、あなたはなにも悪いことをしていないと思うのにあなたをあざ笑ったりすることがあるかもしれません。そんなときあなたが耳にしているのは、その人の何年にもわたるフラストレーションと、抑圧に対する怒りと、不快な気持ちなのかもしれないのです。アセクシュアルの人もときに好ましくない行動を取ることがあります。無邪気な質問に対して不適切な反応をしたり、すぐに怒りを爆発させたり、あなたに期待しすぎることもあるでしょう。

　でもわかってほしいのは、私たちのような状況でネガティブな感情を持つのは、仕方のない場合があるということです。あなたが関心を示したり質問をしたりしても卑劣な受け答えをされたら、あな

た自身がアセクシュアリティについて調べるのが最もよい方法です。アセクシュアルについて説明することに疲れ切ってしまった人も大勢いて、答えを強要されると厳しい態度を取ってしまうかもしれません。そんなとき最悪なのは、説明を無理強いすることです。強い反応をするのは、強い感情があるからです。ですから「過剰反応だ」とか、「冷静にならないと理解できないじゃないか」と相手のせいにしないでほしいのです。私たちは性自認を疑われたりからかわれたりすることが多く、マジョリティの主な反応によって私たちの人生が大きな影響を受けています。ですから、いつも感情を抑えて冷静でいられるとは限らないのです。

そんな激しい反応をした人の気持ちが、あなたにとって大切なら、まずアセクシュアリティについて学んでみてください。それから、「理解できるようになったし、あなたの方から言い出さない限り、こちらからはなにも言わないよ」と安心させてくれればよいと思います（もしその人がまだ怒っているようなら、手紙にしてもいいでしょう）。

なぜ怒っているのかあなたに理解できないかもしれないし、本当に相手が少し無分別になっているのかもしれません。そんなときでも、あなたが敵ではなくてアライであることをはっきり伝えれば、わかってくれるかもしれません。アセクシュアルの人の反応の奥にある理由がわかれば、なおよいでしょう。例えば、その人の病歴や過去の虐待について尋ねたら、相手がかっとなって答えるのを拒否したとしましょう。あなたはそんな単純な質問が怒りの爆発を招いた理由がわからないかもしれませんね。でも、よくある誤解をまとめたパート3を読んでもらえば、そうした質問が彼らにとってなにを意味しているか（なぜ間違っているかが）わかってもらえると思います。

もっと理解しようとしているのに、質問の仕方によっては、相手を傷つけたり否定したりしようとしているのではないかと疑われるかもしれません。あなたの言動でともかく相手がすでに傷ついてい

れば、あなたの本当の意図について今論議するのは賢いことではありません。「そんな態度ならアセクシュアルの人や運動が認められる日など来るはずないよ」というようなことを言うのもタブーです。相手のネガティブなリアクションの原因を考えて、謝ったり、訂正したり、理解できていないことを認めたりして、ダメージを修復できるか考えてみてください。なぜそんなふうに反応をしたのかわからないこともあるかもしれませんが、アセクシュアルの人の体験についてもっと読んでみてください。私たちの世界についてわかり始めれば、なぜそんな態度を取る人がいるのかが理解できるかもしれません。理解できても、そのような態度が許されるとは思えないかもしれませんが。

子どもがアセクシュアルだと言ったら？ まだ若いのに、どうしてわかるの？

あなたの10代の、または成人した子どもがアセクシュアルなら、この本を通して彼らの体験をわかろうとするのは素晴らしいことです。お子さんの説明や、こうした情報によって、あなたがアセクシュアリティという性的指向を理解できるようになることを願っています。

人に性的魅力を感じ始める平均年齢は10歳だと言われています[2]。ティーンエイジャーになるころには、性的な視点で人を見たり、性的に惹かれたりすることにすっかり慣れているものです。10代の終わりになっても、まだ性的魅力を感じなかったり性的な傾向がまったく見られないことは大変稀で、もしあなたのお子さんがそうなら、アセクシュアルの可能性があります。

健康状態、社交不安、羞恥心、性病や妊娠への恐怖、隠れたホモセクシュアリティ、デートへの恐怖、性体験の引き延ばし、相手がいない、などなど、ほかにも可能性はあります。でも子どもの言葉

に耳を傾けてください。デートやセックスをしたくないのは状況的な理由だと言っていますか？　それとも「誰にも性的魅力が感じられない」と訴えているのでしょうか？　もし後者なら、それがアセクシュアリティということなのです。子どもが自分を「アセクシュアル」だと言ったとき、ほかの要因が関与していると思っていても、子どもへはそう言わない方がよいのです。なぜなら、子どもは自分が否定されたように感じて、もう自分の問題や気持ちを親と共有しなくなるかもしれないからです。

　アセクシュアリティが健康上の問題を示唆したり、健康状態になにか関係していることは、まずあり得ません。性に無関心なのが健康上の問題だとすれば、ほかにも症状が現れるでしょう（パート3に詳しくあります）。まだ子どもの健康管理を親がしている場合は、子どものアセクシュアリティを「治そう」とする意図で医療やメンタルヘルスの専門家のところへ連れて行ってはいけません。親の責任として子どもの健康を心配するのは当然のことです。でも、まず性欲に関わる障害について調べて、もし子どもにその問題がある場合は、どういった症状があるのかを知っておくとよいでしょう。子どものパーソナルな問題について話し合ったり、カウンセラーのところへ連れて行ったりする場合、アセクシュアリティを問題として治そうとしていると言うのは避けるべきです。たとえ子どもが、本当はアセクシュアルではなくてそのラベルを試してみているだけだとしても、すぐさまあり得ないことだと否定しないでください。親にちゃんと尊重してもらえれば、親に対しても専門家に対しても、より協力的な態度を取るようになるでしょう。

　「大きくなったら変わるよ」とか「まだ子どもだからわからないんだ」と言うことで、子どもを深く傷つけたり、イラつかせたりすることがあります。もしかしたら**確かに**一時的なのかもしれません。性的指向や自分に合うラベルを探しているときに、こうした実験をする子どももいます。だからといって、子どもの気持ちを否定した

り、子どもの体験を親がコントロールしようとしたりすることは、少しも役に立ちません。

> 「誰かに『そんな気持ちになってもいいんだよ!』と認めてもらうのはとても重要なことなんだ。(略) でももう少し大きくなったときに性的魅力を感じたり、セックスが好きになったりしたら、それもOKなんだ! 恥辱や冷笑を受けるより、こんなふうに言って受け入れてもらう方が、ずっと楽に(アセクシュアルという)結論に到達することができるよ」(フィーシュ)

アセクシュアルの人の多くは、10代の初めには自分がアセクシュアルであることがわかっていたといいます。友だち同士で、誰が素敵だとかと話しているときに、自分は誰にも惹かれないのですから。たとえ子どもが本当はアセクシュアルではなくても、言葉を信じてあげなければ子どもは孤立してしまいます。そして今後もう自分の考えや自認について親と話さなくなるでしょう。きっとあとになってアセクシュアル以外のラベルを選ぶだろうと密かに思っていても、今の子どもの気持ちを批判せずに、支える方がよいのです。親はいつでも聞いてくれるという関係を作ることができれば、子どもは親を信頼して、これからも対人関係などについて話してくれるようになるでしょう。実際に「大人になって変わったり」、後に別のラベルを選ぶことになったとしても、親にそう言われたからではありません。

パートナーにアセクシュアルだと告げられたら?

これはわりとよくあることです。結婚相手や長年の恋愛関係にあるパートナーに突然(のようにあなたには感じられるでしょう)アセクシュアルだと告げられると、全ての流れが変わります。アセクシュ

アルのパートナーとの関係を、これからどうすればよいのでしょうか？

　アセクシュアルとそうでない人との関係に、ある程度のストレスが生じるのは珍しいことではありません。あなたがアセクシュアルでない側なら、今まで全てうまくいっていたと思えるのに、実際に関係はうまくいっていたのに、どうして突然こんなことになったのかと、不思議に思うでしょう。パートナーにこれからはセックスなしでいきたいと言われると、今まで騙されてきたのかと思ったり、傷ついたり不安になったりするかもしれません。あるいは、本当は愛されていなかったのかとか、魅力を感じていないのにセックスをしていたのかと思うかもしれません。パートナーが大切な気持ちを共有してくれなかったことであなたが傷つくのは、当然のことです。

　でもわかってほしいのは、子どものころから恋愛にセックスはつきものだと教え込まれてきて、アセクシュアルという言葉を知らない人もいるということです。セックスをしなければ誰にも愛してもらえないと思ったり、性的魅力を感じない愛情はどこかが壊れているのではないかと思ったりすることもあるでしょう。**みんなが感じていることが自分には感じられないことを、アセクシュアルの人は隠すように教えられてきたのです。**二人のこれまでのことは、アセクシュアルの人にとっては本当は、大丈夫ではなかったのかもしれません。これほど愛しているパートナーに性的魅力を感じないという、人とは違う気持ちを言葉に出さないでいることに慣れてしまっていたのです。

　（今まで言わなかったのは）気持ちを共有するのが恥ずかしかったり、別れたがっていると思われたくなかったりしたからかもしれません。自分がセクシーでないから悪いんだと、あなたが自分を責めはしないかと心配になったりもするでしょう。ほかにもアセクシュアルの人たちがいることに気づくまでは、こんな気持ちになるのは自分だけだと思って、声に出せなかったということも大いにあり得ます。

> 「性的な内容の話を見聞きしても、それが習い性となるわけではないの。みんなと同じ映画や本を見ているから、性的なことについて知ってはいても、そこによく出てくる話が自分の体験と同じというわけではないの。まるで作り話のようで、実際には、誰もそんなふうに感じているはずないと思うこともあるわ。私たちがおかしいのではなくて、みんなも同じ感覚なんだろうと思うの。性的な話をすることもできるけど、あくまでもジョークや比喩としてだけなの」(レベッカ、Seiji Has Many Socks より)

　パートナーにアセクシュアルであると告げられて、これからの性生活や二人の関係を見直したいと言われても、自分のセックスが下手だったのかと自分を責めることはありません。自分が魅力的ではないからなのかとかと思うこともありません。パートナーのために性生活を変えるなんて怖いと思っても、自分を責めなくていいのです。お互いの求めているものがあまりにも違っていると一緒にいるのが困難になるかもしれませんが、それを恥じることはありません。しかし、歩み寄る方法もたくさんあります。パート2でいくつかアセクシュアルの恋愛について詳しく述べているので参考にしてください。

　いずれにしても前向きに関係を見直していきましょう。別れを選ばないのなら妥協が必要だということ、そしてアセクシュアルの人だけが妥協するのではないことを、頭に入れておいてください。「相手がセックスをしたがらない」というよりも、「お互いの性欲や性のニーズが一致しない」と考えるようにしてみましょう。性の不一致があっても、多くの場合、歩み寄ることが可能です。自分にとってなくてはならないものや、譲れないことのリストを作って、自分の限界や欲求、そしてどう妥協できるかも考えてみましょう。リストは自分で作ってもいいですし、既存のチェックリストを使っ

てもいいでしょう[3]。

　アセクシュアルの人の中にはセックスを楽しむ人もいます。セックスに対して無関心な人、相反する複雑な気持ちを持っている人もいますし、セックスを拒絶する人もいます。あなたのパートナーが、セックスは絶対にあり得ないし妥協できないと言ったら、よく聞いて真剣であることをわかってほしいのです。そしてあなたも自分の気持ちを深く考えてみてください。あなたとセックスをしたくない（あるいは、セックスについてあなたが思っていたのと違うふうに感じている）人との恋愛を続けたり、親密な関係を作ったり、将来を約束したりすることはできないと思うのなら、あなたがパートナーを欲するように相手にも欲してほしいと思ってもいいのです。

　セックスをする義務は誰にもありません。ですから、セックスは全ての恋愛に不可欠なのに、自分は相手に裏切られたんだと考えないでほしいのです。逆に、思っていたのと違っていたり、これだけは譲れないということがあれば、関係を続ける義務もありません。アセクシュアルの人がセックスを期待されたり求められたりすることに耐えられないと言うように、あなたも正直に、こんな状況はがまんできないと言ってもまったく問題はありません。お互いのためによいと思ったり、あなたが絶対に必要としているものをアセクシュアルの人が決して与えることがないというほどに不一致なら、別れる決断をしてもいいのです。それがベストな場合もあるのです。

　しかし、アセクシュアルのパートナーがこれまでのようにときどき、あるいは定期的にセックスを続けたり、もしくはこれからはそういう試みをしてもいいという場合もあるかもしれません。そういう場合は、回数、性行為の種類、状況などについても取り決めましょう。自分の気持ちに正直になって、避けたいもの、絶対に必要なもの、お互いの関係のために必要なことがらなどを話し合って決めて、それが双方とも同意できるものであることを確認しましょう。そしてしばらく経ってからまた確認し合うことも大切です。

特定のタイプのセックスしかしたくないという人や、性的よりは感覚的なことに重きを置く人や、玩具や倒錯的行為やフェチなどを楽しむ人もいるでしょう。パートナーの手による刺激を楽しんだり、パートナーの自慰行為を見ることを好む人もいるでしょう。そしてこれまで二人だけの関係だったのを、オープンな関係[4]や、ポリアモリー[5]な関係にすることで、「浮気」をせずに、性的ニーズを満足させることができる場合もあります。

　アセクシュアルのパートナーとの関係を続けたいのなら、セックスをしなくても別に構わないと思う人もいるかもしれません。セックスをあきらめたり、自分で性衝動を処理したりするつもりなら、パートナーと話し合いましょう。こうした試みを続けてみて、もし無理だと思ったら正直になればいいのです。お互いのニーズを保つための妥協点を決めても、しばらく経ったら、相手が「してもいいこと」を変えたいと言うかもしれません。あなたも自分の気持ちや必要としていることを、大切な相手に同じくらい自由に言えるようにして、共に要求を満たす方法を見つけましょう。

　もし別れることになっても、「あなたはどうせアセクシュアルの人としか恋愛できっこないんだ」などと言わないでください。アセクシュアルの人とそうでない人の関係は、いろいろな意味でうまく適合することもあります。そのカギとなるのがコミュニケーションと妥協なのです。セックスをしたくない人は「壊れている」とか、恋愛は「セックス」そのものだとか、本物の愛にはセックスがつきものだ、などと言わないでほしいのです。恋愛相手からこのようなことを言われると、アセクシュアルの人は自信も自尊心も失ってしまいます。あなたが相手になにを求めるのか、自分の気持ちだけを話すようにしてください。アセクシュアルの人と幸福な関係を築く人たちもいます。決して無理なことではないのです。

　アセクシュアルの人と幸せな関係を築くために、絶対に譲れないことや必要なことについて話し合う以外にも、こんなアイディアを

取り入れてみましょう。

- 相手を求めるときのサインを伝えておきましょう。相手にしてほしいことを告げるために使うヒントやサインや言葉はありますか？　アセクシュアルではない昔の恋人があなたを誘うときに使った方法は、アセクシュアルの人は別な意味で使っているかもしれません。「〇〇と言ったらどういう意味？　そんなときどうしてほしいの？」と尋ねてください。
- 二人の関係は、どんなところが特別でしょうか？　友だちやほかの大切な人との関係と、どのように違っていますか？　なぜパートナーとして選んだのでしょう？　ほかの人とはしないことで、パートナーだけとしかしないのは、どんなことでしょう？　パートナーとの関係を親密に保つのに役立つようなら、こうした大切なことに焦点を当ててみましょう。
- アセクシュアルのパートナーが普通のセックスをしないからといって肉体的や官能的な行為を全てやめたがっているとは限りません。どんな触り方なら一緒に楽しめるか話し合ってみましょう。性交につながらなくても、楽しめる官能的な行為がたくさんあります。
- アセクシュアルのパートナーは、セックスとロマンスを結びつけて考えられないかもしれません。二人の記念日にセックスをしたり、相手への感謝や、デートをより楽しくするためにセックスをすることが習慣になっていたのなら、それでいいのかパートナーに尋ねてみましょう。そしてパートナーにとって、ロマンス（もしあれば）とセックスが結びつくのはどんな状況のときなのか、聞いてみましょう。
- 第三者と話しているときでも、自分たちの恋愛関係につい

て肯定的に話すようにしてください。パートナーがあなた以外の人にも公表してよいのなら、あなたが二人の関係をノーマルな関係の一つだと認識して話せば、それはパートナーにとって嬉しいことでしょう。アセクシュアルのアライであると公表することは、相手を支え信頼関係を築くことです。

- もし二人がセックスをし続けると決めたら、セックスをする日時や状況をはっきり決めた方がいいかどうかをパートナーに尋ねておくといいでしょう。遠回しな性的ヒントが、アセクシュアルの人にはうまく伝わらないかもしれません。相手が性的ヒントをキャッチできるかや、これまでの信頼関係などにもよりますが、ヒントを言葉にする必要があるかもしれません。例えば背中をさすって誘ったつもりなのに相手に伝わらなくてがっかりするよりは、「そういう気分だけど、あなたはどう？　ベッドルームへ行こうか？」と尋ねる方がよいのです。わざわざ性行為のスケジュールを立てたくなければ、パートナーがセックスをしたいときや、してもよいと思うときには、特定のものを身に着けるとか、決められたことを言うとか、話し合ってみましょう。

- アセクシュアルのパートナーがセックスを楽しんだからといって、もっとしてほしいとか、約束の回数より増やしてほしいと思っているわけではないかもしれません。通常では情熱的な反応や「もっと」という要求として解釈できることでも、アセクシュアルの人には当てはまらないことがあります。お互いの反応について、いつも話し合うようにしましょう。

- セックスを提案して断られても傷つかないでください。アセクシュアルの人にとって、セックスするまでの「ウォームアップ」の準備期間が、例えば1時間でも1日でも、

あった方がよい場合があるのです。パートナーと相談して、例えば「今夜したいな」というメモやテキストを送るのもよいでしょう。こうした方法の方が、突然の誘いより受け入れやすい人もいます。そのときは No という反応でも、また別のときに同じ方法で尋ねてもいいかどうか聞いてみましょう。Yes の答えを得るためには、セックスが当然であるかのような態度を取らない方がよいのです。

- もしカウンセリングを受けるのなら、パートナーがアセクシュアリティを「乗り越えられる」とか「乗り越えるべき」だという態度で臨まないようにしてください。そして本当は密かに、カウンセリングで問題が解決してまた元のようになれるのではないかと考えているのに、表面的にはアセクシュアルの人の気持ちをわかっているふりをするのもよくありません。

- しっかりコミュニケーションを取って、パートナーに失望していないと安心させてください。アセクシュアルの人はほとんど、本当はあなたはもっと多くを望んでいるのではないかとか、性の不一致でうんざりしているのではないかとかと、長い間悩んできたのです。あなたがそんなふうに思っていないのなら、そう言ってあげれば、想像以上にパートナーを助けることになります。

- あなたはそういうつもりでなくても、アセクシュアルのパートナーにとって特定の触り方が居心地が悪かったり、「性的」なものだと思われたりすることがあります。いつの、どんな触り方や行為が受け入れられるのか、話し合いましょう。(例えば無邪気に相手のお尻を触るとか、家の中で裸でいるといった) あなたが性的でもなんでもないと思う行為でも、相手に無理に受け入れさせようとするのはよくありません。また、あなたを愛していることの証しとして特定の

行為を要求するのも避けてください。
- パートナーのあなたに対する性的ではない要求は、あなたの性的要求と同じぐらい重要で、持続的で、現実的で、強いものかもしれません（言い換えれば、性的ニーズが恋愛関係におけるどんなニーズよりも優位ということではないのです。また、性的ニーズが満たされないのならほかのニーズを満たす必要がないということでもありません）。なにが自分にとって一番必要なのか、どう満たしてほしいのかについて、お互いに話し合うべきです。話し合いはあくまでも、愛情に満ちた関係を続けていくためです。冗談めかしたり、貪欲なギブアンドテイクの取引になってはいけません。

パートナーがアセクシュアルであることを、あなたの家族や友だちに知らせると、あなたたちの関係を批判する人が出てくることも忘れないでください。屈辱的にも「まったくセックスをさせてもらえていない」とか、相手に「屈服」して服従させられているなどと思われて、みんなに嘲笑されているのではないかと思うこともあるでしょう。特にあなたが男性なら、人間としてあるいは男としての身体能力を疑われることもあるかもしれません。

パートナーと別れることを勧められたり、「きみにはもっと相応しい人がいる」と言われたりすることもあるでしょう。また、あなたたちの関係に興味津々で、性生活のことやそれぞれの生殖器について立ち入ったことを聞いてくる人もいるかもしれません。アセクシュアリティを変えるために「試してみるべき」ことを提案したり、数々のいらないおせっかいをしてくるかもしれません。こうした批判はアセクシュアルの当人がいないところで行われることが多いのです。こんなとき、二人の関係についてどんなことなら言ってもよいかをパートナーと相談しておいて対抗しましょう。あなたが、「アセクシュアルの人との恋愛Q&A」に答えるのが嫌なら、周囲の

批判にしっかり対抗できる方法が二つあります。今の関係が幸せであると言うことと、他の人には関係のないことだと言うことです。相手が質問をやめるまで、繰り返して言いましょう。

> 「その家のあるじが（中略）私のボーイフレンドに『あなたはアセクシュアルなんだって？　それってどういうことなの？』と尋ねてきたので、彼が、アセクシュアルなのは私で、自分は違うと答えなくてはならなくなったの。すると彼はそこにいた友だちみんなから質問攻めにあった。彼は、私たちの関係の正当さをみんなの前で証明しなくてはならない立場に立たされて、とても居心地の悪い思いをしたのよ」（トリスタン・ミラー、The Asexual Agenda より）

二人の関係を続けていこうと決めたら、AVEN（Asexual Visibility and Education Network　www.asexuality.org）のようなネットのフォーラムでアセクシュアルではない人のための情報を探したり、パート3の「よくある誤解」を読んで、反証したり矛盾を指摘したりするよい方法を学んだり、パート4の「あなたがアセクシュアルだったら」を読んでアセクシュアルの人が直面する問題について知ったり、サポートの方法や、アライになる方法を理解するとよいでしょう。

質問してもいいの？

これも人によって大きく違います。アセクシュアル啓蒙活動のフォーラムなどで、アセクシュアルの人に質問をするのは適切ですし、歓迎もされるでしょう。啓蒙活動をしている人は、ひどく粗野な質問にも慣れていますから、あなたの礼儀正しい質問に腹を立てることはないでしょう。でもアセクシュアルの人と一対一で話しているときには、もう少し注意が必要です。

質問をしてもいいかと、丁寧に事前に尋ねるとよいでしょう。「パーソナルライフについて話したくない」と言う人もいるでしょう。そういう場合でも、ネットのフォーラム（パート6にいくつかリストしてあります）やアセクシュアルに関する質問ブログ[6]などで、一般的な問いへの答えを得ることはできます。

　スポークスマンになりたくない人もいます。ただありのままの自分でいたいだけなのです。マイノリティの人は、「そのグループ」の代表のように見られることがよくありますが、グループの他者を代弁しているとは限りませんし、その人の答えが「そのコミュニティ」の現状を表すわけでもありません。

相手を傷つけずに聞けるのはどんなこと？

　私たちは、偏見のない、礼儀正しい、先入観のない質問を歓迎します。例えば「ホルモンをチェックした方がいいんじゃない？」という質問には「もちろんチェックするべきだ」という意図が隠されています。たとえ本当に、その人にホルモンの問題があるかどうかを知りたくても、それはパーソナルな医療上の情報ですし、他人には関係のないことです。それにホルモンによる性欲減退は、性的魅力を感じないことと同じではありません。もしなんらかの障害があるのなら、ほかにも健康上の問題が生じているでしょう（アセクシュアリティが障害だと誤解される問題についてはパート3に詳しく書かれています）。アセクシュアリティを意図的に叩き潰そうとする人からだけでなく、善意の人からもこんな質問をされることが頻繁にあるのです。

　同じ性的指向の人と話をしているとき、どれだけ親しい相手になら、「ねえ、あなたの性器ちゃんと機能するの？」とか「自慰はする？」とか「オルガズムを感じたことはある？」といった立ち入った質問ができますか？　こうした体の機能に関する質問を、よく知

りもしないアセクシュアルの人やアセクシュアルの知り合いに突然しても構わないと思う人がいるのです。

もし相手がアセクシュアルでなくてもためらわずに聞けるほど（そして相手もためらわずに答えられるほどの！）親しい間柄でない限り、こうした質問をするのは控えた方がよいでしょう。私たちは非人間的に、顕微鏡で覗かれて答えを要求されるような扱いは受けたくありません。好奇心を満足させるためだけの格好の標本扱いをすれば、相手はすぐに去っていくでしょう。人を人間でないように扱って、答えを当然のように要求すれば、相手は心を閉ざすでしょう。

勝手に判断してはいけないことは？

> 「性の解放を唱える運動は、平均かそれ以上の性欲を持つ人のためのものでしかない。重要な問題が忘れられているから、そこに新しい性的な義務や性の規範が現れるんだ。セックス・ポジティビティ運動にはアセクシュアルが含まれるべきだと思う。コインの両サイドについて話すべきだし、私たちの直面する問題にも言及すべきだと思う」（カズ、Feministe より）

アセクシュアルの人について、そしてアセクシュアルの人との恋愛関係について、あなたには心配なことがあるかもしれません。

でも、**アセクシュアルの人は他者を性的な人間として見下しているのではありません**。アセクシュアルということは、自動的にセックスに反対していることだと（そして自分の性的指向を防御したり、断固として理想化したりする必要があることだと）思う人がいますが、そんなことはまったくありません。

セックスをしたくないアセクシュアルの人でも、自分がセックスに関わらない限り、ほかの人が合意の上で行うセックスは認めてい

ます。性のエンパワメントの運動には、セックスをしないというオプションも常に含まれるべきです。こうした運動家の中には、セックス・ポジティビティの意味を単純に「セックスはいいことだ」と誤った解釈をしている人もいますが、これはアセクシュアルにとって不利な場合もあります。セックス・ポジティビティの運動をしている人が、セックスをもっとすることだけがセックスを讃えることだと思っていると、禁欲を選ぶアセクシュアルの人はセックスに対してネガティブな気持ちを持っていると思われてしまうかもしれません。セックス・ポジティビティはセックスを十分にしない人を貶めるものではありません。あなたがセックスをポジティブにとらえる運動をしようとしているのなら、このことを忘れずに、言葉を選んで使ってほしいのです。性の自由を謳うべきで、性に興味のない人を悪者にしたり、「内在化した抑圧のせいで性に興味がなくなったんだ」などと非難したりすべきではありません。セックス・ポジティビティは性のチョイスを讃えるべきです。生活様式や性的指向によって人を軽んじるべきではないのです。たとえその生活がまったくセックスのないものであっても。

　性行為をしないアセクシュアルの人は、セックスに関わる諸問題がなくてほっとしている面もありますが、それとはまた違う諸々の問題があります。それに優越感を持っているわけでもありません。私たちは性的指向を尊重してほしいだけなのです。他者の生活にセックスが大きな割合を占めていることは、多くのアセクシュアルの人にとってなんら問題ではありません。セックスを人から取り上げようとしているのでもありません。しかし、人々がどれほどセックスを楽しんでいるかについて聞かされる必要はありません。それによって自分に欠けているものに気づいて「考え直す」わけではありませんから。アセクシュアルの人は、他者がセックスを好んだり楽しんだり讃えたりすることを批判することはありません。

恋愛や性的なことに対してむかついているわけでも、ナイーブな

わけでもありません。アセクシュアリティは性に対してネガティブだとか、恋愛をしないとかということではありません。友だちの中にアセクシュアルの人が一人いると、無理をして一切、性的な話を避けようとする人がいます。恋愛やセックスが出てくる映画鑑賞にアセクシュアルの人を誘わないようにするのです。私たちが招かないでほしいと言わない限り、「きっと気分が悪くなるよ」などと勝手に推測しないでほしいのです。私たちは、セックスや恋愛について無知なわけではありません。デートをしたり、付き合った経験がある人も多いし、セックスをしたり、性的にアクティブな人もいます。ほぼ皆が性知識を持ちたいと思っています。ですから自分の判断で性的な話題を避けたり、私たちを純真無垢な人間として扱ったりしないでほしいのです。私たちは、ほかの社会的なことがわかるのと同じように、性についても普通に理解できています。性的関係のことがわからなくて困惑しているわけではありません。

私たちは流行を追いかけているわけでも、特別であろうとしているわけでもありません。馬鹿げているようですが、アセクシュアリティ可視化運動に参加したことのある人なら誰でも「注目されたいわけ?」とか「最近は、誰でも特別になろうとしているからね」とか「自分はしていないセックスに名前をつけるのって、変じゃない?」といった質問を何度も投げかけられたことがあります。

「アセクシュアルのコミュニティでは、自分探しをしている人を受け入れるようにしています。ここでは自分を見つめたり詳しく分析したりすることがよく行われます。アセクシュアルとそうでないことにはどんな違いがあるのかについて活発な話し合いがなされます。ここでは、誰でも自分の疑問を自由に述べてもよいのです。アセクシュアリティには不確かなことがたくさんありますが、みんな健全に対応していこうとしています。アセクシュアリティという言葉を初めて聞いた人が、即座にそ

> の正当性を疑うことこそが不健全なのです。アセクシュアリティが彼らの世界観にうまく当てはまらないと、否定して否定して否定しまくるのです」（トリスタン・ミラー、Skeptic's Playより）

　一時期、ゲイの人が次々に公の場でカミングアウトしましたが、それは流行とは呼ばれませんでした。同じように、アセクシュアリティも「流行」ではありません。LGBTQ の運動が認識されるようになったことが、彼らのための安全な場所を作る一つのきっかけになり、さらに認知度が高まるにつれて、より多くの人が安心してカミングアウトできるようになりました。アセクシュアルはゲイよりもずっと数が少ないし、アセクシュアリティという感じ方が不評であることもわかっています。「誰もがセックスに夢中」というメッセージが社会の中で繰り返されてきたからです。私たちは、ネットのコミュニティがなければ、ほかのアセクシュアルの人と出会うことはきっとないでしょう。また、このような現象が認識されると、間違ってそのラベルを選ぶ人も出てきます。でもだからといって、アセクシュアルだとカミングアウトした全ての人を否定するのは大変侮辱的なことです。アセクシュアルの傾向がまったくない人が、ある日ネットで読んで「あ、これにしよう」と決めたわけではありませんから。

　アセクシュアリティは決断でも誓いでも一時的なものでもありません。私たちがアセクシュアルだと言うことは、他の人たちが自分の性的指向を言うことと同じです。たまにそれが間違っていて、後に変わることもありますが、それはどの性的指向の人にも言えることです。ですからアセクシュアルの性的指向が一時的だと言われるのは不公平です。それにアセクシュアルはセックスをしないと誓うことでもありません。

　私たちがアセクシュアルだと言うときは、自分の気持ちを説明し

ているのです。人々は狭い了見に基づいた理屈で私たちを説得しようとします。しかしアセクシュアリティはそのような了見で決断するものではありません。「考え方を変えなければ」人生が不完全になると人に言われても、性的魅力の感じ方を変えることはできないのです。なぜならそれは決めたことではないからです。自分を観察して、その観察が本当だと信じて人生を生きているのです。

私たちの中にはセックスをする人もいますし、性的以外の魅力を人に感じる人もいます。でもこうしたことは、アセクシュアルではないことの「証明」にはなりません。 性的魅力以外にも、セックスをする理由があるのです。そしてそういう理由で、性的に親密な行為をするアセクシュアルの人もいます。性的以外に、例えば、ロマンティックに、また感覚的、審美的に人に惹かれる場合もありますが、それは性的魅力の感じ方の未熟あるいは未発達な状態ではありません。こうしたこともアセクシュアリティの正当性を妨げるものではありません。アセクシュアルの人のロマンティックな関係や、ロマンティックでない関係を説明するための様々な呼び名があります。自分たちの関係を表すために使っている呼び名は、周囲も尊重すべきです。また、当事者たちには、自分たちの関係がどんなものなのかを決める力があるということも周囲は信じるべきでしょう。アセクシュアルのパートナーシップやそれらを説明する用語はパート2に詳しく書かれています。

最後に言いたいのは、**周囲にアセクシュアルの人がいないときでも、アセクシュアルのアライであり続けることが、本当のアライだということです。**

私たちはあなたを宣伝に引っ張り出そうとしているのではありません。でもあなたがアセクシュアリティ可視化の味方になってくれるのなら、無理のない方法で助けてほしいと思います。アセクシュアリティについてできるだけ調べて、間違った情報を広めないようにしてください。誤解や否定やからかいを目や耳にしたら、声を上

げてください。もしあなたが、セクシュアリティを研究していたり、様々な性的指向について認識を高めようと努力している人なら、現実のものとしてアセクシュアリティをそこに含めてください。アセクシュアリティを別個のものとして扱って、セクシュアリティの中にそんなものは存在しないというような扱いはしないでほしいのです。あなたにアドボケート（運動の擁護者）になってほしいと頼んでいるのではありません（もっとも、あなたが間違った情報を訂正することを理念としている場合は別ですが）。でも、もしあなたが喜んでアセクシュアリティ可視化の擁護者になってくれて認識を広めてくれるのであれば、私たちにとってこんなに嬉しいことはありません。

注

1) 「アセクシュアルの人が、なにもしないことの権利を主張して行進する？ こっけいだね。そんな権利のために行進する必要なんてないさ。ただ家でじっとして、なにもしなきゃいいのさ」（ドキュメンタリー（A) sexual からの Dan Savage の言葉の引用）（Tucker, 2011）

2) 「最近の明確で重要な3件の研究が、初めて性的魅力を感じる平均年齢が思春期よりずっと早い10歳だと指摘している」（McClintock & Herdt, 1996）

3) 下記のサイトのチェックリストを使ったり、修正したりして使うとよい。Scarleteen（www.scarleteen.com/article/advice/yes_no_maybe_so_a_sexual_inventory_stocklist）or SmartHotFun（smarthotfun.com/wantwillwontchart）

4) オープンの関係とは、一夫一婦制ではない関係を指し、お互いにコミットし続けながらも、1人あるいは双方がほかのパートナーを持ってもよいという関係。

5) ポリアモリーとは、オープンな関係の一種で、一人あるいは双方が、ほかの1人以上のパートナーと親密な関係を、通常合意の上で持つこと。1人あるいは双方がほかに1人のパートナーを持つ場合もあるし、または、3人での関係や複数のパートナーとのグループ関係を持つ場合もある。

6) asexualadvice.tumblr.com/ というブログ（Asexual Advice）は Tumblr アカウントか匿名で書きこむことができる。

パート6

他の情報

ここに挙げた補充情報は、アセクシュアリティについて調べたり、アセクシュアルの人と話したり、個人の体験を読んだり、アセクシュアリティについて理解したり、ほかの人たちとの繋がりを築くために役立つものです。主にインターネットでアクセスできる情報です。情報によっては、互いに対立する意見や議論の余地のある意見などが含まれていることがあります。

基本情報、入門、関連団体、質問に回答してくれるサイト

The Asexual Visibility and Education Network (AVEN)
「AVENは世界最大のアセクシュアルのためのオンライン・コミュニティで、アセクシュアリティに関する豊富な情報のアーカイブでもあります」
http://asexuality.org

Asexual Awareness Week
「世界中で、アセクシュアル・スペクトラムへの認識と可視化が向上するよう努力する国際的な団体」
http://asexualawarenessweek.com/

Partnership for Asexual Visibility and Education (PAVE)
「我々の目的はほかのアセクシュアリティのプロジェクトとは違います。PAVEの目標は、アセクシュアルの問題を含む革新的な政策の問題の数々を推し進めようという共通の政治的意義を持つアメリカ全域にわたるアセクシュアルならびにそのアライの人々を結集することです」
http://acesandallies.org/

Asexual Resources and Education (AREUK)
「この組織は、アセクシュアルの人、アライ、教師や、ヘルスケアに携わる人々に情報を提供し、同時にアセクシュアリティを研究者たちがより

理解し専門分野として受け入れるための活動をしています」
http://www.are-uk.com/

Asexuality–The Student Room
「だれかが自分はアセクシュアルだと言ったとき、それは一体どんな意味だろうと思ったことはありませんか？この記事にはアセクシュアリティについてのよくある疑問と、それに対する答えがまとめられています」
http://www.thestudentroom.co.uk/wiki/Asexuality

AVEN Project Team
「AVENの外部に向けた数々の啓蒙と可視化活動を監督することに専念する会員からなるグループ」
http://avenpt.tumblr.com/

Asexuality Archive
「アセクシュアリティ・アーカイブは全てアセクシュアルに関する事柄を集めたものです。アセクシュアリティとはなにか、それが私たちにとってどういう意味を持ち、私たちの人生をどう形成するかについて、包括的で無検閲の見解を提供したいと願っています。アセクシュアルの人にとってもそうでない人にとっても、親しみやすく有益な情報を提供するのが私の意図です」
サイト：http://www.asexualityarchive.com/
本：http://www.asexualityarchive.com/book/

The Asexual Agenda
「アセクシュアル・アジェンダには二つの主な目標があります。一つ目は、アセクシュアルの人のブログを活性化させ、促進させること。ブログの読者同士が話し合う場所であり、他のアセクシュアルのブログのポータルであるコミュニティー・センターとして機能することです。二つ目は、特に私たちのターゲット層——アセクシュアル・スペクトラムの人で基本的なことはすでに理解している人たち——が、より深い知識を持てる

ようになることを目指すことです」
http://asexualagenda.wordpress.com

Asexuality Resources
ユーチューブ・ビデオ、タンブラー（Tumblr）ブログ、アセクシュアルの人々のブログ、リサーチなどを含むネット上の役立つサイトへのリンクを集めたもの
http://juliesondradecker.com/?page_id=2058

Asexual Advice
このブログは読者からの質問を受け、アセクシュアルの人で経験の豊富なボランティア・チームが回答をしています。
http://asexualadvice.tumblr.com/

ディスカッション・グループ、ネットワーキング、フォーラムなど

The Asexual Visibility and Education Network Forums
AVENのフォーラム（公開討論会）で、アセクシュアリティの全ての面について話し合う、アセクシュアルの人とアライに開かれた場。
http://www.asexuality.org/en/

The Tumblr Asexual Community
何百人ものブロガーが #asexual というハッシュタグを使って様々な問題について話し合っています（モデレーター不在なので、間違った情報を流したり、荒らす人もいますが、タンブラー（Tumblr）によって多くのネットワークやつながりを作ることができます）。
http://www.tumblr.com/tagged/asexual

The Asexuality LiveJournal Group
「これは、セクシュアリティを持たずに生きることについてアセクシュア

ルの人たちが話し合うコミュニティです。他者に対して全くあるいは少ししか性的に惹かれない人、性欲がない、あるいはほとんどない人、そしてそのアライたちをみな歓迎しています」

http://asexuality.livejournal.com/

Asexual Groups

「世界中に現存する全てのアセクシュアルのコミュニティを記したカタログ」

http://asexualgroups.com/

Apositive

「アセクシュアリティとセクシュアリティに関する論説に新境地を開くために作られました」

http://apositive.org/

Transyada

「特に、ノンバイナリーの人や特定のトランスジェンダーであることを自認する人々に場を提供することに重点を置く、アセクシュアリティに理解を示すディスカッション・フォーラム」

http://transyada.net/forum/

Fetlife

アセクシュアルにフレンドリーなフェチのコミュニティで、倒錯趣味のアセクシュアルの人たちのためのサポートグループもあります。

http://fetlife.com/groups/7247 (Asexual & Kinky)

http://fetlife.com/groups/41247 (Ace BDSM Support Group)

AceFet

倒錯趣味のアセクシュアルの人のための特別のフェチ・コミュニティ。

http://www.acefet.org/

Resources for Ace Survivors
ここでは虐待や性的虐待を体験したアセクシュアルの人がサポートや助けを受けられます。
http://resourcesforacesurvivors.tumblr.com

The Asexuality Facebook Group
ここでは様々なアセクシュアリティについての話し合いが行われています。
http://www.facebook.com/home.php?sk=group_2235733740

The AVEN Facebook Group
AVENのフェイスブックのオフィシャルなグループ
http://www.facebook.com/group.php?gid=2229697669

Acebook
「エイスブックは、アセクシュアルの人のためのユニークなデートサイトでありSNSです」
http://www.ace-book.net/index.php

学術的情報とリサーチのまとめ

Asexual Explorations
「アセクシュアル・エクスプロレイションは、アセクシュアリティの学術的研究を促進するために存在しています」
http://www.asexualexplorations.net/home/

Asexuality Studies
「アセクシュアル・スタディーズは2011年10月に立ち上げられたアセクシュアリティ調査のためのオンライン・フォーラムです」
http://asexualitystudies.org/

The Asexual Sexologist

「これは、私がヒューマン・セクシュアリティ（アセクシュアリティに焦点を当てた）について修士号のためのリサーチをしているときに見つけたすべての情報を整理する必要に迫られて作り始めたページです」

http://asexualsexologist.wordpress.com/

Understanding Asexuality

「今こそ、この性指向をより理解するべき時です。アセクシュアリティについて研究し、その理解に重要な貢献をしてきた分野の専門家によって書かれた本です」

Book by Anthony F. Bogaert, March 2012, ISBN 1442200995.

Asexualities Feminist and Queer Perspectives (Routledge Research in Gender and Society)

「アセクシュアリティについて書かれた評論を集めた本で、この分野の研究の基礎的なテキストとなるものです」

Book by Megan Milks and Karli June Cerankowski, March 2014, ISBN 0415714427.

Asexuality and Sexual Normativity An Anthology

「このユニークな書物には、アセクシュアリティの出現、増大する重要性、タイムリーな質問、そしてアセクシュアリティが性文化に与える広い意味について述べられた、多分野にまたがる経験的ならびに理論的な多様な研究が集められています」

Book by Mark Carrigan, Kristina Gupta, and Todd G. Morrison, May 2014, ISBN 0415731321.

小冊子と啓蒙資料

Aven の資料

http://www.asexuality.org/en/topic/30115-official-aven-documents/

Asexual Awareness Week の資料
http://www.asexualawarenessweek.com/resources.html

Transcending Boundaries の資料
http://www.transcendingboundaries.org/pdf/asexuality_brochure.pdf

ASEX 101　デビッド・ジェイ出演（スライドとオーディオ・レクチャー）
http://asexuality.org/wiki/index.php?title=Asex_101

アセクシュアリティについての論文と出版物の章

"Asexuality as a Spectrum: A National Probability Sample Comparison to the Sexual Community in the UK." Caroline H. McClave, Master's Thesis, Columbia University, May 2013.
http://academiccommons.columbia.edu/catalog/ac:162382

"Intergroup Bias Toward 'Group X': Evidence of prejudice, dehumanization, avoidance, and discrimination against asexuals." Cara C. MacInnis & Gordon Hodson, Group Processes & Intergroup Relations, September 2012.
http://gpi.sagepub.com/content/15/6/725

"Producing facts: Empirical asexuality and the scientific study of sex." Ela Przybylo, Feminism & Psychology, 2012.
http://fap.sagepub.com/content/early/2012/04/20/0959353512443668.abstract?rss=1

"How Do You Know You Don't Like It If You Haven't Tried It?" Mark Carrigan, Chapter in Sexual Minority Research in the New Millennium, Todd G. Morrison, Melanie A. Morrison, Mark A. Carrigan, & Daragh T. McDermott, 2012, ISBN 1612099394.

"Asexuality: An Emergent Sexual Orientation." Stephanie B. Gazzola & Melanie A. Morrison, Chapter in Sexual Minority Research in the New Millennium, Todd G. Morrison, Melanie A. Morrison, Mark A. Carrigan, & Daragh T. McDermott, 2012, ISBN 1612099394.

"The Presence of Absence: Asexuality and the creation of Resistance." Lily Hughes, Gnovis Journal, November 2011.
http://gnovisjournal.org/2011/11/21/lily-hughes-journal

"Furthering Our Understanding of Asexuality: An Investigation into Biological Markers of Asexuality, and the Development of the Asexuality Identification Scale." Morag Allison Yule, The University of British Columbia, August 2011.
https://circle.ubc.ca/bitstream/id/131897/ubc_2011_fall_yule_morag.pdf

"Physiological and Subjective Sexual Arousal in Self-Identified Asexual Women." Lori Brotto & Morag Allison Yule, Archives of Sexual Behavior, August 2011.
http://www.obgyn.ubc.ca/SexualHealth/documents/Brotto%20&%20Yule%202011%20-Physiological%20&%20subjective%20sexual%20arousal%20in%20asexual%20women%20%7B%7B2675%7D%7D.pdf

"Asexuality in disability narratives." Eunjung Kim, Sexualities, August 2011.
http://sexualities.sagepub.com/content/14/4/479.abstract

"Performing Asexuality through Narratives of Sexual Identity." Janet L. Sundrud, Master's Thesis, San José University, August 2011.
http://scholarworks.sjsu.edu/cgi/viewcontent.cgi?article=5119&context=etd_theses

"Asexual Scripts: A Grounded Theory Inquiry Into the Intrapsychic Scripts Asexuals Use to Negotiate Romantic Relationships." Carol Haefner, dissertation for a Doctorate of Philosophy at the Institute of Transpersonal Psychology, April 2011.

http://gradworks.umi.com/3457969.pdf

"There's more to life than sex? Difference and commonality within the asexual community." Mark A. Carrigan, Sexualities, 2011.
http://sexualities.sagepub.com/content/14/4/462.abstract

"Theoretical issues in the study of asexuality." CJ DeLuzio Chasin, Archives of Sexual Behavior, 2011.
http://www.springerlink.com/content/g6qq605677372428/

"Radical refusals: On the anarchist politics of women choosing asexuality." Breanne Fahs, Sexualities, August 2010.
http://sex.sagepub.com/content/13/4/445.abstract

"Asexuality: a mixed-methods approach." Lori Brotto, Gail Knudson, Jess Inskip; Katherine Rhodes; Yvonne Erskine, Archives of Sexual Behavior, June 2010.
http://prod.obgyn.ubc.ca/SexualHealth/documents/Brotto%20et%20al.%202010-%20Asexuality%20...%20%7B%7B2206%7D%7D.pdf

"What Asexuality Contributes to the Same-Sex Marriage Discussion." Kristin Scherrer, Journal of Gay Lesbian Social Services, January 2010
http://www.ncbi.nlm.nih.gov/pmc/articles/PMC2892980/

"New Orientations: Asexuality and Its Implications for Theory and Practice." Karli Cerankowski & Megan Milks, Feminist Studies, 2010.

"How much sex is healthy? The pleasures of asexuality." Eunjung Kim, Chapter in Against Health: How Health Became the New Morality, Jonathan M. Metzl & Anna Rutherford Kirkland, 2010, ISBN 0814795935.

"Crisis and safety: The asexual in sexusociety." Ela Przybylo, Sexualities, 2010.

http://sexualities.sagepub.com/content/14/4/444.abstract

"Patterns of Asexuality in the United States." Dudley L. Poston, Jr. & Amanda K. Baumle, Demographic Research, 2010.
http://www.demographic-research.org/volumes/vol23/18/23-18.pdf

"Asexual Relationships: What Does Asexuality Have to Do with Polyamory?" Kristin S. Scherrer, Chapter in Understanding Non-Monogamies by Meg Barker & Darren Langdridge, 2009, ISBN 0415652960.

"Coming to an Asexual Identity: Negotiating identity, negotiating desire." Kristin S. Scherrer, Sexualities, 2008.
http://www.ncbi.nlm.nih.gov/pmc/articles/PMC2893352/

"Asexuality: Dysfunction or variation." Anthony Bogaert, Chapter in Psychological Sexual Dysfunctions by Jayson M. Caroll & Marta K. Alena, 2008, ISBN 1604560487.

"Asexuality: Classification and Clarification." Nicole Prause & Cynthia A. Graham, Archives of Sexual Behavior, 2007.
http://www.kinseyinstitute.org/publications/PDF/PrauseGraham.pdf

"Toward a Conceptual Understanding of Asexuality." Anthony Bogaert, Review of General Psychology, 2006.

"Asexuality: Prevalence and Associated Factors in a National Probability Sample." Anthony Bogaert, Journal of Sex Research, 2004.

"Asexual and Autoerotic Women: Two invisible groups." Myra T. Johnson, Chapter in The Sexually Oppressed by Jean S. Gochros and Harvey L. Gochros, 1977, ISBN 0809619156.

アセクシュアリティについての刊行された記事とインタビュー

アセクシュアリティはメディアに多く取り上げられてきました。その頻度は認識が広まるにつれて高くなっていきます。何年にもわたり、アセクシュアリティという性指向の様々な面が主要メディアによって探究されてきました。次のようなメディアに記事やインタビューが掲載されました。ABC News、The Atlantic、BBC News、The Daily Beast、The Daily Mail、Elle、Feministe、The Good Men Project、Good Vibrations、The Guardian、Gurl、The Huffington Post、The Independent、Marie Claire、Metro、New Idea、New Scientist、Psychology Today、Salon、Scientific American、The Sun、The Telegraph、XOJane。

関連記事の長いリストと、ネットでも見られるものについてはそのリンクを、次のサイトで見ることができます。

http://juliesondradecker.com/?page_id=2091

アセクシュアリティに関するプロによるビデオとメディア

かなりの数のテレビ番組、トークショー、ドキュメンタリー・シリーズがアセクシュアリティについて制作されています。アセクシュアルのゲストが登場した番組やメディアには、20/20、Montel Williams、CNN、The Moring Show、HuffPost Live、MTV、The Views などがあり、(A) sexual という長編ドキュメンタリーが Arts Engine によって 2011 年に制作されました（アンジェラ・タッカー監督）。このドキュメンタリーはネットフリックス、または http://asexualthemovie.com/ からも見ることができます。下記には、さらに多くのアセクシュアリティ関連のプロによる動画がリストされています。

http://juliesondradecker.com/?page_id=2080

（注：番組や TV スポットによってはよりセンセーショナルな扱いをしているものもあります）

アセクシュアリティ関連のオーディオ・インタビュー、プレゼンテーション、ポッドキャスト

Asex 101

デビッド・ジェイによる三部からなるレクチャー・シリーズ。

オーディオ：http://media.libsyn.com/media/asexualunderground/asex101.mp3

パワーポイント：http://www.asexuality.org/resources/asex_101.ppt

How Asexuality Works

「Stuff You Should Know」によるアセクシュアリティについての30分の番組。

オーディオ：http://castroller.com/Podcasts/StuffYouShould/3009746

Radio Netherlands Worldwide

ネイサン・ロイルのインタビュー。

オーディオ：http://content1a.omroep.nl/a9dcc715074b50a02152d492a8b5792a/4fa20c31/rnw/smac/cms/tswi_the___a___word_20090829_44_1kHz.mp3

The Authority Smashing! Hour

番組ホストZenoによるデビッド・ジェイとスワンカイヴィーのインタビュー。

オーディオ：http://www.blogtalkradio.com/tash/2010/09/09/the-authority-smashing-hour

スクリプト：https://docs.google.com/document/pub?id=1g1FXBTadttHxdF3-jMi0UkOGTkJ8HxadQTtiXMNh-o0

Savage Love

ダン・サベージ・ショーにデビッド・ジェイが出演。

オーディオ：http://www.thestranger.com/SavageLovePodcast/archives/2011/07/12/savage-love-episode-247

スクリプト：http://nextstepcake.tumblr.com/post/7568069160/transcript-david-jayinterviewed-on-savage-love

To the best of our KNOWLEDGE
アン・ストレイチャンプスへのデビッド・ジェイのインタビュー。
オーディオ：http://ttbook.org/book/redefining-romance-david-jay-asexuality
スクリプト：http://ttbook.org/book/transcript/transcript-redefining-romance-david-jay-asexuality

CBC's Q
番組「Modern Love」でのデビッド・ジェイへのインタビュー。
オーディオ：http://www.cbc.ca/q/blog/2012/01/19/asexual-activist-david-jay-on-q/

Sex Out Loud
デビッド・ジェイの語るアセクシュアリティ。トリスタン・タオミノによるインタビュー。
オーディオ：http://www.voiceamerica.com/episode/66453/david-jay-on-asexuality

WNPR Colin McEnroe
コリン・マッケンローによるインタビュー。デビッド・ジェイ、キャシー・ウェイ、トニー・ボガート、ジュリー・デッカーらが「アセクシュアルの人から見た世界」について語る。
http://wnpr.drupal.publicbroadcasting.net/post/how-asexuals-view-world

A Life
「アセクシュアリティとアセクシュアルの人たちについての週刊ポッドキャスト番組。テーマの提案や、リスナーからの質問を受け付けています。また、ゲストとしてあるいは、レギュラーのパネリストとしての参加も歓迎します」
http://alifepodcast.wordpress.com/

Unscrewed and Illuminated

「アセクシュアリティについてのポッドキャストです。アセクシュアリティを取り巻く全ての問題とアセクシュアルの人の生活を取り上げています。幅広いテーマへ思いがけず脱線する楽しみもあります」

http://unscrewedandilluminated.galileoace.com/

アセクシュアリティについての、ネット上のビデオやチャンネル

The Asexuality Top 10 Channel swankivy

「私の選んだアセクシュアリティに関する誤解トップ10の動画シリーズ。アセクシュアリティについての紹介から始まり、なぜ私がセックスに関心がないのかを人が勝手に想像する理由のトップ10、そしてそれに対する私の反論、さらに包括的なビデオの紹介までフォローアップしていきます」

http://www.youtube.com/playlist?list=PLF64276F6C84C6CBE

Letters to an Asexual Channel swankivy

「私に寄せられたアセクシュアリティについての手紙を読んで、必要に応じて、質問に答えたり、批判に反論したり、嫌がらせに反駁したりします」

http://www.youtube.com/playlist?list=PL70DADE9AE5417828

Hot Pieces of Ace Channel HotPiecesofAce

「アセクシュアルの人々の助けになることならなんでも——動画にできることならなんでも——しようと企画されたユーチューブの合作チャンネルです」

http://www.youtube.com/user/HotPiecesofAce

The Dapper Ace Channel TheDapperAce

「私たちのミッションは『アセクシュアリティやそれに関する多様なテー

マについての意見と分析を行い、アセクシュアルの人たちへのより深い理解を促進するための経験や考えを提供し、より一般社会における可視化を得ること』です。平たく言えば『アセクシュアリティについて話す場』ということかもしれません」

http://www.youtube.com/user/TheDapperAce

NO SEX?! – ASEXUALITY Channel lacigreen

「この動画はアセクシュアルという性指向についての基本的な質問をカバーしています」

http://www.youtube.com/watch?v=77o83_U8O5o

Asexual Bingo Channel swankivy

「ある時はふざけた、ある時はまじめな、そして常にひどい言葉と不適切な映像による馬鹿げたコメントが、アセクシュアリティについての私のユーチューブ動画やほかのチャンネルに寄せられます。ここでは、そうした馬鹿げたコメントの概要を紹介しています」

http://www.youtube.com/watch?v=ncoHJo5128Q

Asexuality Channel republicofsandles

「アセクシュアリティについてのビデオを集めました」

http://www.youtube.com/playlist?list=PL732D7335BEAA40DB

The Asexuality Chronicles Channel The Asexuality Chronicles

「カジュアルですが正直な、ある若い女性のアセクシュアルとしての体験をつづったブイログ（ビデオブログ）」

http://blip.tv/theasexualitychronicles

ACESOMNIACS Channel ACESOMNIACS

「不特定の AVEN 会員たちによるアセクシュアリティに関するブイログ」

http://www.youtube.com/user/ACESOMNIACS

Shit People Say to Asexuals Channel swankivy

「アセクシュアルの人に投げかけられる罵詈雑言を集めたもので、16人のアセクシュアルの人によるコラボ」

http://www.youtube.com/watch?v=WBabpK_nvs0

Everything's A-Okay Channel AOkayVideo

「あなたがだれであっても、あなたはひとりではありません。今のままのあなたでいいのだ、ということを絶対に忘れないでください」

http://www.youtube.com/user/AOkayVideo

その他の、アセクシュアリティに関するチャンネルと動画を集めたサイトです。

http://juliesondradecker.com/?page_id=2083

アセクシュアリティに関するブログ

ネット上にはアセクシュアリティに関するブログや、アセクシュアルの人による何百ものブログが見られます。こうしたブログはしょっちゅう移動したり、閉鎖したり、放棄されたりするので、正確なリストは作ることができません。しかし、アセクシュアルの人の苦労を理解したり、アドバイスを与え合ったり、仲間とつながったりするのに、こうしたブログが最良の場であることもあります。

AVENではブログの一部をリスト化しています。
http://www.asexuality.org/wiki/index.php?title=Asexual_Sites
かなり充実したアセクシュアリティに関するブログのリストです。
http://juliesondradecker.com/?page_id=2077

「アセクシュアルの意見」への寄稿者リスト

ANDREW HINDERLITER
Asexual Explorations
http://asexystuff.blogspot.com

AUDACIOUS ACE
Asexuality Unabashed
http://audaciousace.blogspot.com

AYDAN SELBY
Confessions of an Ist
http://greenchestnuts.blogspot.com
The Asexual Agenda (Contributor)
http://asexualagenda.wordpress.com

DALLAS BRYSON
The Asexual Sexologist
http://asexualsexologist.wordpress.com

FIISH
http://apollyptica.tumblr.com

ILY
Asexy Beast
http://theonepercentclub.blogspot.com

JO QUALMANN
A Life Unexamined
http://alifeunexamined.wordpress.com/

KAZ
Kaz's Scribblings
http://kaz.dreamwidth.org/

LAURA
Notes of an Asexual Muslim
http://ace-muslim.tumblr.com/

M. LECLERC
HYPOMNEMATA
http://hypomnemata.me

MARY KAME GINOZA
Next Step: Cake
http://nextstepcake.wordpress.com

QUEENIE
Project Awesome
http://queenieofaces.tumblr.com
The Asexual Agenda (Contributor)
http://asexualagenda.wordpress.com

REBECCA
seiji has many socks.
http://4seiji.tumblr.com

SCIATRIX
Writing From Factor X
http://writingfromfactorx.wordpress.com
The Asexual Agenda (Contributor)
http://asexualagenda.wordpress.com

TOM
Asexuality Archive
http://www.asexualityarchive.com

TRISTAN MILLER
The Asexual Agenda (Owner)
http://asexualagenda.wordpress.com/
Skeptic's Play
http://skepticsplay.blogspot.com

参考書目

ABC 20/20. (2006, March 27). Sex Therapist Q&A. Retrieved May 2, 2012, from ABC News: http://abcnews.go.com/2020/story?id=1759769&page=1#.T6DVlFJWJxV

American Psychiatric Association. (2000). *Diagnostic and Statistical Manual of Mental Disorders* (4th ed.). Washington DC: American Psychiatric Association.

American Psychiatric Association. (2013). *Diagnostic and statistical manual of mental disorders* (5th ed.). Arlington, VA: American Psychiatric Publishing.

Asexual Awareness Week. (2011, October 24). Asexual Community Census 2011. Retrieved October 24, 2011, from Asexual Awareness Week: www.facebook.com/notes/asexual-awareness-week/results-of-the-asexual-community-census-2011/208581089214485

Asexual Sexologist. (2012, February). Asexuality Curriculum. Retrieved May 9, 2012, from Asexual Sexologist: http://asexualsexologist.wordpress.com/curriculum/

Asexual Visibility and Education Network. (2008). About Asexuality: Overview. Retrieved May 3, 2012, from Asexual Visibility and Education Network: http://www.asexuality.org/home/overview.html

Asexuality. (2002, December 11). Retrieved August 23, 2013, from Wikipedia: http://en.wikipedia.org/wiki/Asexuality

Banner, L., Whipple, B., & Graziottin, A. (2006). Sexual aversion disorders in women. In H. Porst, & J. Buvat, *ISSM (International Society of Sexual Medicine) Standard Committee Book, Standard practice in Sexual Medicine* (pp. 320-324). Oxford: Blackwell.

Bogaert, A. (2013, September 9). *The Colin McEnroe Show*. (C. McEnroe, Interviewer)

Bogaert, A. F. (2004). Asexuality: prevalence and associated factors in a national probability sample. *Journal of Sex Research*, 279-287.

Brotto, L., & Yule, M. (2011, August). Physiological and Subjective Sexual Arousal in Self-Identified Asexual Women. *Archives of Sexual Behavior*, pp. 699-712.

Brotto, L., Knudson, G., Inskip, J., Rhodes, K., & Erskine, Y. (2010, June). Asexuality: a mixed-methods approach. *Archives of Sexual Behavior*, p. 599.

Cormier-Otaño, O. (2011, October 24). Spotlight on Asexuality Studies. *Doing without: a therapist's findings*. Coventry, United Kingdom.

Diamond, L. M. (2008). *Sexual Fluidity: Understanding Women's Love and Desire*. Harvard University Press.

Emens, E. F. (2014). Compulsory Sexuality. *Stanford Law Review*, 66.

Gilmour, L. P., & Schalomon, M. (2012). Sexuality in a community based sample of adults with autism spectrum disorder. *Research in Autism Spectrum Disorders*, 313–318.

Girshick, L. B. (2008). *Transgender Voices: Beyond Women and Men*. UPNE.

Hope, A. (2012, May 16). Does Asexuality Fall Under the Queer Umbrella? Retrieved March 30, 2013, from *Huffington Post*: http://www.huffingtonpost.com/allison-hope/asexuality-queer-umbrella_b_1521191.html

Intersex Society of North America. (2008). Intersex Conditions. Retrieved May 10, 2012, from Intersex Society of North America: http://www.isna.org/faq/conditions

Kim, E. (2011). Asexuality in disability narratives. *Sexualities*, 479-493.

Kinsey, A. C. (1948). *Sexual Behavior in the Human Male*. Bloomington: W.B. Saunders Company.

Lasciel. (2011, August 10). Was I Fired Because of My Asexuality? Retrieved March 13, 2013, from *Asexual Cupcake*: http://thecupcakeace.wordpress.com/2011/08/10/was-i-fired-because-of-my-asexuality/

MacInnis, C. C., & Hodson, G. (2012, September 1). Intergroup bias toward "Group X": Evidence of prejudice, dehumanization, avoidance, and discrimination against asexuals. *Group Processes & Intergroup Relations*, 725-743.

McClintock, M. K., & Herdt, G. (1996, December). Rethinking Puberty: The Development of Sexual Attraction. *Current Directions in Psychological Science*, pp. 178-183.

McIntosh, P. (1989, July). White Privilege: Unpacking the Invisible Knapsack. *Peace and Freedom*, pp. 10-12.

Medical Letter on Drugs and Therapeutics. (1992, August 7). Drugs That Cause Sexual Dysfunction: An Update. *Medical Letter on Drugs and Therapeutics*, pp. 73-78.

Miller, H. B., & Hunt, J. S. (2003). Female Sexual Dysfunction: Review of the Disorder and Evidence for Available Treatment Alternatives. *Journal of Pharmacy Practice*, 200-208.

Minto, C. L., Crouch, N. S., Conway, G. S., & Creighton, S. M. (2005). XY females: revisiting the diagnosis. *BJOG: an International Journal of Obstetrics and Gynaecology*, 1407–1410.

Phillips, N. A. (2000, July 1). Female Sexual Dysfunction: Evaluation and Treatment. *American Family Physician*, pp. 127-136.

Prause, N., & Graham, C. A. (2007). Asexuality: Classification and Clarification. *Archives of Sexual Behavior*, 341-56.

Regan, P. C. (1999). Hormonal Correlates and Causes of Sexual Desire: A Review. *The Canadian Journal of Human Sexuality*, 1-16.

Rosenbury, L. A., & Rothman, J. E. (2010). Sex In and Out of Intimacy. *Emory Law Journal*, 809-868.

Savage, D. (2009, September 10). The truth about asexuality: It's just as confusing as all of the other ones. Retrieved June 8, 2011, from Savage Love: http://www.thecoast.ca/halifax/the-truth-about-asexuality/Content?oid=1263048

Scherrer, K. (2008). Coming to an Asexual Identity: Negotiating Identity, Negotiating Desire. *Sexualities*, pp. 621-641.

Scherrer, K. S. (2009). Asexual Relationships: What Does Asexuality Have to Do with Polyamory? In M. Barker, & D. Langdridge, *Understanding Non-Monogamies* (pp. 154-160). New York: Routledge.

Steketee, G., & Foa, E. B. (1987). Rape victims: Post-traumatic stress responses and their treatment:: A review of the literature. *Journal of Anxiety Disorders*, 69-86.

Tomchek, S. D., & Dunn, W. (2007). Sensory Processing in Children With and Without Autism: A Comparative Study Using the Short Sensory Profile.

American Journal of Occupational Therapy, 190-200.

Tucker, A. (Director). (2011). *(A)sexual* [Motion Picture].

Yang, M. L., Fullwood, E., Goldstein, J., & Mink, J. W. (2005). Masturbation in Infancy and Early Childhood Presenting as a Movement Disorder: 12 Cases and a Review of the Literature. *Pediatrics*, 1427-1432.

Yoshino, K. (2000). The epistemic contract of bisexual erasure. *Stanford Law Review*, 353-461.

Yule, M. A., Brotto, L. A., & Gorzalka, B. B. (2013, March 7). Mental health and interpersonal functioning in self-identified asexual men and women. *Psychology & Sexuality*.

訳者あとがき

　アセクシュアリティは、本書の原書タイトル The Invisible Orientation にあるようにインビジブル（見えない、隠れた、あるいは気づかれない）性的指向です。私たちの社会は性を当然のこととして、ときには大げさに持ち上げ、メディアはあらゆる方法で私たちを性的に煽っています。そんな文化の中で、気づかれることがなく、打ち明けても信じてもらえない性的指向、アセクシュアルの人々の苦悩はどれほど大きいものでしょう。思春期を迎えると、男子も女子もそれぞれグループを作り、異性の噂話や、いわゆる「恋ばな」で盛り上がります。そんな話題に乗れない、あるいは乗っているふりをするのは、つらいことでしょう。

　近年、LGBTQ というレズビアン、ゲイ、バイセクシュアル、トランスジェンダーの人たちを表す言葉が日本でもすっかり定着し、テレビ番組や映画のテーマとしても多く取り上げられるようになりました。少し前の新聞では、トランスジェンダーと診断された人が 2015 年末までに、のべ約 2 万 2000 人に上ったという日本精神神経学会による研究報告が紹介されていました。アメリカでは 100 人に 1 人が誕生したときに定められた性に違和感を持っていると言われています。さらに日本では 13 人に 1 人が LGBTQ であると言われていて、アメリカではその割合は、より大きくなっています。アセクシュアリティに関するイギリスの 1 万 8000 人の成人を対象にした調査では、1% の人がアセクシュアルだと言います。アセクシュアリティも性的マイノリティの一つですが、目に見えない性的指向のため、「ぜいたくな悩み」だと、LGBTQ のコミュニティからさえも阻害されることがあると言います。

本書著者のジュリー・ソンドラ・デッカーは、アロマンティックでアセクシュアルな女性です。これは、誰にも恋愛感情を持たなくて、誰にも性的に惹かれない、ということです。だからと言って彼女の人生は空っぽなどとは程遠く、アートを愛し、サイクリングを楽しみ、歌を唄い、お菓子を作り、友だちと語らい、アニメもカラオケも大好きだと言います。1998年からは、アセクシュアリティを可視化するための様々な活動——動画、ブログ、執筆、講演などを精力的に行い、アセクシュアリティ・コミュニティを代表する一人と目されています。この本を彼女が書いたのは、アセクシュアルの人に読んでもらうためだけではなく、自分がアセクシュアルかもしれないと思っている人、周囲にアセクシュアルの大切な人のいる人のためでもあります。アセクシュアルでロマンティックな人との恋愛について、また、結婚してから妻や夫にアセクシュアルであることを告げられたら、といったことについても、親身なアドバイスをしています。アセクシュアルの人のつらさは、認識されないこと、いわゆる「シカト」されていることなのです。また、なぜ自分は誰にも性的な魅力を感じないのだろう？　と長年悩んできた人が、本書を読んで安堵し、自分のことがやっと理解できたという感想が著者のブログに多く寄せられています。

　私の住むカリフォルニアでは、あごひげがあるのに胸の大きい人や、きれいにお化粧をしているのに男性的な体形を誇張した服装をしている人が、堂々と働いているのを目にすることが増えてきました。性別やジェンダーに縛られないジェンダー・ノンコンフォーミングや、ジェンダー・エクスパンシブな人たちです。私などはつい振り返りそうになりますが、20代の息子たちは驚きもしません。性自認も性的指向も多様であることが普通になってきているのです。性的マイノリティという言葉すら不要になる時代が、もうすぐ来るかもしれません。

アメリカにとって、今こそ多様性が最重要な課題だと感じています。オバマ政権の時代にはLGBTQの人たちの権利が学校、軍隊、市民生活の全てにおいて大きく前進しました。それがトランプ政権になってから、振り子が逆方向に振れ始めていると危惧しています。

　人間は誰でも、いくつものスペクトラムのどこかに位置しています。それらが周囲の人たちと交差している部分も、そうでない部分もあるのです。自分と重ならない部分、それこそをお互いに尊重し合うこと、それが多様性を認めることなのだと思います。

上田　勢子

〈著者略歴〉

ジュリー・ソンドラ・デッカー（Julie Sondra Decker）

米国フロリダ州タンパ市に住む作家。教育学と心理学の専攻で 2000 年にフロリダ大学を卒業。6 歳のころから作家になることを夢見て、これまでに多くの子どもや大人向けのサイエンス・フィクションやファンタジー物語を書いてきた。ノンフィクションとしては主にアセクシュアリティ関連の執筆が多く、アセクシュアリティへの認識を深めるために、ビデオやブログを通じて活発な活動も行っている。『マリー・クレール』『サロン』『デイリー・ビースト』など主要雑誌にインタビュー記事が掲載されたり、アセクシュアリティについてのドキュメンタリー「（ア）セクシュアル」（Arts Engine 制作）にも、アセクシュアリティについてのスピーカーとして登場している。本書『The Invisible Orientation: An Introduction to Asexuality』は 2015 年度 Next Generation Indie Book Awards LGBT 部門賞を受賞している。アセクシュアルでアロマンティックな女性として充実した独身生活を送っており、余暇にはテニス、ウェブコミック・アート、コーラス、読書、お菓子づくり、など多彩な趣味を楽しんでいる。

〈訳者略歴〉

上田 勢子（うえだ　せいこ）

東京生まれ。慶應義塾大学卒。1979 年より米国カリフォルニア州在住。『イラスト版　子どもの認知行動療法』シリーズ全 10 巻、『ノンバイナリーがわかる本』『ピンクとブルーに分けない育児』『ホワイトフラジリティ』（以上明石書店）、『いえるよ！NO』（大月書店）、『考えたことある？性的同意』『ようこそわたしの町へ』『からだの気持ち』（以上子どもの未来社）をはじめとして多くの訳書がある。二人の息子が巣立った家に、現在は夫と一匹のネコと暮らしている。

見えない性的指向 アセクシュアルのすべて
──誰にも性的魅力を感じない私たちについて

2019年 4月15日　初版第1刷発行
2023年 2月10日　初版第8刷発行

著　者　　ジュリー・ソンドラ・デッカー
訳　者　　上　田　勢　子
発行者　　大　江　道　雅
発行所　　株式会社明石書店
〒101-0021 東京都千代田区外神田6-9-5
電　話　03 (5818) 1171
ＦＡＸ　03 (5818) 1174
振　替　00100-7-24505
https://www.akashi.co.jp/
装丁　　　明石書店デザイン室
印刷・製本　モリモト印刷株式会社

ISBN978-4-7503-4814-8
(定価はカバーに表示してあります)

Printed in Japan

ジェンダーについて大学生が真剣に考えてみた
あなたがあなたらしくいられるための29問

佐藤文香 [監修]
一橋大学社会学部佐藤文香ゼミ生一同 [著]

◎B6判変型／並製／208頁　◎1,500円

日常の中の素朴な疑問から性暴力被害者の自己責任論まで――「ジェンダー研究のゼミに所属している」学生たちが、そのことゆえに友人・知人から投げかけられたさまざまな「問い」に悩みつつ、それらに真っ正面から向き合った、真摯で誠実なQ&A集。

《内容構成》

はじめに――ジェンダーってなに？

第一章　これってどうなの？ 素朴な疑問
男女平等をめざす世の中で女子校の意義ってなに？／「○○男子／○○女子」って言い方したらダメ？／男女平等は大事だけど、身体の違いもあるし仕事の向き不向きはあるんじゃない？／ジェンダーを勉強したら、イケメンにならないといけないんでしょ？　ほか

第二章　セクシュアル・マイノリティについてもっと知りたい！
テレビにはゲイや女装家、トランスジェンダーが出ているけれど、違いはなんなの？／「ホモ」、「レズ」って呼び方はダメなの？／子ども産めないのに、同性婚って必要あるの？／人を好きになったりセックスしたくなったりするのは誰でも自然なことだよね？　ほか

第三章　フェミニズムって怖いもの？
フェミニズムって危険な思想なんでしょ？／どうしてフェミニストはCMみたいな些細なことに噛みつくの？／どうしてフェミニストは萌えキャラを目の敵にするの？／どうしてフェミニストはミスコンに反対するの？／フェミニストはなにかと女性差別というけど、伝統や文化も重んじるべきじゃない？／ジェンダー研究に関心をもっている人とフェミニストとは別なんでしょ？　ほか

第四章　めざしているのは逆差別？
男だって大変なのに、女がすぐハラスメントと騒ぐのって逆差別では？／管理職の女性を30％にするって、女性だけを優遇する逆差別じゃない？／東大が女子学生だけに家賃補助をするのって逆差別じゃない？／女性専用車両って男性への差別じゃない？／女性はバリキャリか専業主婦か選べるのに、男性は働くしか選択肢がないのっておかしくない？　ほか

第五章　性暴力についてもっと考えたい！
性欲って本能でしょ、そのせいで男性が女性を襲うのも仕方ないよね？／性暴力って被害にあう側にも落ち度があるんじゃない？／性暴力の被害者って女性だけだよね？／性行為しておいて後から「あれはレイプだった」っておかしくない？　ほか

〈価格は本体価格です〉

トランスジェンダー問題
議論は正義のために

ショーン・フェイ [著]
高井ゆと里 [訳]　清水晶子 [解説]

◎四六判／並製／436頁　◎2,000円

トランス女性である著者が、トランス嫌悪的な社会で生きるトランスの現実を幅広い分析によって明らかにする。トランスジェンダーの実態を顧みない差別的な言説が拡大される中、事実に基づいて開かれた議論を展開する画期的な一冊！

●内容構成

プロローグ

イントロダクション　見られるが聞かれない

第1章　トランスの生は、いま

第2章　正しい身体、間違った身体

第3章　階級闘争

第4章　セックスワーク

第5章　国家

第6章　遠い親戚 —— LGBTのT

第7章　醜い姉妹 —— フェミニズムの中のトランスたち

結　論　変容(トランスフォーム)された未来

　　解説　スーパー・グルーによる一点共闘
　　　　　—— 反ジェンダー運動とトランス排除 [清水晶子]

　訳者解題　日本で『トランスジェンダー問題』を読むために

〈価格は本体価格です〉

ノンバイナリーがわかる本
heでもsheでもない、theyたちのこと

エリス・ヤング 著
上田勢子 訳

■四六判／並製／352頁　◎2400円

男女二元論にとらわれないジェンダー・アイデンティティ「ノンバイナリー」についての、日本で刊行される初めての概説書。ノンバイナリーである著者自身の経験や調査を基に、関連用語、歴史、心身の健康、人間関係、法律など幅広いトピックをわかりやすく解説。

●内容構成●
第1章　ノンバイナリーとジェンダークィアについての序説
第2章　ジェンダーと言語
第3章　グローバルかつ歴史的な視点
第4章　コミュニティ
第5章　社会の中で
第6章　メンタルヘルス
第7章　医療
第8章　法律
第9章　将来へ向けて
第10章　参考文献

第三の性「X」への道
男でも女でもない、ノンバイナリーとして生きる

ジェマ・ヒッキー 著
上田勢子 訳

■四六判／上製／264頁　◎2300円

女性として生まれたが、幼少期から自分の性に違和感を覚え、2017年にカナダで初めて男女の性別記載のない出生証明書を取得した人権活動家の自伝。周囲からのいじめや神父による性的虐待に悩みながらも、自己を貫く姿に勇気づけられる一冊。

●内容構成●
日本の読者のみなさんへ
序文
情熱
希望のウォーキング　ポルト・バスクから
タペストリー
聖霊
男子の人気者
希望のウォーキング　ステファンヴィルから
希望のウォーキング　コーナー・ブルックへ
告解
再定住
希望のウォーキング　ディア・レイクから
サウス・ブルックへ
ユング
りんごとオレンジ
ツール
コロニアル・ストリート
希望のウォーキング　グランド・フォールズから
ガンダーへ
善良な神父
患者H
イエスさま、マリアさま、そしてジョーイ
希望のウォーキング　ガンボからクラレンヴィルへ
レシピ
改宗
地図を作り直す
重い荷物
白旗
希望のウォーキング　アーノルズ・コウヴから
ホリウッドへ
時計
教訓
王様
ホームラン
訳者あとがき

〈価格は本体価格です〉

ホワイト・フェミニズムを解体する
インターセクショナル・フェミニズムによる対抗史

カイラ・シュラー 著
飯野由里子 監訳
川副智子 訳

■四六判／上製／400頁 ◎3000円

中流以上の白人女性を主たる対象としたホワイト・フェミニズムの陰で、有色人種やトランスジェンダーなどのインターセクショナル・フェミニストが既存の社会構造に連帯して立ち向かうことを提唱してきた。本書では、両者の議論を取り上げてフェミニズムの思想史を捉え直す。

●内容構成●

序章 フェミニストの断層線

第一部 文明化
第一章 女性の権利とは白人の権利なのか?
第二章 白人の同情対黒人の自己決定
第三章 入植者の母親と先住民の孤児

第二部 浄化
第四章 優良な国家を産む
第五章 フェミニズムを路上へ
第六章 TERFの門番とトランス・フェミニストの地平

第三部 最適化
第七章 リーン・インか連携か
結論 ふたつのフェミニズム、ひとつの未来

ジェンダーと政治理論
インターセクショナルなフェミニズムの地平

メアリー・ホークスワース 著
新井美佐子、左髙慎也、島袋海理、見崎恵子 訳

■四六判／上製／344頁 ◎3200円

今日のフェミニズム研究に不可欠な視点である「インターセクショナリティ(交差性)」を前面に押し出し、豊富な事例や広範な先行研究をふまえて政治理論の近代以降の基軸に異議を申し立てる、積年のフェミニズム研究の大いなる成果。

●内容構成●

第一章 性別化された身体——挑発
第二章 ジェンダーを概念化する
第三章 身体化=身体性を理論化する
第四章 公的なものと私的なものを描き直す
第五章 国家と国民を分析する
第六章 不正義の概念をつくり直す

日本語版の読者へ
訳者あとがき

〈価格は本体価格です〉

LGBTQってなに？ セクシュアル・マイノリティのためのハンドブック
ケリー・ヒューゲル著／上田勢子訳　◎2000円

LGBTQの子どもへの学校ソーシャルワーク エンパワメント視点からの実践モデル
寺久保千栄子著　◎3300円

東南アジアと「LGBT」の政治 性的少数者をめぐって何が争われているのか
日下渉、青山薫、伊賀司、田村慶子編著　◎5400円

OECDレインボー白書 LGBTIインクルージョンへの道のり
経済協力開発機構（OECD）編著／濱田久美子訳　◎5400円

セクシュアルマイノリティ[第3版] 同性愛・性障害・インターセックスの当事者が語る人間の多様性
セクシュアルマイノリティ教職員ネットワーク編／池田久美子、生駒紀、木村・肥ロニー・アレキサンダー、宮崎留美子著　◎2500円

トランスジェンダーと現代社会 多様化する性とあいまいな自己像をもつ人たちの生活世界
石井由香理著　◎3500円

パパは女子高生だった 女の子だったパパが最高裁で逆転勝訴してつかんだ家族のカタチ
前田良著　◎1500円

ピンクとブルーに分けない育児 ジェンダー・クリエイティブな子育ての記録
カイル・マイヤーズ著／上田勢子訳　◎2200円

難民とセクシュアリティ アメリカにおける性的マイノリティの包摂と排除
工藤晴子著　◎3200円

国際セクシュアリティ教育ガイダンス[改訂版] 科学的根拠に基づいたアプローチ
ユネスコ編／浅井春夫、艮香織、田代美江子、福田和子、渡辺大輔訳　◎2600円

男子という闇 少年をいかに性暴力から守るか
エマ・ブラウン著／山岡希美訳　◎2700円

日常生活に埋め込まれたマイクロアグレッション 人種、ジェンダー、性的指向：マイノリティに向けられる無意識の差別
デラルド・ウィン・スー著／マイクロアグレッション研究会訳　◎3500円

同性愛をめぐる歴史と法 尊厳としてのセクシュアリティ
世界人権問題叢書 94　三成美保編著　◎4000円

日常性愛と同性婚の政治学 ノーマルの虚像
アンドリュー・サリヴァン著／本山哲人、脇田玲子監訳／板津木綿子、加藤健太郎訳　◎3000円

フランスの同性婚と親子関係 ジェンダー平等と結婚・家族の変容
イレーヌ・テリー著／石田久仁子、井上たか子訳　◎2500円

同性婚 だれもが自由に結婚する権利
同性婚人権救済弁護団編　◎2000円

〈価格は本体価格です〉